阅读成就思想……

Read to Achieve

卓越教练技术系列

COACHING AND
MENTORING SUPERVISION:
THEORY AND PRACTICE

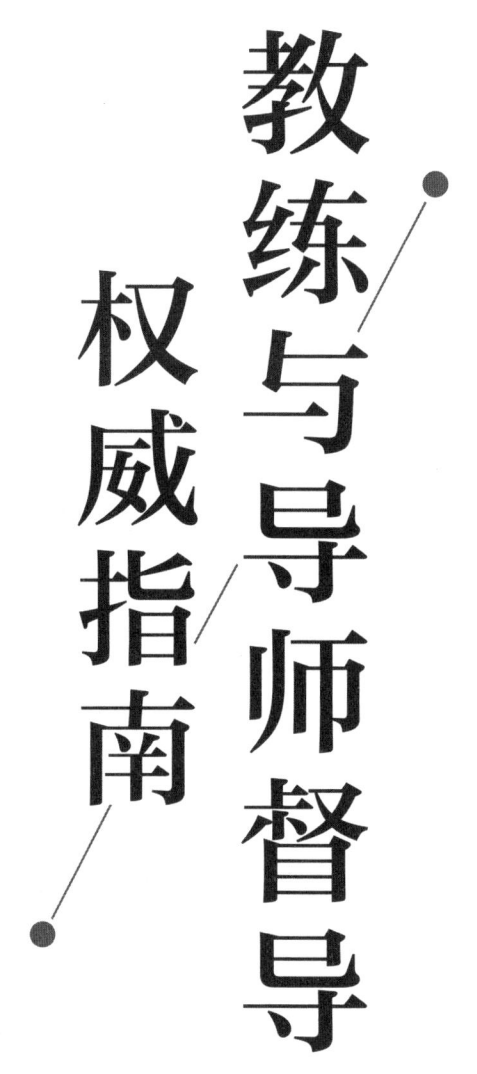

教练与导师督导权威指南

[英] 塔蒂阿娜·巴赫基罗瓦（Tatiana Bachkirova）
彼得·杰克逊（Peter Jackson）
戴维·克拉特巴克（David Clutterbuck） ◎ 编著

宋霆 李婷 ◎ 译
黄学焦 ◎ 审译

中国人民大学出版社
·北京·

图书在版编目（CIP）数据

教练与导师督导权威指南／（英）塔蒂阿娜·巴赫基罗瓦（Tatiana Bachkirova），（英）彼得·杰克逊（Peter Jackson），（英）戴维·克拉特巴克（David Clutterbuck）编著；宋霆，李婷译. -- 北京：中国人民大学出版社，2020.6
书名原文：Coaching and Mentoring Supervision: Theory and Practice
ISBN 978-7-300-28035-6

Ⅰ.①教… Ⅱ.①塔… ②彼… ③戴… ④宋… ⑤李… Ⅲ.①教育视导－指南 Ⅳ.①G464-62

中国版本图书馆CIP数据核字（2020）第063175号

教练与导师督导权威指南

塔蒂阿娜·巴赫基罗瓦（Tatiana Bachkirova）
［英］彼得·杰克逊（Peter Jackson） 编著
戴维·克拉特巴克（David Clutterbuck）
宋　霆　李　婷　译
黄学焦　审译
Jiaolian yu Daoshi Dudao Quanwei Zhinan

出版发行	中国人民大学出版社			
社　　址	北京中关村大街31号		邮政编码	100080
电　　话	010-62511242（总编室）		010-62511770（质管部）	
	010-82501766（邮购部）		010-62514148（门市部）	
	010-62515195（发行公司）		010-62515275（盗版举报）	
网　　址	http://www.crup.com.cn			
经　　销	新华书店			
印　　刷	天津中印联印务有限公司			
规　　格	170mm×230mm　16开本		版　次	2020年6月第1版
印　　张	19.5　插页1		印　次	2020年6月第1次印刷
字　　数	300 000		定　价	89.00元

版权所有　　侵权必究　　印装差错　　负责调换

卓越教练技术系列丛书序

教练技术是双方在建立一种相互信任的伙伴关系下，通过对话的方式，发掘客户的潜力，从而实现客户的目标和梦想的过程。为了厘清教练的作用，我经常用培训与之做比较。培训是做增量的，传递的是一种新的知识或信息，例如你现在的知识或能力是 100 分，那么通过培训可以将你的知识和能力提升到 150 分；而教练是做存量开发的，你虽然有了 100 分，但在现实工作中仅仅发挥出 30 分，这时你就会感到"生不逢时"或"怀才不遇"，而教练关注的是如何把剩余的 70 分发挥出来。教练不仅关注"知"，更关注"行"，让客户做到真正的"知行合一"。

对个人发展而言，教练技术的内涵已经不仅仅停留在一般的技术层面，也就是具体解决问题和改善能力或流程的层面，而且能够让人上升到更高的思想意识和信仰追求的境界，对生命及其所在的系统甚至宇宙具有更广泛和更深入的理解。如果把一个组织或团队看成一个像人一样的有机体，那教练技术在团队或组织中的应用，就不仅涉及组织或团队的内在流程和关系，还与这个有机体要传递的文化和在社会上的定位与贡献息息相关。因此，虽然教练技术出现和发展的历史并不长，但却很快成为每一家优秀的企业挖掘员工、团队和组织潜力，提升绩效的有力武器。据 ICF2009 年统计：在企业中，个人教练的投资回报率是 300%~400%，而团队教练的投资回报率竟然达到惊人的 600%~700%。另外，根据接受教练指导的员工们反馈，下属与直接上司之间的关系改善了 77%，下属与次上级之间的关系改善了 71%，团队合作增进了 67%。

2003 年，我第一次接触到教练技术的课程，有幸成为国内第一批系统学习教练技术的先行者，当时的我深深被其针对愿景而不仅是问题，面向未来而不仅是过去的魅力所感召，后于 2007 年成立埃里克森（北京）管理顾问有限公司，把埃里克森教练体系引进国内，成为国内较早的培养 ICF 认证教练的机构。2017 年，我又成立了加瓦（北京）教育科技有限公司，引进了更多的国际品牌，同时大力推广教练技术商业化、本土化、社会化的工作，让更多的组织、团队和个人受益。在十几年学习和推广教练技术的过程中，我一方面为每一位学习和应用教练的学员及其客户相互陪伴、克服障碍、实现目标乃至绽放生命的成长过程欢欣鼓舞；另一方面也对各家企业领导者们的顾虑和烦恼有了更深刻的理解。他们花巨资给一些高管配置教练，希望能够通过高管的改变让企业更良性地发展，但事与愿违，不少高管教练项目最终仅达到了帮助个人成长的目的，却没有实现更大范围的组织绩效。

在这种形势下，企业呼唤传统教练突破原先更为擅长的一对一教练模式，呼唤在更大的范围内影响团队绩效和员工发展的教练模式，呼唤能够和组织文化相结合、结合各种人才发展技术、对组织变革和发展更有系统影响力的教练模式。于是，大家已经熟悉的企业培训师、咨询师、引导师、催化师等既有交叉又有自己鲜明特点的团队教练模式应运而生，并相互结合应用，迅速在国外的企业中得到实施和推广。限于国内教练技术发展的滞后性，虽然国内引进的教练书籍很多，但还没有权威的有关团队教练、辅导和督导的书籍，更缺乏在真实团队中进行这种不同类型、不同阶段的教练实践经验总结。

为了填补国内教练技术在这些领域内的空白，2015 年初，我与原书英文版权方的麦格劳—希尔教育集团的范颖、王维女士，以及中国人民大学出版社的王立军先生一同商讨，引进一系列这方面的相关书籍。几方一拍即合，第一批决定引进翻译四本教练精品，其中包括在国际团队教练领域颇有建树的霍金斯教授的 2 本姊妹篇《高绩效团队教练》（理论篇）和（实战篇）、《高绩效工作教练与辅导》和《教练与导师督导权威指南》，这也就是我们策划的卓越教练技术系列丛书。本丛书涉及的这几个方面，既各有侧重又可互相协同，一起为企业和教练界提供支持。所以，本丛书对每一位团队领导和管理者、企业内外部教练、人力资源从业者和从事团队变革和发展工作的各类专业人士，尤其是各领域的资深人士，都有极高的参考和使用价值。其中，霍金斯的两本团队教练书籍和《高绩效工作教练与辅导》已经面世，好评如潮。与此同时，我们还先后邀请了霍金斯教授及其合作伙伴、英国高管教练学院的约翰院长来国内讲授系统性团队教练这门课程，已经轮流在北京和上海开办了九期课程，客户与团队都反映自己收益颇丰。这从另一个方面说明，我们选择的这几本书籍极大地满足了国内教练行业对落地性和实战性的需求。

即将出版的《教练与导师督导权威指南》无疑是该领域的佳作，也是国内第一本非常有针对性的专著。督导的作用相当于教练中的教练，导师中的导师，探讨的是当今国际教练领域最前沿的课题。本书一方面系统阐述了关于督导"是什么"的问题，涉及其典型的功能、过程、角色和任务等不同方向；另一方面也深入探讨了有关督导"怎么做"和"为什么"的部分，作者在各章节提供了多个实用高效的真实案例供大家研究和学习。

教练技术及相关知识在国内应用的最大瓶颈在于，如何把来自西方的理论和实践，灵活地应用到国内具体的管理工作中去，也就是本土化的问题。正是把这些书籍中的理论和模型用于国内的众多企业并取得了令客户十分满意的成效，我们获得美国《培训》杂志2017年度TOP125最佳创新奖和2019年度BEST50服务商奖。我相信，在当今世界经济局势风云变幻，企业内外部环境面临巨大挑战的时代，本丛书的出版，一定能够为国内的团队决策者们和众多团队教练们面对的种种困境，提供解决问题、提升绩效的强有力工具和方法，增进团队的利益相关者的理解和支持，提升团队成员的向心力和凝聚力，最终促进各类企业和组织在VUCA时代管理效能的提升和健康发展。

在此系列丛书的翻译出版过程中，各位译者辛勤努力、一丝不苟，我的助理孙云星女士为此做了大量协调工作，中国人民大学出版社的多位编辑也投入了很多心血，在此一并表示衷心的感谢。

黄学焦

加瓦（北京）教育科技有限公司董事长

多套教练译丛的主译或主编

国际教练联合会（ICF）北京分会前会长

引 言

本书肇始于在欧洲辅导与教练理事会[①]（European Mentoring and Coaching Council, EMCC）年度会议上进行的一次交谈。三位编者中的两位当时已经参加了好几次研讨会，这些研讨会都直接或间接地谈到了督导的作用以及重要性。我们很清楚，尽管几乎所有人都同意督导在教练和辅导领域很重要，但对于督导究竟意味着什么，却有着相去甚远的观点。这些差异涉及方方面面，包括督导的应用环境（如是用于内部教练还是外部教练）、目的（如督导应该主要服务于教练，还是服务于组织客户）、督导者的专业背景（如强调心理学/咨询背景还是强调商务/教练经验），以及他们的理论导向（如焦点解决、心理动力等）。

在一个新兴的行业中，这种差异是很常见的。我们可以将其视作一个机会，从中捕捉督导理论和方法的丰富多彩，并为教练/导师督导领域当前的主题提供一个概貌。编者的创作意图逐步发展，最终变成想要为这些不断发展的、复杂的、横跨多个领域的专业实践创建一套全面的指南。因此，我们的目标是：

- 反映出督导在当前的演化状况；
- 澄清在不同的场景中，优秀的教练/导师督导过程是什么样的；
- 提供实际的案例，来补充解释教练/导师督导的理论基础；
- 揭示关于教练与导师督导的观点的多样性；
- 探索实施与使用督导的不同方法；
- 解决评估督导有效性和质量的复杂问题。

我们非常高兴地看到，这么多来自不同理论背景和不同环境的多个国家的作者对我们的邀请做出了回应，为这个雄心勃勃的项目做出了贡献。正是由于他们在时

[①] 欧洲辅导与教练理事会是一个主要在欧洲活动的专业协会组织，在教练、辅导、组织咨询以及督导领域处于领先地位，有着较强的影响力。本书的三位编者以及大部分作者均为其会员。——译者注

间上的慷慨投入、思想上的不吝分享，以及为本书独特的目标和结构而付出的种种努力，本书才能够达到它最初的意图，即为教练督导领域当前的实践、出现的问题和有用的理论提供一个全面的概述。

在教练督导专业领域，我们注意到了哪些方面的变化

助人行业中的督导并非一个新鲜的概念（参考第 1 章中的概述）。不过，当谈到教练督导的时候，我们仍处于需要搞清楚其角色、地位和潜力的阶段。随着教练技术作为一种专业实践不断发展，我们的认识也在与时俱进。随着教练领域变得越来越有组织和专业化，教练们在接受教育和职业发展方面也有了更清晰的路径。他们逐渐意识到，由于教练工作的性质，为了自我提升而获取的反馈注定是有限的、不系统的和稀少的。虽然我们定期从客户那里收集反馈意见，但这和来自业内专业人士的反馈是不可同日而语的，因为后者见多识广，能利用他们的远见卓识来审视我们的工作。甚至可以说，如果缺乏后面这种来自同行的反馈，客户的利益将面临重大风险。

从另一个角度说，来自客户组织的压力在不断上升，他们呼吁建立起一套制度来持续保证教练服务的品质，而不仅仅是对教练和辅导从业者进行一次性的认证。为了回应这些外部呼声，欧洲教练领域中执牛耳的一批专业组织已经开始就高管教练的要求达成广泛共识。许多组织要求他们雇用的教练必须拥有强有力的督导支持。在许多情况下，组织会为他们的内部教练以及提供教练或辅导服务的经理人提供督导。综上所述，教练督导正在快速地从一个"有了更好"的加分项变成一个"没有不行"的必要条件。

当前，对于在欧洲开展业务的专业教练而言，拥有一个督导者似乎已成了基本要求。人们关注的焦点正转移到督导的质量和使用督导的技巧上。有些大学目前提供教练/导师督导方面的研究生证书、文凭和硕士学位课程。此外，还有各种各样的大学以外的培训课程任君选择。随着人们对督导方面的教育和培训质量的关注，教练督导的知识领域正逐渐成为一门独立于其他领域（如心理治疗或咨询）的学科。

哪些问题仍有争论，我们的立场是什么

同时，我们也意识到，以上对当前态势的看法尚未成为普遍共识。有些人担心将督导引入教练领域会进一步混淆原本就界线模糊的教练服务和心理咨询；有些人则担心督导会导致教练风格的"复制粘贴"，进而抑制多样性和创意的发挥；还有一些人质疑督导的价值，因为目前尚缺乏督导能够实际提升教练质量的证据。"督导"这个词本身也会在某些教练的头脑中激起不快的联想，而关于教练必须接受督导的"强势"观点又进一步加剧了与该主题有关的紧张。也许正是以上这些问题，再加上其他我们还没有提及的顾虑，导致了在欧洲以外的地区将督导融入教练实践的做法并不普遍。

在认识到以上这些担忧的合理性后，我们希望在此表明我们对有关教练督导的一些争论的立场。同样，我们也希望书中每一章的案例，能够帮助读者针对以上两难困境形成自己的观点，并学习实践中的督导。

虽然本书旨在帮助读者形成自己的观点，但它的讨论范围还是有一定界限的。因此，在展开以上所列的争论之前，有必要给出三个关于教练督导的定义，它们结合起来描述了书中教练督导的含义。

> 督导是一个讨论场所，在那里被督导者可以反思回顾他们的工作，从而做得更好。
>
> 卡罗尔

> 督导是一个过程，教练/导师/咨询师可以在不直接与客户共事的督导者的帮助下，更好地了解作为"教练/导师–客户系统"组成部分的客户系统和他们自身，从而改变他们的工作。
>
> 霍金斯和史密斯

> 教练督导是一个正式的专业支持过程。它通过互动性的反思、解释性的评估以及专业知识与技术的分享来保障教练的持续发展，确保其工作的有效性。
>
> 巴赫基罗瓦

教练们真的需要督导吗

不同的范式会影响我们所看到的和所看重的，这早已为人所知。此处提出的问题可以从两个不同的范式视角来分别看待。首先，拥有商务背景的教练可能会倾向于关注"结果"：是否有确凿的数据支持引入督导确实会带来实际的好处？相比之下，有心理学和咨询背景的教练则更可能倾向于关注与助人关系有关的伦理问题，以及在教练过程中起作用的微妙力量。

从第一个视角出发，我们应该清醒地意识到，如果将教练督导当作商业案例来看，那迄今为止并没有太多证据可以证明其价值。很难设计出一项研究，使我们能够探索督导流程和督导事实，与其对教练实践的影响两者之间是否存在直接联系，就更不用说揭示督导对教练服务客户的影响了。不过，有必要提醒大家的是，许多管理实践乃至整个教育事业的价值都可能会受到类似的质疑。从第二个视角出发，教练的复杂性，以及教练的诸多功能和目的就会凸显出来。举例来说，那些认为督导"没必要"的人往往会反对在治疗的基础上进行教练，理由是教练与治疗两者的应用场景尤其是客户群体相去甚远。但是，如果我们同意两者之间的确存在某些差别，那就恰恰能够得出教练较之心理咨询师更需要督导的结论。在每一份教练合同中，教练都不只有一个客户，因此教练更有必要看到关系的复杂性，看到他们的工作所涉及的多个利益相关方的不同观点。与心理咨询师相比，教练可能没有那么擅长识别出会影响到自己心理健康的问题，因此，如果能有另外一双眼睛来帮助他们检查自己的担忧，他们将会获益匪浅。此外，由于教练在提供教练服务之前，并不像心理咨询师那样被要求接受强制性的咨询或其他个人发展工作，因此，教练可能也不太愿意确定自己的个人过程对工作会产生的影响。基于对类似复杂性的认识，新兴的研究同样显示，许多教练汇报了督导带来的发展性的益处和积极的影响。

引 言

督导应该是强制性的吗

我们并不认为教练应该被强制接受督导。不同的专业会以不同的方式努力确保其服务的持续品质。资质认证就是其中一种方式。但无论是在实践中还是在原则上,它都远远不尽如人意,因为资质认证是静态的、过去导向的,同时不可避免地会过分简化教练实践的复杂性。我们坚信,在寻求确保我们所从事工作的动态质量的最佳途径的过程中,通过在实践中将督导的角色视为我们的职业良心,我们不但明确了前进的方向,还能够影响其他行业。我们的职业道德应该使我们经常反省和质疑我们的工作。督导的概念有很多含义,第一个也是最明显的一个就是,它不可能是强制性的。事实上,我们希望且坚信,当督导是每个人的自由选择而不是一种强制手段时,它应该会更有效。

督导者是否需要拥有比教练更多的知识和技能

是的,我们认为督导涉及更本质的、更多的附加技能和知识。霍金斯和史密斯在2006年将督导的典型功能描述为质量管控(qualitative)、发展培育(developmental)和资源获取(resourcing)。考虑到教练方法和风格的多样性,教练们自身并不需要具备履行所有这些任务的能力。同时,基于之前所述的愿景,督导者们还承担着照顾整个行业健康发展的职责。此外,我们必须要在一定程度上同意,该学科的知识基础和从业者的技能都仍处在发展当中,这也正是本书试图要略尽绵薄、添砖加瓦之处。

在本书中,对于知识的发展,我们的立场是什么

本书的三位编者全都亲自参与了督导、教练和辅导方面的研究、教学和实践。胼手胝足、日复一日,我们逐渐意识到了一些基本的原则(也可以称为我们的立场)。这些立场塑造了我们编写本书的方针,因此有必要在此清晰地加以阐述,以奠定基调,解释说明本书是如何成形的,又该如何加以阅读。

第一个立场是致力于通过研究/理论、实践和教学来实现信息的流动。我们三人都参与了所有这些活动并非偶然，而是因为我们每个人都坚信这些活动是互相促进的。整体是大于其各组成部分之和的。因此，本书既不想成为深奥的哲学，也不想成为吹牛空谈者的指南，其意图乃是帮助人们反思他们的实践，扩展理论的应用，发展他们的专业身份，为客户创造更多的价值。

第二个立场是，我们秉持这样一种观念，即我们关于督导的知识是复杂的、自发的。督导是真实世界中的一种活动，受到各种条件的影响，从这个意义上说，它是复杂的。而在这众多的条件当中，也许有一些关键的条件，决定了实践的有效性，但指引我们找到这些关键条件的证据，迄今为止（短期内似乎依然）既零散片面，又自相矛盾。从这个意义上说，它又是自发的。由此，我们就有了第三个立场：多样性。

第三个立场是，充分认识模型、实践和指导理论的多样性。我们同样敦促"学生们"（这个词在此包括了学术研究者、从业者以及其本意"教学活动的消费者"[①]）积极参与这个领域的百花齐放。

基于以上三个立场，我们向你献上这本书——正如我们在教学和督导中所做的那样，主要目的是为读者提供一个机会，让他们从广泛的思想中学习，并积极地进行反思。

对本书各部分的概述

第一部分：督导模型和专业问题

本部分的目的在于向读者介绍各种各样的督导实践模型，既包括成熟的，也包括新生的。其用意是为有关教练督导的一般性问题提供切实可行的解决方案，并探讨重要的专业问题——比如伦理和职业标准。介绍模型的每一章都从对其实际重

---

① 此处列举的三种人群，分别对应第一个立场中列举的三种事务，即研究/理论、实践和教学。——译者注

要性和价值的论述开始。读者可能会产生一些疑问，如"我为什么必须采用这个模型？"为此，作者展示了每个模型与其他模型相比的不同之处，及其在某些特定场合下的特殊价值。作者描述了督导者的多种角色和职责、使用模型时的潜在风险，并用简短的案例说明了该模型。虽然某些模型极具原创性，但作者推荐了能够激发对该模型进一步思考的文献，并提出了进一步学习的建议。

第1章中所呈现的模型，其性质和本部分其余各章里的略有不同。因为该模型明确地建立在对心理治疗领域中的督导模型所做的历史回顾之上，而且是作为一个系统性的元模型提出的，可以用来划分其他教练督导模型。在第2章中，著名的"七只眼"教练督导模型的两位创始人会带给大家一种全新的视角。第3章和第4章论述了督导的不同方面——分别是"三界四域模型"和"督导中的'七种谈话'法"，读者可以借此从多个视角去探索督导过程。在第5章中，米歇尔·莫拉尔（Michel Moral）通过将督导实践延伸到与服务于某个单一组织的一个教练团队一起工作，贡献了一种特殊的、法国式的观察视角。第6章则为督导者们推荐了一个有关如何善用"自我"的模型。本部分最后的第7章讨论了许多与督导专业标准和职业道德有关的重要问题。作为一个整体，第一部分阐明了许多理解督导者必须处理的复杂信息的不同方法，同时展示了督导过程中可以采取的角度的丰富性和多样性。

第二部分：各种理论方法在教练督导中的应用

本部分的目的是展示对教练督导有用的不同理论观点，其用意是帮助督导者深化他们对于自身执业实践的理解，也为教练和项目赞助人提供批判性见解，使他们明白有哪些可供选择的做法。每一章都探讨了这种方法与教练督导有关的主要特征、督导者的角色和职责、何时何地使用这种方法会最有效或最无效，以及如何从这种方法出发来评估督导的质量。这些观点均以理论探索和发展的复杂历史为基础，其中每一个要是单独论述，都值得大书特书。每位作者都是从浩如烟海的文献中抽取出与这些理论相关的精华，以揭示出该方法的独特性和应用机会的。我们承认，对于某些主题而言，本部分中的各章仅仅是带着读者推开了一扇通往未来世界的大门。基于这个原因，每位作者在其负责撰写的那章的结尾都提供了建议，说明了进一步的学习研究应该从哪里开始。

在本部分，我们将介绍某些最重要的理论方法——心理动力理论、格式塔理论、人本主义理论、沟通分析理论，以及两个在心理咨询与治疗的发展过程中与教练技术的应用场景特别相关的理论领域——组织心理学和系统理论。沧海遗珠是不可避免的，比如说，为什么不加一章来探讨认知行为理论及其衍生的种种？是否可以针对成人学习多探讨一些？与其说这些选择受到我们自己执业实践偏好的影响，或者说囿于本书总体篇幅所限，不如说此处我们考虑的更多是哪些主题看来与督导实践关联更密切。仅就上面所举的认知-行为理论和成人学习而言，我们的观点是，与之相关的内容其实更适用于教练过程本身，而非对教练的督导。我们当然明白有取必有舍的道理，但我们不能因此就什么都不选。如果本书各章没有涵盖到你感兴趣的特定领域，我们也只能表示抱歉了。

第三部分：督导的场景与模式

本部分探讨了教练督导的一些特定场景和模式，并且帮助读者对其进行比较。我们首先回顾了一系列与督导内部教练有关的问题——既涉及教练直接下属，也涉及作为内部高管教练工作的情形。在督导内部教练的过程中，教练、客户、督导者和组织之间的关系可能会变得非常复杂。接下来我们研究了团体督导的概念。出于成本方面的考虑，也由于教练同侪的观察和提问可能带来更广阔的视角，团体督导正变得越来越受欢迎。最后我们将话题转到对导师的督导上，这是一项相对较新的革新，正在迅速吸引更多的关注。

本部分的第 17 章模糊了教练和组织咨询师的定义，运用了一个来自阿什里奇商学院①的案例研究，为教练督导的扩展应用提供了宝贵的经验。然后我们深入探讨了同侪督导的概念。同侪督导是一种很普遍的做法，但也备受争议。因为通常情况下，同侪督导中的任何一方可能都不具备太多特定的督导知识或技能。然而，正如该章的两位作者所指出的那样，同侪督导可以是一个非常强大的支持教练实践的资源。本部分的最后一章探讨了督导的媒介。由于通过电子邮件和电话进行督导变得

---

① 阿什里奇商学院是于 1959 年由数家世界领先企业出资成立的一家非营利教育机构，主要致力于培养资深职业经理人的管理和领导能力。——译者注

越来越普遍，"督导是一种面对面活动"的默认假设遭到了挑战。但也有人提出，电子邮件和电话等媒介既不逊于也不优于面对面督导，仅仅是不同的选择而已。关于督导模式的例子是如此丰富多样，进一步强化说明了督导是一个迅速发展的新兴学科。在这个学科中，至少在未来几年内，创新和实验仍是一股强大的驱动力。

第四部分：有关督导的实践案例研究

通过本部分中的案例研究，读者可以思考与特定应用程序相关的模型、理论观点和场景。案例研究阐明了前几部分中讨论的一系列问题，从而为批判性思考提供了现实生活中的例子和研究资源。每一章都包括了对案例背景与督导程序和计划的描述。作者明确地指出了我们可以从每一个案例以及他们强调的特定问题中学到些什么。

这一部分的首章探讨了在英国国家医疗服务体系（NHS）内针对医生和牙医开展的导师督导。它描绘了一幅丰富细致的图景，说明了督导服务如何随着导师的进步，以及导师对于自己想从督导中获得什么的认知改变而发展演变。接下来，我们将探讨督导如何在丹麦的一个辅导项目中发挥作用，以及一个来自瑞士的有关团体督导过程的案例。然后是关于督导生育教练的一章，作者致力于辨识在这个特殊场景中为教练提供督导服务的细微差别和会面临的特殊挑战，并研究适合他们的解决方案。最后的案例研究追踪了一家专业服务公司的督导实施情况，尤其关注了决策过程以及从项目中的收获。

对书中出现的重要问题的概述

朝向系统性方法的发展趋势

我们的一些作者特别提到了教练和教练督导的系统性。某些模型（如霍金斯和史密斯的七只眼模型）就牢牢植根于系统视角。其他人也或多或少承认，所有被带到教练会谈中的话题都可以从系统的角度来思考。如果客户所处的环境或与他人的关系没有发生丝毫变化，一般来说，客户自身的改变也是不可持续的。事实上，客户、教练和督导者都是一个复杂的自适应系统的组成部分。随着他们之间的交往互动，以及他们与外部力量的互动，这个系统会不断地进化和重塑。我们的作者意识到，督导中存在的线性因果思维很可能会将教练和督导者带入歧途，进而给客户造成损害。

朝向团体工作模式的发展趋势

我们已经留意到，无论是在教练还是在督导领域，团体工作模式都变得越来越流行。这一趋势在不同的章节中有不同的解释。其中两种解释最有说服力，一是成本上的优势，二是团体模式为收集客户问题提供了多维视角。一个新兴的趋势是：高管教练既要接受个体督导，也要接受团体督导。

多源督导和互助网络

在辅导领域一个日益增长的趋势是：以往在职业生涯的某一特定点，我们只依赖某一位导师；而现在则是同时拥有多位导师，且他们的服务时期也会相互重叠。本书的各章节反映了教练督导领域的类似转变。由一位督导者来提供所有必要的督导功能已不再是唯一的选择。举例来说，你的某位督导者是名经验丰富的教练，也学习掌握了督导的技能；而另一位督导者可能教练经验并没有那么丰富，但是在心理咨询督导方面很有经验，比如在使用格式塔理论进行督导方面受过严格的训练。类似这样的例子已经越来越普遍。这两名督导者中的每一位都能够提供不同的观察角度，也能从不同的源头提出挑战。我们也遇到过少数情况，其中督导者之间建立起了联系，他们会鼓励被督导者带着特定的问题去找某位同行，因为那个人对该问题有独到的见解。

督导的阴暗面

在某种意义上，本书的作者都是教练督导领域的先驱。在这些身处前沿的学者、专业团体和实践者中，弥漫着一种"恰逢其时，机会难得"的共识，这些机会包括：开发出新的方法途径的机会，建立起最佳实践的机会，帮助教练及其客户的机会……一言以蔽之，做些好事、正确的事的机会。在这种身为先驱、开疆拓土的昂扬情绪中，我们很容易忽视那些也许可以称之为督导"阴暗面"的事物。

通过与执业教练的共事，我们意识到，在某些督导关系中，确实会存在以下部分或全部"阴暗面",包括串谋(互相吹捧)、依附甚至滥用(比如,督导者怀着私心谋取私利)。我们的作者提出,如果参与同侪督导的教练经验都相对较少,或督导者仅凭多年教练经验而当上督导者时,以上现象发生的可能性更大。但是,关于督导中的"阴暗面"是否普遍存在,以及会在什么环境中显现,我们并没有证据。这个领域还需要更多的研究,在那之前,我们不敢轻易断言。

意义建构

本书对有关督导功能、过程、角色和任务的讨论进行了广泛的阐述,用到了许多不同的概念模型。在词汇选择和架构解释上的差异,也许从微观层面上看只是朦胧晦涩的差之毫厘,但在宏观层面上却会带来某个特征上的相去甚远。所揭示出的真相是:督导其实就是和教练就当下的体验进行意义建构。基于所选方法的不同,"怎么做"以及"为什么"都可能会改变(而"做什么"本来在每次督导会谈中就不同),但意义建构永远都是核心。也许正因如此,那些源于应用心理学、心理治疗和咨询领域的理论才会如此有教益。但是,督导同样也具备人性化、经验性和主体间性等性质。因此,"意义建构"的概念向我们强调了这样一种必然性:我们有时候会迷失,有时候会选错方向,有时甚至会基于错误的直觉而下错赌注,但这些都不会妨碍我们成为好的督导者。

研究的缺失

在一个新兴的行业中,我们的知识存在很多空白之处并不令人惊讶。从某种意义上说,这甚至是一种"优势",因为"不知道"会推动我们进行尝试,而"知道"则会扼杀探索。然而,我们不能允许自己逃避责任,至少要为进一步的研究提出一些建议。我们认为,未来的研究应该关注:

- 关于教练督导的有效性有哪些有用的评判标准,它们又分别适用于什么场景?(请注意我们在此处并没有说存在通用的评判标准,能够适用于所有目的)
- 哪些因素能够帮助教练充分"使用"督导者?
- 督导者们可以采用哪些策略和做法来保持自身的持续专业发展?何种支持对他们会有帮助?
- 督导者和教练之间的契合度起什么作用?

- 在如此复杂的环境中进行研究，合适的方法是什么？教练们带到督导过程中的典型挑战都有哪些？哪些又是他们刻意回避的主题？
- 督导发展培育功能的本质是什么？

最后，我们想提醒读者，作者在写作各章时尽可能多地提供了例子、案例说明和延伸阅读建议。我们希望这些案例能够成为教练督导课程的学习资源。无论你是资深的督导者还是新手，我们都希望本书能为你提供在督导中应用各种方法和模式的机会，扩展你的技能，帮你确定重要的问题和批判性地评估自己的实践。如果你是一名教练或导师，那我们希望你能学到不同的督导方法，从中找出你最能受益的方法，并学习如何更好地使用督导。如果你是一个组织中的项目赞助人，那我们希望本书能使你对督导有更好的理解，从而当你聘用教练或制订督导计划时，能够最大限度地从中受益。

目　录

第一部分　督导模型和专业问题

第 1 章　一个元模型：从心理治疗和心理咨询的历史脉络来看待教练督导 / 2

第 2 章　教练督导的七只眼模型 / 14

第 3 章　督导的三界四域模型 / 28

第 4 章　在督导中运用"七种谈话"法 / 43

第 5 章　一个来自法国的督导模型：督导一段"多对多"的教练旅程 / 56

第 6 章　督导中的"自我" / 67

第 7 章　督导的伦理道德与专业规范 / 81

第二部分　各种理论方法在教练督导中的运用

第 8 章　在教练督导中运用心理动力学理论 / 98

第 9 章　在教练督导中运用格式塔方法 / 113

第 10 章　教练督导中的人本主义方法 / 126

第 11 章　在教练督导中运用沟通分析方法 / 137

第 12 章　教练督导中的组织心理学模型 / 148

第 13 章　督导的系统方法 / 160

第三部分

督导的场景与模式

第 14 章　督导内部教练 / 176

第 15 章　团体督导 / 188

第 16 章　导师计划中的督导 / 199

第 17 章　对组织咨询师的督导 / 210

第 18 章　教练和辅导领域的同侪督导 / 225

第 19 章　电子化督导：应用、收益和考量因素 / 235

第四部分

有关督导的实践案例研究

第 20 章　NHS 的导师督导 / 248

第 21 章　为丹麦律师和经济学家协会的导师提供督导 / 255

第 22 章　交互督导：EMCC 瑞士分会实施的一个团体同侪督导项目 / 263

第 23 章　对生育教练的督导 / 271

第 24 章　不仅仅是品质保证：德勤公司内部教练督导的故事 / 280

第一部分

COACHING AND MENTORING
SUPERVISION
Theory and Practice

督导模型和专业问题

第1章　一个元模型：从心理治疗和心理咨询的历史脉络来看待教练督导

戴维·格雷（David Gray）、彼得·杰克逊

本章与这一部分的其他章节多少有些不同。其中一些内容，再加上有关督导的一些更广泛的讨论，已经在《澳大利亚心理学家》（*The Australian Psychology*）中的一篇题为《向教练督导的系统性模型迈进——从心理治疗和咨询模型中获得的一些经验教训》（*Towards a Systemic Model of Coaching Supervision–Some Lessons from Psychotherapeutic and Counselling Models*）的文章中出现过了。之所以将历史视角和系统性模型放在此处，是因为它们为学生、教练和导师提供了评估和整合其他章节中描述的模型和理论的机会。也正因如此，我们才称之为"元模型"（meta-model）。

因此，本章致力于确定，对于教练而言有哪些类别的督导模型可供使用。为此，我们会探讨对于心理咨询师和心理治疗师适用的督导模型和经验教训。这样做的原因有三：首先，许多当前正在执业的教练都曾经或正在接受成为心理咨询师或心理治疗师的专业训练，甚至就是执业的心理咨询师或心理治疗师；其次，关于后两者有哪些可供选择的督导模型，已经有超过30年的争论和分析，其中有不少值得教练督导借鉴之处；最后，虽然教练表面上关注职业问题，但那些个人的、经验的以及问题导向的话题也常常会在教练过程中涌现，其中就包括那些反映教练对象正在承受心理问题的"危险信号"。怀伯劳和帕尔默认为，即使是在非临床人群中，也存在潜在的弱势群体。因此，（可以说）来自咨询或心理背景的督导模型可能对所有商业教练和循证教练都有用。

第 1 章 一个元模型：从心理治疗和心理咨询的历史脉络来看待教练督导

一些督导模型

卡罗尔在 1996 年将心理咨询与心理治疗领域内督导模型的演进分为三个阶段。第一阶段与精神分析模型有关。在弗洛伊德的年代，督导在很大程度上是不规范的。但是在 1922 年，国际精神分析学会（International Psychoanalytic Society）基于对受训者[①]的个人分析，制定了一套标准。存在于督导和治疗之间的紧张关系肇始于始，根据卡罗尔 1996 年的研究，这一问题至今仍未得到解决。换句话说，在某些督导模型中，督导者既提供督导，也为被督导者提供个人的心理治疗，从而造成了角色的混淆。督导的第二阶段兴起于 20 世纪 50 年代，以心理咨询的模型为基础，着重于被督导者的技能发展，在某些方法上采用了一些颇为说教的架构。与第一阶段一样，督导者仍然坚持自己的理论方向，并在这种世界观的指导下开展工作。肇始于 20 世纪 70 年代的第三阶段，则与发展性的和社会角色性的模型有关，强调督导者的角色和任务，以及被督导者的学习阶段。接下来的讨论主要涉及第三阶段。

然而，是否必须要有一个督导模型呢？对于这个问题，赫斯持有一种多少有点冷漠的观点，认为不管督导者采用何种特定的理论或模型，督导工作都是照做不误的。这部分是因为现实要求必须如此，即如果督导过程真的遗漏了一些核心问题，那这些问题就会反过来重新刺激督导关系，直到问题得到解决；另一部分原因是不同理论导向的人会使用不同术语来指称督导的基本要素。比如，被精神分析导向的督导者称为"治疗联盟"的，也许会被人本主义导向的督导者叫作"积极关注"。然而，我们可以确定无疑的是，以心理治疗为例，虽然它对于督导过程而言是有用的，但它本身并不是督导的一种理论。督导理论关注的应该是被督导者的问题，而不是客户的问题。本节的剩余部分会列举一些这样的理论模型。需要注意的是，虽然团体督导也是可行的，但本章主要关注的是个体督导，这主要是因为后者至少在目前可能仍是最广泛采用的方式。

[①] 本章有的地方我们使用受训者（trainee）一词，因为这是原始资料中的用法，也反映出那个时代的假设。在现代的教练语境中，我们不仅仅将督导看作培训，还将其视为持续专业发展的一部分。——译者注

发展性督导模型

在心理咨询和治疗的督导领域中，发展性督导模型多年来一直占据统治地位，主要集中在发展的阶段模型上。事实上，有评论说，督导的发展性模型已经成了"督导思想和研究的时代精神"。

最早的发展性模型之一是由霍根在1964年提出的，他概述了一个四阶段的过程模型。在第一个阶段，治疗师试图把他们所学到的一切都用上，表现出强烈的不安全感和对督导者的依赖。在此阶段适用的督导方法之一是直接讲授。在第二阶段，治疗师的成长以霍根所说的"依赖性－自主性冲突"为特征，时而过度自信，时而又似乎被工作涉及的巨大责任压垮。在这个阶段中，动机水平同样表现出明显的起伏不定。在第三阶段中，治疗师逐渐成长为行业内的能手，动机水平稳定下来，职业自信与日俱增。到了第四阶段，治疗师展现出的技巧和创造力都有着典型的"大师"风范。自此，他们既富有洞察力，又能意识到洞察力的局限性；既有个人的安全感，又能体察到不安全感。到了这个阶段，督导关系变得更加平等。但是，霍根也明确指出，这四个阶段并不是相互排斥的，也不是边界清晰地首尾相接的。在治疗师的一生中，他们可能多次从第一阶段发展到第四阶段。不过后来的其他模型倾向于采用一种更加连续的线性排列，并没有遵循他的理念。

1981年，斯托尔滕伯格在霍根模型的基础上开发出了自己所谓的"咨询师复杂性模型"。在这个模型中，随着咨询师依次经历一系列发展阶段，他们的认知复杂度也在提升。第一阶段的特征是咨询师被鼓励在一个结构化的环境中发展其个人自主性。在第二阶段中，督导者会传授新的技巧，提供更多的建议。在第三阶段中，督导者会鼓励更多的分享交流，并尝试与被督导者分享权力。在最后的大师阶段中，只有在被督导者主动寻求的前提下，督导者才会向其提供咨询。所以说，这是一个发展的过程。在此过程中，被督导者从依赖变得逐渐自主，而督导者的干预在很大程度上也取决于这些发展阶段。

斯托尔滕伯格后来又和德尔沃斯在1987年联合提出了一个三阶段的整合发展模型。在这个模型中，受训者在不同等级之间的渐次进步表现在三个主要方面，分别是对自我/他人的认知、动机及自主性。在对自我和他人的认知方面，在他们界定的阶段 1 中，受训者主要关注他们自己，尤其是自身的恐惧和不确定性。这往往会影响到受训者对客户需求的理解和洞察力。在阶段 2 中，受训者开始更多地关注客户的情感和认知需求。但如果尽力从客户的角度来看待问题，处于阶段 2 的受训者可能会陷入客户的问题当中，从而变得和他们一样困惑和悲观。与之形成鲜明对比的是，处于阶段 3 的受训者能够识别出客户的问题带给自己的影响，进而能够在关注自己对客户的情绪反应和客户正在经历的事情之间来回切换。

整合发展模型是一个动态模型。在某种意义上，某位受训者可能在某些领域内属于阶段 2，比如在干预技巧、评估技巧或者理论导向等方面，而在其他领域则处在阶段 1。然而，斯托尔滕贝格和德尔沃斯认为，当治疗师在所有领域的技巧和知识都达到了阶段 3 并且融会贯通以后，就进入了阶段 4，这是一个更高的等级，代表着"大师级"治疗师的水准。不过绝大部分治疗师都达不到这个高度，因为其所要求的不仅仅是跨领域的知识广度，还有知识的深度。

发展性模型的效度受到了一些人的怀疑。沙尼翁和罗素于 1995 年针对 48 名督导者的研究发现，督导者（无论经验多少）在评估受训者的发展水平上是同样有效的，然而他们都很难确定斯托尔滕贝格模型中的发展阶段 2。在他们看来，这一现象说明各个阶段之间更有可能是重叠且相互依赖的，尤其是阶段 2 中的受训者会兼具阶段 1 和阶段 3 的特征。因此，与其说阶段之间首尾相接、顺序分明，还不如说受训者会"在不同的发展阶段之间循环往复"。在分析了大量的实证研究成果之后，霍洛威发现：表现水平之间的差异在起步阶段和实习生阶段表现得最为明显，而这些差异在很大程度上是由督导关系决定的。因此，正如我们所见，起步阶段的受训者似乎需要更多的支持，而实习生展现出的独立性则在逐步增强。

社会角色督导模型

社会角色督导模型既强调被督导者的发展阶段，又强调督导者的角色和任务。其中最有影响力的是霍金斯和修赫特的六焦点模型。此模型后来被进一步发展成为七只眼模型，霍金斯和施文克在本书第 2 章中对此进行了全面描述。

六焦点模型

霍金斯和修赫特最初提出了所谓的"双矩阵"督导模型。他们认为该模型与其他模型的不同之处，在于它是从组织中的应用场景、约束条件和社会规范出发，来关注督导过程的。督导不是依次经历一系列阶段，而是任何时候都在许多不同的层次上运作。其中包括四个要素：督导者、治疗师（被督导者）、客户以及工作场景。虽然在督导过程中，通常只有督导者和被督导者在场，但霍金斯和修赫特指出，客户和工作/社会场景总是会被有意无意地带入督导当中。事实上，特纳曾经指出，有必要考虑无意识过程，这也是督导存在的主要原因之一。因此，督导过程涉及两个连锁矩阵：

- 一个将被督导者和客户联结在一起的治疗/教练系统（霍金斯和施文克的七只眼模型中的模式1到3）；
- 一个将督导者和被督导者联结在一起的督导系统（霍金斯和施文克模型中的模式4到6）。

督导系统存在的目的是关注治疗/教练系统。这可以通过两种方式实现：一是通过讨论报告、查看书面笔记或录像；二是观察治疗/教练会谈如何反映在当前的督导过程中。

区别对待模型

社会角色督导模型的另一个例子是区别对待模型。此模型声称自己的关注焦点"并非理论"，而是督导者的角色。其认为督导者有三种不同的角色：教师、心理咨询师和顾问；对于每个角色而言，又有三种不同类型（焦点）的督导可供选择：

- 干预：指督导者集中关注被督导者的干预技巧；
- 概念化：指督导者如何理解发生在治疗/教练会谈中的事情；
- 个人化：指被督导者如何采取一种不受个人问题或反移情反应影响的方式。

举例来说，当扮演教师角色时，督导者可能会采用一种"干预"焦点，以说教的方式向被督导者传授某种治疗技术。但当同为教师角色却采取"概念化"焦点时，督导者也许会通过治疗会谈的记录来帮助被督导者确定客户发言中的主题。当扮演的角色切换为心理咨询师,但仍然保持"干预"焦点时,督导者可能会帮助被督导者确定客户是如何影响他们,以及如何妨碍他们在治疗过程中使用技能的能力的。

由于这一模型要求督导者根据被督导者的个性化需要对其做出相应反应,因此它被称为区别对待模型。同时这个模型也带有社会交互性,因为它要求督导者基于他们所面临的情境来使用干预方法。因此,在任何一个特定时刻,督导者都可能会以九种方式(三种角色乘以三个焦点)中的任何一种做出回应。与其他模型相同的是,该模型也承认,面对新手被督导者,督导者也许有必要更多地扮演教师角色。但面对经验丰富的被督导者时,督导者会更多地采用顾问角色,或在所有这些角色中保持平衡。由此可见,这个模型其实也认为被督导者会经历不同的发展阶段。

走向教练督导的元模型

虽然以上介绍的关于心理咨询和治疗的督导模型存在一些差异和争论,但对于教练督导而言,下面一些主题似乎最为相关:

- 督导涉及帮助被督导者提升其信心、动力和知识水平;
- 督导关系是复杂的,既涉及督导者和被督导者之间的关系,又涉及被督导者和客户之间的关系;
- 被督导者的发展并非必然是线性的,不同的功能和过程可能表现出不同的发展速度,甚至有可能会出现退行(如信心下降);
- 教学(或更准确地说是学习)是督导关系的核心,这对于被督导者和督导者来说都是如此;
- 督导者和被督导者的关系会受其所处社会和组织环境的影响。

正如卡罗尔于 2006 年所提醒的那样,督导教练与督导心理咨询师并不一样,部分原因在于,教练常常是从属于组织并为组织工作的,他们的议事日程是由组织制定的,尤其是当教练干预活动本身是由组织提供赞助时。督导者的作用变成了处理存在于教练、教练对象以及他们的组织之间的紧张关系,以及应对诸如维持专业界限、管理合同以及察觉各方需求和责任等一系列复杂的动态局面。托勒将组织称为"隐形客户",认为它对督导施加了无意识的影响。因此,除了了解教练个人的观点以外，督导者还要对系统视角和组织的文化层面有所了解。在督导过程中，组织文化的影响不是一个偶发的附带因素，而是一个至关重要的因素。

图 1-1 呈现了教练督导的一个系统性模型，强调了督导关系中的某些必备要素（合同、关系本身、教学和评估）会受到组织与社会场景以及伦理规范的制约。下面的内容应该被视为抛砖引玉的讨论，而不是对此模型的明确界定。

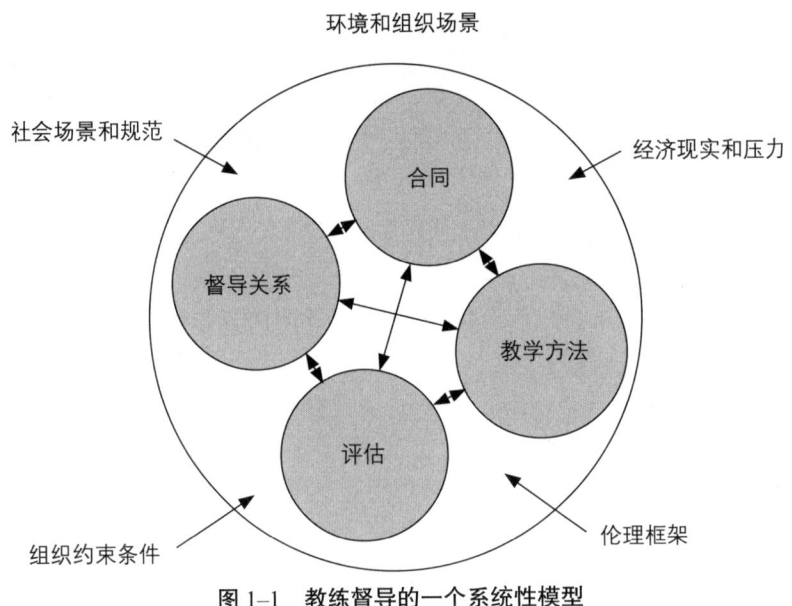

图 1-1　教练督导的一个系统性模型

合同

督导过程从为督导者和被督导者（教练）的关系定下规矩方圆开始。所以制定合同就成了系统性模型的起点。根据研究，合同可以帮助确定和澄清：

- 被督导者（教练）的发展需求，包括教育经历和工作经验；
- 督导者的胜任力，按照专业技能、经验（包括组织行为方面的知识）等方面明确地列出来；
- 工作环境中包含的机遇和限制，从而使设置的目标切实可行；
- 督导的明确目标、方法和焦点。

重要的是，督导者和教练都有必要了解一下对方的期望值，以确定是否匹配。如果不匹配，则必须通过协商化解差异。

合同应该涉及第三方如客户或赞助组织的期望和需求，并有必要对具体运作和临床问题之间的种种界限做出描述。组织可能有自己的督导政策，但即使没有，它们也可能对督导质量有明确的期望。正如科普兰提醒我们的那样，督导者自身的文化和价值观，与其所服务的组织的文化与价值观，可能经常是截然相反的。

无论采取何种督导方法，都要建立基本规则。霍金斯和修赫特认为这些基本规则包括督导会谈的频率、时长和具体时间。此外，他们还认为应当明确边界问题，包括保密性这一基本问题。但是，他们也提醒说，保密往往说起来容易做起来难。例如，在汇报教练干预所取得的进展时，督导者（和教练）必须小心保护个别教练对象的匿名性。但是某些组织可能会坚持要求说出（比如说那些表现不佳者的）姓名。因此，需要在合同中明确定义匿名的程度，从而使心理咨询师或治疗师等可以选择是参加这样的项目，还是出于伦理考虑而放弃。

督导关系

伯纳德和古德伊尔认为，督导关系是"两名个体自身的独特性以及督导会谈目标的联合产物，根据不同场景的需求会有所变化，而这些场景又构成了个体经历的主题或内容"。这样一种复杂的、独特的又不断演化的关系，肯定会受到许多内外部因素和过程的影响和塑造。其中一个因素是教练的自我表现，即他们的行为、信心（或焦虑）及期望。信念系统、理论取向，以及包括种族和性别在内的文化差异，都有可能在督导关系中产生重要影响。在上述的每个方面中，即使是如双方更易沟通这样的便利，都必须与对被督导者挑战减少的风险进行权衡。或者换句话说，我们需要对多样性和同质性带来的利弊进行权衡。

在一定程度上，某种更多元的方法有助于克服以上困难，尤其是当督导者有志于对模型的"正统"发起挑战时。不过，一般而言，多元化方法可能更适合于那些处于"上了路的旅者"和"大师级手艺人"发展阶段的人，而非那些仍然努力整合所学的人。

教学方法

我们已经发现，在本章前面描述的那些心理治疗督导模型中，直接的教学或指示并没有发挥特别突出的作用。即便如此，督导者有时还是会想要或需要以说教的方式传递一些技能、知识或想法。做到这点的方法也是不一而足的。

指示

在督导的早期阶段，督导者也许有必要直接向教练发出指令，尤其是在传授技能方面。伯纳德和古德伊尔概述了被他们称为"微训练"的四步法：每次只讲授一种技能；督导者演示技能；被督导者通过角色扮演等方式练习技能；被督导者自行掌握。有些时候，督导者还可能会推荐书籍或其他阅读材料。

促进反思

反思可以集中在我们前面所说的任意一个连锁系统上，也就是说，督导者可以指导和鼓励被督导者先反思自己在教练会谈中的行动、想法和情感，再反思自己和督导者之间的互动。通过这种方式，他们不仅能更好地理解实践的内容，而且还提升了反思能力。事实上，督导的功能之一就是教会被督导者如何反思。此外，对于许多教练而言，督导是唯一可供他们反思和讨论自己的教练经历的场合。反思过程应以改变看法和实践为目的，提升教练从经验中建构意义的能力，避免防御性的自我保护。霍金斯和修赫特建议，这种自我反思可以识别当前支持系统的优缺点，进而帮助决定是否需要与督导者重新协商合同，或者是否需要安排其他形式的督导，比如同侪督导等。

从系统的视角出发，退一步反思督导过程中的动态也很有必要，尤其是应该想想当前的督导是否能满足个人的需求和目标。这种反思既能促进被督导者与客户之间的工作，又能提升他们的专业判断力。这种反思过程通常是由因果条件引发的，通常涉及被督导者感受到的不确定性、两难困境或使其感到惊异之事。在尝试理解现象之前，采取干预手段的条件会在问题与反思过程中间充当调节变量，这些调节变量具体包括被督导者的认知能力（有些被督导者比其他人更善于反思）和组织环境等。

榜样示范

榜样示范指的是被督导者通过观察督导者的专业实践过程来学习。这一方法揭开了实践过程的神秘面纱，为被督导者的工作提供了一个可以遵循的模板。然而，榜样示范也会带来危险，即使是经验丰富的督导者，也有可能表现出不恰当的典型特征。例如，资深的督导者倾向于根据自己的丰富经验行事，而接受督导的新手实践者可能偏好更结构化、更简单且按部就班的模式程序。所以，督导者也许有必要反思（或者在他们自己所接受的督导中探讨）他们希望表现哪些榜样行为，以及该如何做到。

反馈

因为反馈包含了来自督导者的质量评估和意见判断，所以它属于教练学习过程的一部分。要想让教练从反馈中有所收获，反馈本身必须清晰、精确、真诚。这就意味着，某些时候反馈可能会是批判性的甚至对抗性的。当我们在组织场景中提供反馈时，反馈或许会聚焦于教练本人在教练过程中如何处理组织的目标与需求。一个明智的做法是，早期在合同中注明此类反馈可能会发生，让教练对此做好心理准备。反馈也是一种评估形式。因此，评估不但会影响教练对教学干预手段的选择，甚至可能会导致对合同的修改。

评估

格雷认为，应该对教练过程进行评估，因为评估能够为我们提供一个窥探专业实践奥秘的关键窗口。此外，它还能发展我们的自我意识，使我们懂得如何改善个人的互动、过程和成果。同样，如果评估对于教练大有裨益，那么其在教练督导中无疑也会同样有用。评估是督导过程的最终功能，但它可能会与其他功能（如促进被督导者的发展）相冲突。有些人的应对方式是忽略甚至否认评估本身所包含的判断成分，而更好的方法则是通过鼓励正在进行的对话，评估其对督导者–被督导者关系的影响。事实上，霍金斯和修赫特就曾指出，评估应该是一个双向的过程，并且需要被提前列入督导安排之中。

然而，第一个显而易见的问题是："我们应该评估什么？"博尔丁认为这取决于在督导者-被督导者关系建立之初就确定下来的具体目标。费尔特姆和德莱登则提出三个关键的评估领域。其中第一个是被督导者的发展进度。对于那些缺乏经验的被督导者而言，绩效反馈可能非常重要，因为他们急切地想知道自己是否达到了某个适当的标准。督导者可以针对他们自认为的优势和劣势分别提供反馈。第二个评估主题是"我们相处得怎么样"，其焦点是督导合作关系本身。这可能包括评估原始的合同，看看它是否依然有效。第三个领域是确定和探讨那些在督导过程中一再出现的问题，比如，被督导者常常不能在必要时挑战客户。被督导者复盘自己某些不那么成功的干预也很重要。此外，如果督导发生在工作场景中，那评估的一个重要焦点就是组织的目标是否已经实现，以及所遇到的问题是否得到了解决。

伦理问题

正如图1-1所示，督导中所有的系统性元素都受到伦理框架和限制条件的制约。虽然督导者和教练的伦理守则可能是一致的，但是，当他们来自不同的专业背景，或者遵循不同专业组织的标准时，问题就可能会变得复杂起来。本书第7章会对此进行深入探讨。

结论

综上所述，我们可以看到，许多来自心理治疗和咨询的发展性督导模型都已经是明日黄花，在很大程度上已经被那些更社会性的模型取代。然而，大多数这类模型的共同点是，至少在被督导者的进步、发展和变化方面提出了一些概念——不管这些变化是不是通过不同的、连续的阶段发生的。要使督导过程取得成功，首先需要以合同的形式确定一套明确的原则。合同是督导者与被督导者关系的基础，应该包含对预期结果、过程和将要使用的方法的清晰界定，甚至应该包含关于如何修改合同以适应不断变化的情况的约定。

即便如此，界定教练督导关系的本质仍然困难重重，尤其是当双方依据的是不同的理论模型时。例如，如果被督导者是一名循证的商业教练，而督导者则是一名训练有素的精神分析师，这种情况就会发生。双方可能会展现出不同的认知类型、

第 1 章　一个元模型：从心理治疗和心理咨询的历史脉络来看待教练督导

信念体系以及伦理观念。此时，双方都需要对他们潜在的相似之处保持一定的敏感度，同时努力解决任何差异。当然，关于如何做到这一点，可以在合同中详细说明。督导关系可能会涉及一种或几种教学方法，从灌输式教学（虽然不常见），到共同反思，再到行为示范和反馈。所有这些元素甚至连评估过程本身都会被评估。

正如本章开头所述，本书之所以包含本章内容，是因为它为所有学生（无论是教练还是督导者，也无论其目前是否正在参加正规的教育项目）提供了评估和整合其余各章所描述的模型和理论的机会。学生（暂且这么称呼）将会发现集中在元模型的不同方面的各种模型和理论。这可能是创始者有意识的、公开的选择，也可能是暗含在模型当中而非明示的，甚至可能是他们的盲点。元模型提醒大家最好带着以下问题阅读后续各章：

- 使用某种方法时，是前后一致更好，还是灵活多变更好？
- 对于任何一个特定的模型或理论而言，它在处理哪些功能、注意事项和焦点方面是最为有效的？哪些方面又是它没有涉及的？
- 这个模型或理论可以如何帮助我发展？

第2章　教练督导的七只眼模型

彼得·霍金斯（Peter Hawkins）、吉尔·施文克（Gil Schwenk）

本章的目的是介绍教练督导的七只眼模型。它也许是建立最早和使用最广的教练督导模型。我们将会描述模型的发展历史，考虑它的关键要素，并通过一个案例来说明其实际运用。接下来，我们会界定督导者的角色和职责，并说明使用该模型时的潜在风险。

此模型起源于20世纪80年代中期。当时彼得·霍金斯创建了一个系统性的综合督导模型，该模型后经彼得与他在督导和团队发展中心的同事，包括琼·威尔莫特（Joan Wilmot）、茱迪·赖德（Judy Ryde），尤其是罗宾·修赫特（Robin Shohet），共同完善，以"七只眼模型"的名称广为人知。这个模型被世界上很多国家广泛应用于不同的助人行业，并被翻译成希腊文、瑞典文、捷克文、中文和德文。自1995年以来，霍金斯与巴斯咨询集团的同事一起，将此模型扩展应用到教练、辅导、团队教练和组织咨询领域。

七只眼模型发展到今天，已经包括了我们在督导中所能聚焦的所有不同方面，以及每个焦点领域所需的督导风格和技能。它建立在我们对事物如何相互联系、相互影响以及如何驱动行为的系统性理解之上（见第13章）。它整合了主体间心理治疗领域的观点和构面，关注个体内在精神世界和外在交互世界之间的相互关系。

这个模型指出了如何在教练关系中反映教练对象的系统背景，以及如何在督导关系中反映教练关系的动态。无论对督导者还是被督导者而言，弄清楚这七个可能的焦点领域都是很有价值的，因为这可以帮助他们回顾检查自己所提供或接受的督导服务，并帮助他们发现不同的做法，拓展督导实践。为了便于讨论和学习，我们用数字 1 到 7 来表示七只眼模型的七个焦点。

督导的七只眼模型

> 虽然与苏格拉底同时代的普罗泰戈拉在当时宣称"人是衡量万物的尺度"，但苏格拉底哲学中那个既让人兴奋，同时又使我们备感艰辛和不愿面对的真相，却时时在我们耳边敲响洪钟大吕，提醒我们："人与他人的关系"以及"人与其周围世界的关系"，才是真正衡量万物的尺度。
>
> 贝塔尼·休斯（Bettany Hughes）

合同

在探讨督导会谈中的七种模式之前，我们很有必要先就一般意义上的督导关系和每次具体会谈商定一份合同。在每次督导会谈开始之时，有必要阐明教练想要在督导中探讨某种客户情形的原因，以及教练想要获得的结果。这样做可以帮助督导者根据教练对象的期望值来锚定谈话，以便更好地为教练对象及其所属的环境服务。典型的问题包括以下几点。

- 几分钟后我们就会谈到你的某个教练情形中的细节。在我们开始之前，请告诉我，这个教练对象身上（或者这段教练关系当中）的什么促使你想在今天的督导中对此进行探讨？
- 你希望通过探讨这位客户或这段关系得到什么样的成果？
- 这个成果对你自己、你的教练对象及其组织，以及他们身处的大环境各自有何价值？

在应用七种模式之前，有必要先总结一下你的理解，并与被督导者确认目标和所期望的结果。这远远不只是就会谈安排的细节达成共识。根据我们督导和培训上百名督导者的经验，从教练和督导者见面的那一刻起，督导就已经开始了。认真聆听合同是非常重要的，因为它阐明了教练对象的观点和教练–客户关系的方方面面。尤其是要聆听教练的语言和非语言表达，以及他们所使用的隐喻，因为所有这些都是引导督导会谈的重要线索。此外，合同还能阐明哪些模型可能会在这次特定的督导中特别有用。

督导的七种模式

七只眼模型强化了教练和督导的人际关系方面，因为它建立在两个互补的系统之上。如图 2-1 所示，第一个是教练 – 客户系统，第二个是教练 – 督导者系统。这两个关系系统都内嵌在一个更广阔的组织和系统环境当中。这个大环境包括所有以上三方为之工作的组织、这些组织的利益相关者以及教练和督导者可能所属的专业和培训机构。我们将在下文更详细地描述督导者和被督导者的七种工作模式。

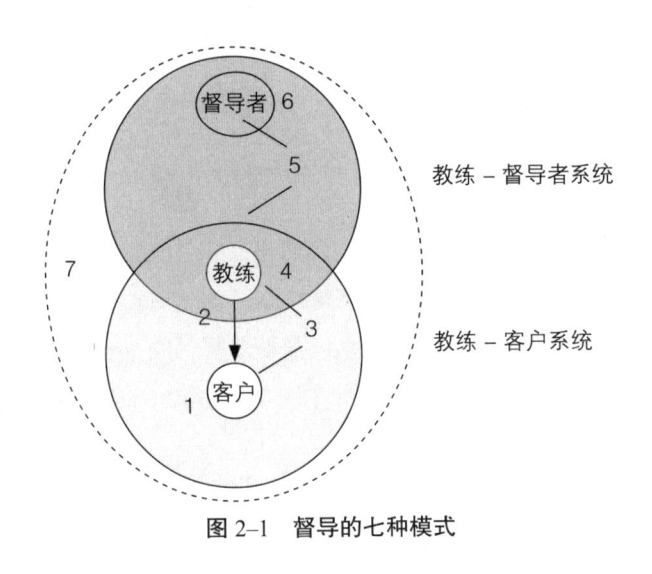

图 2-1　督导的七种模式

模式 1：教练对象及其环境

如上所述，在督导现场有两个相互关联的系统，但是教练 – 客户矩阵中一个很重要的部分——教练的客户，并不会实际到场。为了服务于教练的客户及其组织环境，我们把模式 1 称为"把客户带到现场"。我们理解"客户"的方式在这里很重要，因为它能够将高管教练与其他人本主义方法区分开来。按照我们的理解，任何时候总会有至少三个客户同时存在，分别是教练对象、他们所属的组织，以及这两者之间的关系。所有这些都需要在模式 1 中加以关注。

模式1的目标是让教练重新认识客户，使其在督导现场能在头脑中用意象比喻的方式创建出一幅有关教练对象及其组织环境的"全息图"，我们想要对教练对象、客户组织以及他们呈现和构建问题的方式做到感同身受般的理解。

在这种模式下，督导者的技能是帮助教练准确地还原在教练会谈中实际发生的事情——他们看到了什么、听到了什么、感受到了什么——并尝试把这些真实的数据与他们自己的先入之见、假设和解读区分开来。另外一种有效的做法是帮助教练去注意在他们与客户一起工作的那段时间的始末，即在客户到达和离开时分别发生了什么。通常而言，在一段时间的交界处，内心深处最丰富的无意识内容是最为明显，也是最容易浮现的。

模式1典型的干预措施包括：

- 回想与该客户的上次会谈，并重新思考在会谈正式开始前发生了什么。
- 客户在来到会谈地点时，看上去、听上去是什么样子的，以及会话是如何开始的。
- 描述一下这位客户。当你想起他的时候，你会想到什么？
- 教练对象在会谈过程中的表现如何？请试着"成为他"，向我展示看他的行为。
- 在会谈过程中你看到、听到和感受到了什么？
- 教练与这位客户之间的合同是什么？双方和他们的组织希望通过教练达到什么目的？

模式2：教练的干预

模式2着眼于教练如何与教练对象共事，他们如何完成教练流程的每个阶段，教练进行了哪些干预，以及有哪些备选的替代措施。模式2也可以关注教练将要介入的情况，并探索可能的选择，以及每种选择可能带来的影响。模式2常常是由教练发起的，源自他们在教练过程中遇到的两难困境或僵局。他们常常会用非此即彼的两难困境来表达这样的死路僵局，比如，"我是该直面这个问题，还是放过去算了？"

此时，督导者需要有技巧地避免陷入陷阱，不要为任何一个选项去争辩，而是要使教练认识到他们是如何将选择限制在两个极端的可能性上的，并且通过推动一场共享的头脑风暴来释放能量，创造出新的选项。然后，双方可以探索所有选项的利弊，并以"快进式预演"的方法，对其中看上去比较可行的干预措施进行演练。

模式2中督导者的干预措施可能包括：

- 你看起来遇上了两难困境：一方面，你想要X；另一方面，你又想要Y。
- 在这两个对立选项背后的利益或意图各自是什么？你可以做些什么来使得它们同时实现？
- 你可以使用的最大胆、最疯狂的干预措施是什么？
- 你是否认识一些可以很好地处理这种问题的人？他们会做些什么？

模式3：教练与客户的关系

模式3的焦点是教练与教练对象共创的关系。在这个模式中，通过把焦点从（1）教练对象及其世界和（2）教练的行动，转移到教练中有意识和无意识的关系领域，督导中的关系方面第一次走到台前。

督导者必须引导教练站在他们所处的教练关系之外，这样他们才能从新的角度重新看待和体验这种关系。中国有句谚语："鱼在水中游，却从不知水为何物。"在这种模式下，督导者能够帮助教练成为一条"会飞的鱼"，这样他们就可以看到自己平时纠缠其中的"相关水域"。

模式3的目的在于让教练反思他们与教练对象的关系，不管是通过理性的描述，还是通过挖掘其无意识的表达。我们可能会问：

- 如果你是墙上的一只苍蝇，你会如何描述你与这位客户之间的关系？
- 这让你想起了其他哪些关系？
- 如果你和这位客户被困在无人的荒岛上，会发生什么事？
- 如果这段关系是某种颜色、某段音乐、某种天气、某个国家等，那它会是什么（颜色、音乐、天气、国家）？

在很大程度上，以上问题的答案是一种指标，表明在这段关系中可能已经发生了什么。如果教练对上述被困荒岛问题的回答是他和教练对象会在岛屿的两端分别搭建营地，那么这段关系就可能存在距离和未表达出来的敌对，现在就可以敞开心扉对此进行探讨了。相反，如果教练说他们会围坐在篝火旁愉快地交谈下去，那可能就反映出一种温暖舒适的感觉，可以对此加以探究。

模式3能并行处理教练对象与其主要联系人的关系。举例来说，当某位教练被问到他与教练对象之间关系的本质时，他说："我（即教练）站在一旁为教练对象的成就喝彩叫好，同时也感觉自己有点没用。"当我们随后深入了解教练对象所处的环境时，我们发现她是一个能力很强、独当一面的人，大家都认可她在组织中的办事能力。然而，由于她基本上是独自工作的，大家对她能否与他人有效共事感到担忧。她与其他同事在工作接触中也常常会出现冲突。从这个角度来说，我们可以从教练关系中窥一斑而见全豹，发现教练对象与他人的交往模式。在模式3中，关注这个容易被忽略的方面是很重要的。

模式3中的这些问题也可以帮助我们更好地理解教练对象的人际关系。督导者可以使用类似的问题来了解教练对象与其关系网络中重要他人的关系。因此，如果教练服务的焦点是教练对象与其上级经理的关系，督导者可以这样提问：

- "基于你从教练对象那里听到和了解到的，教练对象与经理的关系使你想到了什么？"
- "基于你从教练对象那里听到和了解到的，如果教练对象和其经理被困到无人荒岛上，会发生什么事情？"

模式4：教练的意识

模式4的焦点是教练的自我意识，此模式促使教练去觉察自己身上的哪些东西被教练对象带来的信息重新激活了，并且能善于运用这种觉察，记录下那些发生在教练系统表面下的事情。

在这种模式下，督导者会帮助教练厘清对该客户的教练过程重新激活了自己的哪些情绪感受。做完这项工作之后，可以帮助教练进一步去探索：教练自己的这些感受与教练对象正在经历但却未宣之于口的感受之间有何关联；同时也会探讨教练自身存在哪些障碍会妨碍自己推动教练对象及其系统的改变。

模式4中的问题可能包括：

- 当我们讨论这位客户时，你的身体有什么感觉？你有什么情绪或想法？
- 这位客户让你想起了什么人？
- 过去你是否有过类似的动态关系？在当时那种情形下，你需要说些什么？这又为你提供了什么线索，使你觉得当下必须表达些什么呢？

模式 5：督导关系

在模式 5 中，我们关注在督导者–教练关系领域内发生的事情。在这种模式下，我们注意到，督导关系中的"我们"是由督导者和被督导者在讨论某个教练情境时共同创造的。

我们可以在模式 5 中使用与模式 3 类似的问题，或者也可以直接提问："在督导者–教练关系与教练–教练对象关系之间，我们注意到了哪些相似或不同之处？"我们还可以就动态中任何已经被意识到的具体特征来展开探讨。举例来说，如果我们注意到教练对象以一种"时而顺从、时而抗拒"的"孩子"状态来回应其上级经理或同事，那我们就可以探讨，在督导者–教练关系中，以"父母""成人"或"孩子"的不同状态所呈现的自我之间有着怎样的交互关系。

常见的情况是，这会凸显出督导者–教练关系从教练–客户关系中复制过来的某些相似性，或者有时候也可能是复制成其反面。这个平行过程既包含关系中的意识层面（包括感觉），也包含从教练对象所属系统中吸收过来的、无意识的感受和互动方式。因此，教练可能一不留神就会使用教练对象对待他们的方式来对待督导者，或者换句话说，教练实际上是通过与督导者互动的方式来鲜活地展示教练对象与他们互动的方式的。

在掌握了这一技能后，督导者可以就教练的表现给督导关系带来的影响，时不时地进行试验性的反思，以从侧面了解教练–客户关系中的动态。如果处理得当，这一过程可以帮助教练意识到，对于教练关系，自己在意识层面的理解与在情绪上受到的影响两者之间有哪些不一致，进而采取行动缩小差距。

在模式 5 中，督导者可能会这样说：

- 当你谈起这位客户时，我们都变得好争辩了。我们的语速加快、音量提高了。我怀疑这是否折射出了教练–客户关系中的某些内容？
- 我很想知道"那种动态"（可以是任何可被察觉到的事物）是如何发生在你我之间的？在督导关系中，我们是如何"那样做"的？例如，我们都察觉到了，教练对象总是服从你、上级经理以及其他人。我很好奇，在督导关系中，我们是如何表现顺从的？又表现在了哪些方面？

模式 6：督导者的自我反思

模式 6 的重点是督导者与教练"此时此地"的体验，以及从督导者对教练及其表现的回应中得到的启示。

在这种模式下，督导者需要关注的不仅仅是教练的表现以及这些表现对当前督导关系的影响，还要关注自己的内在过程。通过一边倾听教练讲述教练情景，一边关注自己的感受、想法和幻想，督导者可以发现与教练-客户关系有关的无意识内容。

对督导者而言，很重要的是要学会避免自我审查，而是用一种非评判性的、非解释性的方式，大声说出自己在当下的觉察。如果督导者能静心思考并以试探性的口吻说出他们的觉察，就可能会促进教练进行反思，并激发进一步的探索和对话。例如，督导者或许可以说：

- 当听到你说这些的时候，我注意到自己的心跳加快了，而且我对这种情况感到很不安；
- 当我听到这些的时候，我感到悲伤和空虚。

本章两位作者之一曾经督导过一名教练。他说道："每当和这名教练谈论起某位特定的客户时，我都会发现自己的眼皮很沉重，很难保持清醒。起初我对此深感内疚和尴尬，甚至尝试过改变督导会谈的时间（原来的安排是午餐以后），以便提高自己的专注力！在这种情况发生了多次，并在我自己所接受的督导中对此加以探讨之后，我终于鼓起勇气说：'每次提到这位客户的时候，我都感觉自己昏昏欲睡，我很好奇为什么会这样？'教练回答道：'你这样说还真是有趣！这也恰恰是我和这位客户在一起时所遇到的状况，但是我太尴尬了，以至于没法说出口！'"在这个案例中，不仅睡意被转移了，而且尴尬和自责也被平行投射到了督导关系当中。在此之后，教练开始能够直面在教练关系中所发生的事情，并挖掘出被动攻击的深层模式，进而帮助教练对象更加直接坦率地表达他们的问题。

模式 7：大环境

模式 7 的焦点在于教练和督导过程发生于其中的组织、社会、文化、伦理和契约大环境。这包括对客户组织所处的大环境及其利益相关方、教练的组织及其利益相关方、督导者及其组织与专业环境的了解。此外，它还涉及蕴藏在各种关系中的权力和文化动态。模式 7 的目的之一是促进教练对教练对象组织环境的理解，进而阐明教练对象需要做出哪些改变，才能在更广泛的系统中产生可持续的影响。

此外，模式 7 还关注督导关系所处的更广阔的系统性环境（见第 13 章），包括被督导者和督导者为之工作的组织及其抱负和期望，以及双方所属的专业环境和协会组织。被督导者的发展背景也是需要关注的一个重要方面。被督导者也许仍在接受专业训练，或者正在争取获得资格认证，又或者已经是领域内的思想领袖。

督导者必须有能力带入一种全系统的观察视角，才能理解正在探讨的工作所属的系统环境，不仅正影响着教练和教练对象的行为、心智模式、情感基础以及动机，而且对自己的影响也不遑多让。此模式中的技能是要恰当地照顾到大系统中各个关键利益相关方的需求，同时明白系统环境中的文化如何可能会在教练和自己身上制造幻觉、错觉和串谋。对模式 7 的关注还要求我们必须具备高水平的跨文化能力，以及对自身文化假设和偏见的觉察。

在模式 7 中，一些可能的提问如下。

- 关于组织奉行的价值观和假设，你从客户那里了解到了什么？这些价值观和假设在教练对象与其经理、同事、客户的关系中是如何体现的？
- 组织中通常是如何处理冲突的？这个特定的教练对象又是如何处理冲突的？
- 在会谈中，你听到对方提及了哪些主要的利益相关者？你会如何描述教练对象与他们各方之间的关系？
- 这些利益相关者之间的关系如何？
- 更广阔的政治、经济和社会压力在你的教练或督导关系中扮演了什么角色？
- 更广泛的系统需要发生什么转变，才能实现它的目的？教练对象又需要做出什么改变，才能更好地达到这个目的？

督导者的角色和责任

要想成为七只眼模型的合格实践者，通过阅读和体验式学习来深入理解它是很重要的。然而，包含具体、详细反馈的练习才是发展能力和建立自信最重要的途径。在培训教练督导者使用七只眼模型时，我们大量地使用三人小组练习的途径，以便督导者能够从被督导者和观察者处获得反馈。我们还发现，录像是一个很好的工具，可以使督导者亲眼看见他们自己是怎样做的，从而在风格和方式上做出调整。

每一群接受培训的新学员都使我们获益良多，使我们对如何督导教练这门令人着迷的技能的了解与日俱增，并在发展这门技能的终生旅途上不断前行。随着时间流逝，我们越发坚信：成为好的教练或好的教练督导者的核心既不是与理论和模型有关的学术知识，也不是装满了各种工具和方法的百宝囊；而是持续不断地奉献自己，发展自身的人类特质，用一种我们称之为"无情的同情"的方式，全然地与他人同在。因为，只有用这种"无情的同情"面对我们的客户，面对他们在世界上所从事的工作以及我们自己的技能，弥漫在如此之多的工作情景当中的恐惧和焦虑才能被克服，客户才能寻获新的力量，从而充满勇气地行动。

> **案例说明**
>
> 每种督导模式都能以一种娴熟、优雅的方式来实施，但也有可能会弄得一团糟。无论你的技能有多高超，如果你不能在各个模式之间灵活切换，都是行不通的，因为任何一个单一模式都是不足取的。通常来说，一次典型的督导会谈并不会在时间上遵循从1到7的顺序，而是或基于教练自身的话题流动，或在督导者的引导下，采取当下最有利于教练获得"超级眼力"[①]的模式，使教练能看清楚教练–客户关系，以及其他能更好地帮助教练对象的选项。

[①] 督导的英文原词是supervision，而原文中作者在此处将之拆成了两个词"super""vision"，我们将之译作"超级眼力"。作者的意思是，督导本身的主要目的之一就是帮助被督导者对事物产生一种全新的认知。——译者注

表 2–1 列出了最常见的模式转换方式，并提供了一些可用于每种模式的示例问题和干预措施。

表 2–1　　　　　　　　　　模式转换示例

模式	典型的提问或干预
为会谈制定合同	• 这个客户情形有何重要，使得你今天想要集中探讨它 • 通过反思这个情形，你想获得什么
模式 1：把客户带到现场	• 在脑海中回想你初见这个客户时最初的五分钟，你注意到了什么 • 在你想到这个客户的时候，头脑中出现了什么
通常这会导向模式 3：教练–客户关系	• 你会怎样描述你们两个人之间的互动 • 如果你和这位客户要去参加一个在某种意义上象征着这段教练关系的化装舞会，你们各自会装扮成什么人或什么物？你们在一起时看上去是怎样的
这时也许是使用模式 4 的好机会，可以检查一下前面的对话对教练的影响	• 引导教练注意正在自己身上发生的事情：身体反应、情绪流动、使用的隐喻和比较的标尺
此时谈话也许会朝向几个不同的模式流动。这有可能会激发你作为督导者的意识，也就是模式 6	• 当我听到这位客户当下所面临的种种，我感到不堪重负 • 此处相关的信心水平使我感到惊讶，听上去你似乎有些"崇拜"这位客户
通常模式 6 会开启模式 5 的大门，引导我们讨论督导者与教练的关系	• 我好奇我们之间会不会也存在某种"崇拜"？我们的督导关系和教练关系之间有何相似之处，又有何不同 • 这为教练关系提供了什么启示
在任何时间点上，会话中都有可能凸显出教练正在面临的某个两难困境。这就引出了模式 2：教练的干预措施	• 针对这个两难困境，你头脑中想到了哪些选择或备选项？ • 在这个两难困境中，对立的两端背后的利益和目的各是什么？你能做些什么使这两者都能实现
在任何时间点上，会话中都有可能凸显出与更广泛系统或利益相关者有关的某个方面，这就提供了探讨模式 7：大系统的机会	• 关于客户的利益相关者你知道些什么？他们可能会如何看待这个情况 • 根据你对这个组织中行事方式的了解，哪些方法在文化上能够被接受？哪些又是文化能够容忍的转变

模式	典型的提问或干预
续前表	
典型的督导会谈通常以回到模式2，澄清和确定教练对客户的下一个干预措施为结束	• 考虑到我们今天所做的探讨，你的客户需要做出什么转变，才能对其所属的大系统产生积极的影响 • 为了服务好这个客户，你又需要做出什么转变 • 此时会是一个典型的时机，可以针对所期望的情形、行为和语言进行一场快进式预演
回顾本次会谈的合同	• 这次会谈之初，你说你希望做到（1……2……3……）。现在你在多大程度上实现了上述目标 • 针对本次会谈中你所获得的洞见，你有多大信心将其应用于客户

虽然以上表格算是一个"典型的"流程，但是正如教练过程一样，督导过程也是由会谈双方共同创造的。谈话一方面会自然地流向"它该去的地方"，另一方面也会受到督导者或教练巧妙的引导的影响，从而在不同的模式之间流动。

对模型的评价

使用这个模型多年以来，我们认为它经受住了时间的检验。新的模型层出不穷，但是它们似乎都能与之兼容，因为七只眼模型更多的是我们看待督导工作的一种方式，而不是对我们"必须懂得哪些知识才能做督导"的限定。同样，我们发现，尽管很多人使用的理论方法差异很大，但他们都认同这个模型，因此，来自不同教练流派的教练可以在培训中共同学习如何使用这七种模式。发生在他们之间的对话能够削弱刻板僵化、自我设限的心智模式，很有教育意义。这背后的哲学是一种探究询问、促进对话的精神，并鼓励在来自不同流派和使用不同方法的个体之间培养这种态度。虽然我们很容易就能将七只眼模型归在系统理论的背景中，但我们发现它也可以在其他完全不同的方法中被很好地理解，比如精神分析或认知行为的方法。

我们认为，通过扩展自己的能力从而将所有七种模式都囊括进来，许多督导者都极大地改进了他们的实践。事实上，我们发现督导者们往往都会失之偏颇，过分地依赖七种模式中的某一种。有些人完全聚焦于教练和客户"在一起"时的情形，摆出一副很客观的姿态（模式1），可惜这只是一种虚假的客观性；另一些督导者则将自己的工作看作"要想出比教练已经使用的方法更好的干预措施（模式2）"。殊不知这样做常常会使教练觉得自己无能，甚至暗下决心，要证明这些督导者提供的干预措施其实与他们之前所用的那些一样无用。还有一些教练则声称，他们将自己与某个教练对象之间的问题带到督导现场加以探讨，离开时却只觉得这个问题似乎都是自己的错（模式4）。

"单眼视觉"只关注流程中的某一个方面，总是会导致"管中窥豹，只见一斑"的狭隘和局限。七只眼模型则建议我们从多个不同角度出发来观察某一情形。用这样的方式进行探索，可以产生一种批判性的主观性，即从某个视角获取的主观认识总是会得到来自其他视角或模式的主观数据的检验。

由于这个模型倡导一种开放的、探究的态度，它在对教练赋能方面十分有效。归根结底，教练毕竟是我们这些督导者的客户。通过此模型，教练能够更好地就自己所得到的帮助提出反馈，并要求我们切换焦点。我们在听取这些反馈时应持有开放的态度，以身作则，激发教练在面对他们的教练对象时采用同样的开放态度。因此，七只眼模型可以作为一个共同回顾督导过程的框架，教练和督导者用它来反思哪些模式用得最多，以及哪些模式又需要给予更多的关注。

需要留意的一个危险是，表2–1中呈现的案例说明中的各模式出现的顺序，可能会被某些督导者当作金科玉律，亦步亦趋。即使督导对话中已经出现了该使用其他模式的明确信号，他们仍然机械地执行既定程序。我们希望本章内容可以被督导者们善加使用，避免落入这样的陷阱中。

后续学习

重要的是，督导不能被看作一个由具有"超级眼力"的督导者单方面执行的活动，而应被视为教练和督导者共同参与的一种活动，目的在于确保实践的质量能够不断发展教练的技能和胜任力，确保他们能够为自己所做的工作提供足够的资源。

如果想要获取更多有关七只眼模型的信息，可以参考彼得·霍金斯与尼克·史密斯合著的《教练、辅导与组织咨询：督导、技能和发展》（*Coaching, Mentoring and Organizational Consultancy: Supervision and Development*）一书。

如果想要了解七只眼模型的其他广泛应用，请参阅彼得·霍金斯与罗宾·修赫特于 2006 年合作出版的《助人行业中的督导》（*Supervision in the Helping Professions*）第 3 版。

第 3 章　督导的三界四域模型

迈克·芒罗·特纳（Mike Munro Turner）

就像是所有教练服务的核心一样，对自我和他人的认识也是所有教练督导的核心，这对于督导者和教练来说都是如此。但是，对于自我和他人，我们需要认识到什么呢？

七只眼模型为我们应关注的内容提供了一份地图。在开发这个模型的过程中，霍金斯和史密斯采用了一种基于研究的方法，通过回顾不同的督导模型与方法，展示了不同方法下人们的关注点。我认为这个模型非常有用，它能引导我的注意力跨越督导的广阔领域。

但是，在使用这个模型一段时间之后，我发现了其中的某些局限，于是便着手修改它。我认为，将模式4（教练的体验）拆分成两部分，即教练在教练会谈中的体验和教练在当下督导会谈中的体验，是很有帮助的。模式1，即教练对象的系统也可进行类似的有益拆分。我将其分为教练对象在教练会谈中的体验，以及在结束教练会谈后回到自己生活当中的体验。

另外，随着我作为督导者的经验不断积累，我越发觉得自己有必要对所谓的个人体验做更细致的区分。我已经开发了一个模型来进行这些精细区分，并将其越来越多地纳入自己的督导实践。我第一次撰文对这个模型加以论述是在1996年，之后，该模型得到了进一步的发展完善。

本章描述的正是这个模型，它是以上所说的那些努力的成果。它的目标是帮助督导者将教练会谈鲜活地带入督导会谈当中，增强教练的意识，促使他们在教练过程中发现新的选择。

模型的功能

教练督导一般被认为具有以下三个功能：

- **资源获取**。帮助教练管理他们在服务客户的过程中被客户唤起的情绪；
- **发展培育**。发展教练的技能、理解力和能力；
- **质量管控**。确保教练工作的品质。

本章将介绍的模型侧重于以上功能中的第三项，特别是通过帮助教练在服务客户时拥有新的选择，提升某些教练关系和某些教练干预的质量和有效性。但是，在关注质量管控方面的同时，该模型也引导教练探索和处理他们所面临的资源获取和发展培育方面的问题。

该模型基于这样一种信念：通过将整个系统鲜活地带到现场，督导者能够感受到来自大系统的"呼声"，从而利用涌现的思想、情感和其他体验，为教练过程、教练本人及教练对象带来真知灼见。这里所说的大系统，我认为包括督导会谈本身、教练工作的过程、教练对象及其工作环境，以及督导者与教练。所谓的"将系统带到现场"，指的是通过以下两种方式将所有这些方面激活并使之被意识到：第一种是直接的方式，因为这些思想、情感和其他体验正在当下发生；第二种是间接的方式，通过被督导者和督导者的回忆、想象和直觉去激发这些体验。这个模型针对大系统提供了一张地图，帮助督导者引导自己和被督导者的注意力，使其投向系统中所有的有关要素。

三界四域模型

三界四域模型中的三界，指的是督导者能够予以关注的三个世界：工作世界、教练世界和督导世界。在每个世界中，督导者可以关注每位参与者（督导者自己、教练和教练对象）的四个领域的体验。这四个领域分别是洞察、准备度、真诚的愿景和巧妙的行动。

三个世界

高效的督导者会确保自己对发生在整个督导系统中的所有事情都有所觉察。为此，他们会关注三个子系统，即本模型所说的"世界"（如图3-1所示）。

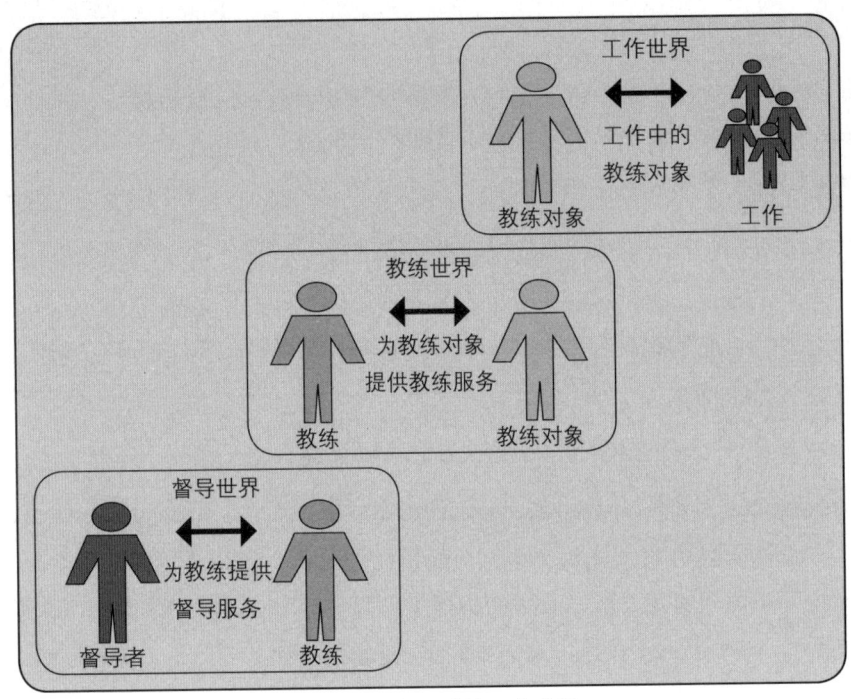

图3-1　督导系统的三个世界

- **工作世界**。包括教练对象及其身处的工作场所和更广阔的生活世界。
- **教练世界**。包括教练会谈中的教练和教练对象。正如对工作世界一样，督导者对教练世界也只能获得间接的经验——要么通过教练的明确告知，要么通过自己身上的无意识唤起。
- **督导世界**。包括督导会谈中的督导者和教练。督导者对这个世界有着亲身体验，因为他们自己就是这个世界的组成部分。

这三个世界主要通过以下两种方式联系在一起。

- 通过出现在教练世界和督导世界中的教练。正是他们将教练世界带入督导会谈当中，并提供了督导者据以开展工作的内容的；也正是他们将自己通过督导所产生的转变和所收获的洞见带回去并应用到教练会谈中的。
- 通过出现在工作世界和教练世界中的教练对象。正是他们为了探讨自己面临的挑战，而将工作世界中的体验带入教练会谈当中，并提供了教练据以开展工作的内容的；也正是他们将自己通过教练所产生的转变和所收获的洞见带回去并应用到工作场所中的。

这些联系在各个世界之间产生了"共振"，从而使教练世界与工作世界的某些方面得以出现在督导会谈当中。因此，当教练进入督导会谈时，他们随身携带了一张由各种有意识和无意识的知识、情感、想象、观念、需求、期望和直觉交织而成的大网，这张大网承载了发生在教练过程以及工作世界中的种种。通过鼓励和放大这些共振（尤其是那些教练还没有意识到的），并培养自己对这些共振的敏感性，督导者能够得到有关教练会谈以及教练对象所处世界的信息，并产生深刻的洞察。此外，这些信息和洞察还能够帮助教练获取真知灼见，为他们的教练工作中推开一扇新的窗户。

一个关于人的模型

每个参与者（督导者、教练和教练对象）的经验都可以用四域模型来表示。四域模型（有时也被称为复兴模型或耶利哥模型）区分了经验的四个领域：洞察、准备度、真诚的愿景、巧妙的行动（如图3-2所示）。此模型衍生于丹尼尔·鲁（Danielle Roux）开发的一个权力关系模型。

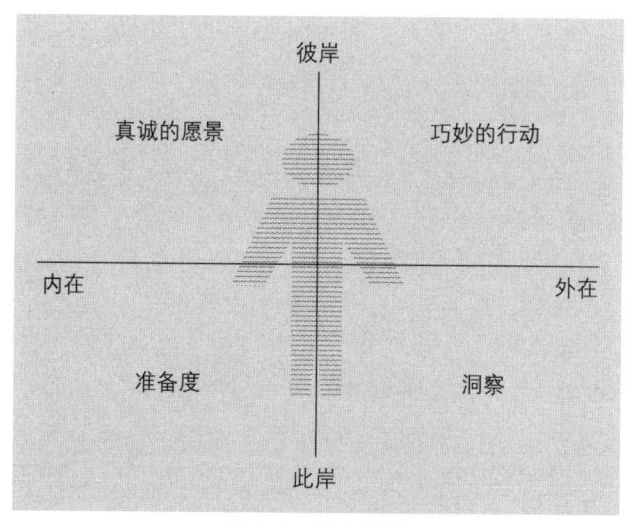

图 3-2　四个领域

透过四域模型的架构反思我们的工作，并了解所涉及的不同世界时，我们感兴趣的是我们会在督导会谈中关注或聚焦什么。表3–1分别列出了四个领域的焦点。

表3–1　　　　　　　　　　焦点和四个领域

领域	"自我"所涉及的方面	焦点
洞察：看到我的世界的现状和未来的可能性	感觉、知觉	我对已经发生之事的感觉和知觉，受到我的先入之见、偏见、投射和假设的过滤和塑造
准备度：注意到是什么限制或促进了我对世界的回应；发展我的灵活性和韧性	情感与具体的思维	我的内在体验是由我对所发生之事的感知、我的意义系统、个人历史、习惯性思维等唤起的
真诚的愿景：明确我想要给世界带来的改变、我期望的存在方式、我的意图	创造性思维	我对事物的想象，以及我以不同方式思考和探索可能性的能力
巧妙的行动：将愿景转化为行动	身体	我的行为，包括我曾做过的和我可能会做的，都受到我关于"世界能有何不同"的愿景的引导

三个世界和四个领域

将三界模型和四域模型结合在一起，就能将督导者在督导会谈中可以采用的各种视角标示出来。这些视角共有八个，下面我们会逐一说明，并附上一些可以将督导系统中的这个方面带到督导会谈中的具体提问示例。

1. 督导者可以向教练提出与教练对象以下方面有关的问题：

- 洞察：来自360度反馈的数据、他们面临的挑战、他们的工作–生活平衡的状况，以及他们正在创造的成果；
- 准备度：心理测量结果、自我坚韧性、发展阶段、个人故事和主题；
- 愿景：教练对象的目的、他们想要实现的影响/改变，他们想要留下的传承，以及他们的工作抱负；

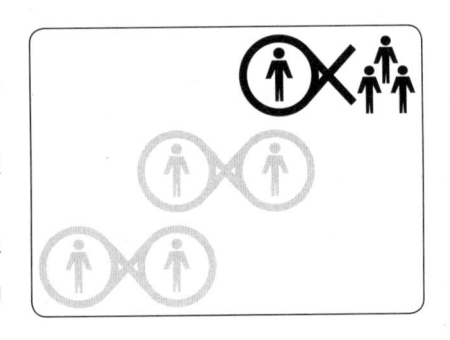

- 行动：习惯性行为、已经尝试过的行为，以及正在致力的行为。

根据教练对象在教练过程中探讨的特定问题，也可以提出以下问题：

- 教练对象的关键联系人有哪些（可以使用后面第四个视角中提问的变形），这些关键联系人在教练对象的世界中各自有何体验；
- 更广阔的组织环境：组织的结构、愿景、使命和价值观；
- 大环境：政治的、经济的、社会的、技术的、法律的和环境的因素（可以用缩略语PESTLE[①]来帮助记忆）。

2. 督导者可以向教练提出与教练对象在教练会谈中的表现有关的问题：

- 洞察：教练对象如何看待教练？
- 准备度：教练对象有什么想法和感受？
- 愿景：教练对象希望从教练服务中得到什么？
- 行动：教练对象的行为表现如何？他们说了什么？又是如何表达的？

3. 督导者可以向教练提出以下问题，帮助他们反思自己在教练会谈中的体验和所做的事情，以及他们在未来的会谈中可以有什么不同的做法：

- 洞察：关于教练对象你注意到了什么？在他们讲述的故事中，你注意到了什么主题和模式？
- 准备度：你当时有什么想法和感受？什么是你没能说出口或没能问教练对象的？
- 愿景：你在教练会谈中的目标是什么？你努力想要实现的改变是什么？
- 行动：你在教练会谈中使用了什么方法？你做了什么？采取了哪些干预措施？

---

① PESTLE 是"政治的"（political）、"经济的"（economic）、"社会的"（social）、"技术的"（technological）、"法律的"（legal）和"环境的"（environmental）的英文单词的首字母缩写，起源于战略管理领域中一种对组织外部环境进行扫描的分析方法。——译者注

4. 督导者可以向教练提出以下问题，帮助他们反思教练关系和教练世界：

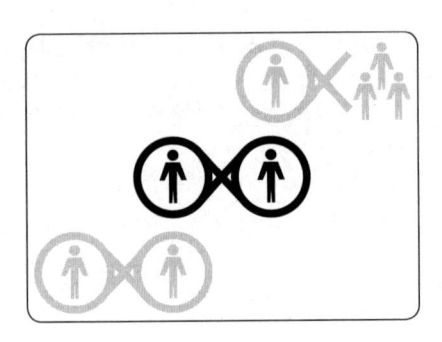

- 你和教练对象之间是什么关系？
- 你和教练对象之间发生了什么？
- 如果你和教练对象一起观察你自己，你们会注意到什么？
- 如果你和教练对象流落到无人的荒岛上，会发生些什么？

5. 督导者可以聚焦于教练在督导会谈中的表现：

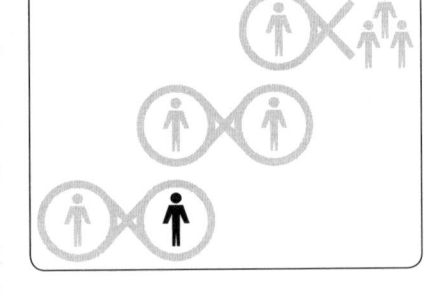

- 洞察：在我们的会谈中，你注意到了什么？你如何看待我和我的角色？此时此刻你身处什么样的环境当中？
- 准备度：你有什么想法和感受？你在逃避什么？你又被什么事情困住了？你需要做出的改变是什么？
- 愿景：你希望从本次督导会谈中得到什么成果？你认为哪条路径能够通向你所期待的成果？
- 行动：关于你在本次会谈中的表现，你注意到了什么？

6. 督导者可以运用自己在当下的体验，来了解当前正在发生的事情，并为其赋予意义：

- 洞察：这里实际上正在发生的事情是什么？我如何看待教练的行为表现？我是否起到了资源获取、发展培育和质量管控的作用？我看到了什么？我是否看到了教练身上的变化？
- 准备度：我对于成为最好的督导者的自由度如何（自由意味着不受个人历史、教练以及双方所谈及的话题的影响）？我需要放弃什么？我有什么想法和感受？我正在经历的冲动和需求是什么？我身上的什么东西被激活了？我该如何使用我拥有的资源来应

对眼前的挑战?
- 愿景:我梦寐以求的是什么?我必须持有什么目的、认可哪些意图,才能为教练过程创造改变?
- 行动:为了在当下创造改变,我该如何行动?

7. 督导者可以关注在督导关系以及整个督导世界中正在发生的事情:

- 我们有着怎样的一种关系?
- 当我尝试联结我自己的体验和教练的体验,以及我们两人之间的空间时,我注意到了什么?
- 是否有平行过程正在运行?
- 在今天的会谈中,哪些事情进展得很顺利?哪些事情下次可以尝试换个方法做得更好?

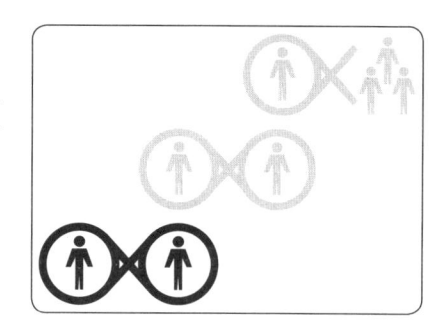

8. 督导者可以关注并处理不同系统之间的关系,帮助教练在督导会谈中发生转变,进而使他们能够在教练会谈中帮助教练对象实现转变,并最终带来教练对象在工作中的转变:

- 我能同时关注并处理这三个系统吗?
- 在每一段关系中发生的事情是如何解释在其他关系中发生的事情的?举例来说,在督导会谈中所发生之事有可能折射出了在教练会谈中发生的事情——这就是我们所说的平行过程。
- 我必须如何改变自己,才能帮助教练改变,从而使他们可以帮助教练对象改变,并最终带来工作场所的改变?

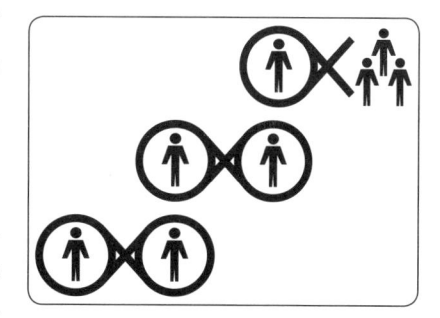

练习督导——如何使用此模型

前面介绍的四域模型也可以用来帮助督导者使督导会谈变得更加结构化。在这种情况下,四域模型的形式如图3-3所示。在督导者与教练制定合同,并且明确了其所服务的教练对象以及在督导会谈中谈及该教练对象的理由以后，督导谈话就可以转而涉及以下四个方面。

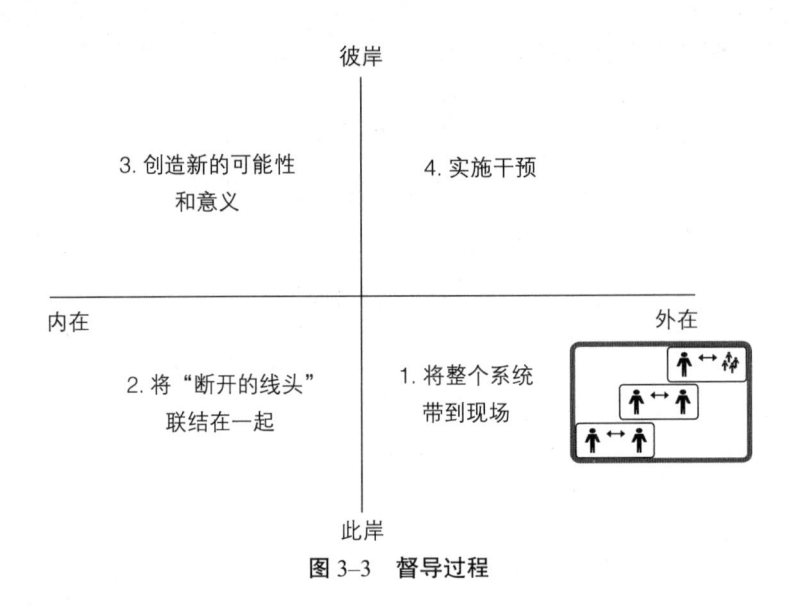

```
                        彼岸
                         │
      3. 创造新的可能性    │    4. 实施干预
          和意义          │
                         │
  内在 ─────────────────┼───────────────── 外在
                         │
      2. 将"断开的线头"   │    1. 将整个系统
          联结在一起      │       带到现场
                         │
                        此岸
```

图 3–3　督导过程

- **将整个系统带到现场**。通过询问和关注所有的三个世界和四个领域，广泛收集关于整个"督导者－教练－教练对象－工作"系统的信息。一般来说，注意力会先集中在工作系统上，然后是教练系统，再接下来才是督导系统。督导者能够在内部获得关于教练系统与工作系统的信息，以及关于此时此地的督导系统的信息。

- **将"断开的线头"联结在一起**。将整个系统带到现场以后，教练就可以开始看见诸如差距、矛盾、冲突、盲点、非此即彼的两难选择等"断开的线头"——或通过一己之力，或借助督导者的干预。发现这些"断开的线头"，可能会帮助教练对发生在教练过程中的事情有一个新的看法，从而将他们从原有的藩篱中解放出来，找到新的选择。有时候，教练也许需要督导者的帮助，才能建立联结，填补缺口。

- **创造新的可能性和意义**。有时候，只需要看见哪些"线头"断开了，就足以使教练知道回到教练场合后该怎么做。但有时候，他们还可能需要用新的方式来看待这种情况。这也许会涉及重新建构情境，以便出现新的选择。督导者追求的是辨别出哪些改变是教练对象所需的，并促使其发生，进而使教练对象在工作中有新的选择。

- **实施干预**。最后一步是帮助教练巩固其从督导中收获的洞见，并帮助他们明确在下一次教练会谈中，他们会做些什么不一样的事，以及会如何做这些事。如果教练在督导会谈中已经发生了明显的转变，那这个阶段就更多地在于帮助教练保持已经实现的新状态，而非设计具体的干预措施。

虽然上述顺序代表了督导会谈大致的流动方向，但在实践中，会谈可能会在多个领域之间循环往复。可以在会谈结束前进行一次回顾，探讨哪些工作可行，哪些需要改进。

以上列出的督导会谈关键要素，隐含了顺利应用这个模型所需的技巧。其中的关键技巧如下所示。

- 将系统完整地带到现场——就像在马戏团里玩抛接盘子一样，督导者寻求的是同时激活系统中的所有元素，从而形成一个综合的整体。
- 创造一个空间，使教练能够在其中尽可能多地觉察整个系统，从而使他们可以接上那些"断开的线头"。
- 对于已经被带到现场的系统（带入得越多越好），督导者应保持敏感度，以便察觉到那些"断开的线头"，并在必要时帮助教练接上"这些线头"。

案例说明

在督导会谈中可能出现的最有趣、也可能是最强有力的现象之一，就是平行过程。霍金斯和史密斯说道："当一个领域的关系模式在另一个领域上演，而我们没有意识到正在发生什么时，平行过程就会发生。"因此，督导会谈中的平行过程是一个丰富的信息源，能够使我们了解发生在教练过程以及教练对象的更广阔生活中的事情。这个道理同样适用于发生在三界四域模型中不同世界之间的平行过程。

工作世界

在与教练托马斯签订合同之后，我开始问他一些关于教练对象简的问题。托马斯告诉我，他已经和简进行了一次会面。他说简是公共部门一位备受尊敬的项目经理。但简觉得自己缺乏进一步发展的潜力，因为她缺乏自信，尤其是不懂得如何应对那些"难搞的人"。托马斯已经通过提问，确定了所谓"难搞的人"指的是那些比她更有资历的人，以及那些她感觉比自己更强势的人。这不仅涉及工作方面，简还提到这也是她和丈夫相处中的问题，因为她丈夫是一个性格强硬的高级警官。此外，简还说道她很在意别人对自己的评价，她需要得到称赞，并且害怕被人发现自己的缺点。她希望教练服务可以帮助自己在面对这些性格强硬的资深人士时更加坚定自信。当我意识到自己还没有听到有关简的职场生活中的行动领域的信息时，我问托马斯，面对那些"难搞的人"，她具体是如何表现的。托马斯说她表现得小心翼翼、如履薄冰，尽力不去做任何有争议的事情，以免他人为难。

教练世界

托马斯将他与简的工作带入督导当中，他向我问道："我该如何处理她的这个问题？我该往哪个方向去？我感觉自己似乎被困住了。"我很好奇为什么他会有这种感觉，因为我知道他是一个很有能力的教练，一般不会被这种情况难住，因此我聚焦于他的内在动态（准备度）。看上去似乎有一些其他东西在作祟，妨碍了托马斯的正常发挥。我在心里记着要回到这个问题上来。为了给托马斯换个视角，我提出了"如果你们俩流落到了一个无人荒岛上，会发生什么"这一问题，将他的注意力转向一个新的体验领域——愿景。这种视角上的转变让他有时间以不同的方式思考，他立即回答道："我会是那个提建议、发号施令的人，而简会非常配合——她总是希望事情能够顺利进行。"

我向托马斯指出这个明显的矛盾：一方面，他在教练过程中不知该去向何方；另一方面，在想象的荒岛上，他却认为自己是领导者。因此，托马斯发现自己陷入了困境——他觉得自己必须要发挥领导作用，但又不知道该做些什么。

托马斯对此进行了反思，然后说："是的。我将责任扛在了自己的肩膀上。我承担了那个更强壮的、更资深的知道答案的角色，然后让简成了那个合作但不够坚定自信的角色。"看上去，通过无意识地"教练"托马斯，使其扮演那个更强势、更资深的角色，简在教练会谈中重新创造了她自己在日常生活中每天都会遇到的现实情况。而且托马斯也无意识地接受了这个角色。这就是一个明显的有关平行过程的例子，联结了教练和教练对象两人的准备度。

然而，这种觉察并没有让托马斯解脱出来，因为他的下一个回答是："但是我还是想知道我该问简什么问题。"虽然这听起来像是一个行动领域的问题，但它的根源在我看来却深植于相对的准备度领域。在那里，有某些尚未被意识到的过程，干扰了托马斯的能力，使他对简的状况无从下手。

督导世界

我想知道自己此时此刻的体验是否有助于解决托马斯的两难困境，于是我将注意力转向督导世界。当我聚焦于自己的准备度领域时，我注意到自己同样感受到了"想要答案，不知该去向何方"的压力。托马斯觉得自己被困住以及不确定如何才能最好地教练简的感受，已经不知不觉地转移到了我的身上，给我带来了一种压力，迫使我去"搞定"托马斯——这是第二个平行过程。

认识到这些联动的存在使我有机会在督导中对其加以利用。现在，我不但亲身体验到了托马斯在教练会谈中的境况，对简身边的人（包括她工作的地方和家里的人），我也能感同身受了。我将注意力转向我的创造性思维（愿景），开始思考我需要做出什么改变，才能化解第二个平行过程，进而化解第一个平行过程。

发生在简和托马斯之间的平行过程，两个人的体验是互补的。简的顺从激发了托马斯采取发号施令的姿态。但事实上双方都身陷困境——对于简而言，她知道顺从并不能让她在工作中得到她想要的；对于托马斯来说，他也不知道该发出什么样的指令。

相比之下，在托马斯和我之间的平行过程中，我们俩的体验却是相似的——双方都感觉自己有提供答案的压力。然后我意识到（现在回想起来，感觉更清楚了），简也是如此。只是她避免感到无能的方法是顺从，让他人做主。如果我的这个假设是正确的，那么我有必要打破这个平行过程，并帮助托马斯也跳出来。只有托马斯得到解脱，他才能够去"解放"简。我认为，这将要求我们每个人都调整自己的准备度领域，愿意接受"我不知道"，愿意感受不确定性，并愿意接纳自己的无能为力。

我认识到，自己原来一心想要为托马斯找到答案（愿景），以供他应用于简（行动），其实一直是在维持平行过程。通常来说，平行过程植根于准备度领域。随着我聚焦于自己的内在体验，我发现自己内心那种想要以"专家督导者"形象示人的需求，一直都在驱动着我的干预。为了破局，我需要停止在内心搜索答案，抛弃自己"专家督导者"的面具，把注意力转移到澄清我的意图

（愿景）上来。我意识到需要把注意力集中在帮助托马斯获得他自己的洞见上。随着将注意力转向四域模型中朝向外部的两个领域，我意识到：这将涉及不断地将关注点推回到托马斯那里（行动）——如果我看到的是托马斯（而不是我）在努力思考、殚精竭虑，那就说明我做得不错（洞察）。

通过了解从工作世界，到教练世界，再到督导世界的因果链条，我终于将自己解脱了出来。现在要做的是解放托马斯，所以接下来我将我们的注意力转向教练世界。

教练世界

我认识到，托马斯对简的认识陷入了一种僵化的思维模式，于是我试着将他的注意力转移到教练对象系统以外。我问他："对于其他有这种情况的教练对象，你会怎么做？"托马斯立即给出了坚定有力的回答，列举出了他会问的问题和会采取的方法。我接着问道："那是什么妨碍了你在当前的状况下那样做呢？"他马上回答："因为她希望我给她答案。"当托马斯察觉到这种模式后，他笑了起来，说："我对于'不知道'这件事信心不足（这属于他的准备度领域）。"他停顿了一下，反思自己刚刚所说的话，然后评论说，这恰恰也是简的体验（这属于简的准备度领域）。托马斯的精神状态发生了明显的变化，这说明了他的准备度已经改变。

我问托马斯发生了什么变化。他回答说，他已经意识到"想要感觉自信"这件事已经干扰了他的教练能力。我们随后对这个发生在准备度领域的转变进行了深入探讨，并帮助托马斯认识到：如果他能接纳这种不自信的感觉，他就能扩展自己的教练范围。因为无论他自信不自信，他都能够为简提供教练服务。托马斯承认，自己必须愿意接受这种不自信的感觉（准备度），这部分是因为接受之后就能问出那些本该要问的问题，部分是为了以身作则，向简示范人们可以在不知道的情况下仍然保持自信（行动）。当我聚焦于他的准备度时，我大声说出了心中的疑惑，即，是否他那份"不自信"的感觉可以成为他的教练"盟友"？这样一来，当下次与简会面时，他就能把这种"不自信"的感觉当作一个指标，来衡量自己是否真的在帮助简，并促使她在回到职场后也能发生转变。

我让托马斯想象一下他和简的下一次会面，并要求他谈一谈自己在这四个

> 领域中的体验,以确定它们之间的一致性。以下是他的回答:
> - 准备度:我对于"不自信"感到很舒适,我甚至可以看到自己的内心在欢迎这种"不自信"感受的降临,因为它表明我真正地和简产生了联结。
> - 愿景:我的意图是帮助简克服她的不自信,从而增加她与难相处的人打交道的信心。我对自己和她都抱有一种愿景,即我们要成为一种不仅对"不自信"感觉舒适,而且还能被这种感觉激励的人。
> - 行动:我会确保自己的干预方式不是为简提供解决方案,而是退后一步,为她创造能使她更自信的空间。我甚至会使用一种悖论式的干预,说出类似这样的话:"简,你是个很强大的女性!你甚至可以让别人对你更有信心",以帮助简重构对自己的看法。
> - 洞察:我会留意那些简因为"不知道"而产生的不舒适感,从而帮助她接纳这种感觉,更舒服地与之同在。

对模型的评价

三界四域模型的首要目的是为督导者提供一张应该关注哪些方面的示意图,以确保整个系统可以被带到现场。它发挥作用的方式有以下几种。

- 对于新手督导者而言,此模型提供了干预措施的指导性框架,确保我们能够覆盖所有必须覆盖的方面。随着我们对这个模型越来越熟悉,我们会越来越多地使用它来引导注意力。
- 对于参与同侪团体督导的教练而言,此模型为彼此之间的督导谈话提供了结构,帮助他们有效地覆盖四个领域。
- 对于经验丰富的督导者而言,当他们在督导会谈中感到困惑或迷茫时,此模型能够为他们提供一个支点。此外,它还能告诉我们,作为督导者,我们更喜欢关注什么,以及容易忽视哪些方面。
- 对全体督导者而言,此模型提供了一个框架,供我们在督导会谈后复盘反思,分析会谈中发生了什么,并结构化地将之记录下来。在案例说明中所描述的督导会谈结束以后,我本人就使用了三界四域模型来反思。对于案例中描述的某些行为,只有到了这个会谈后的意义建构过程,我才得以看清;还有一些行为直到我将它写成案例才变得清晰明朗起来。
- 对于那些使用二界（工作世界和教练世界）四域模型的教练而言，此模型能够帮助他们在教练会谈后进行自我督导与反思，并将所得带入督导会谈中，成为有用的素材输入。

这个框架将督导者所能关注的环节逐一区分开来，并使之清晰明确。这种全面性是个优势，但它也意味着，与七只眼模型或其他模型相比，此模型会更难以学习和运用。我曾经使用它来做笔记，但随即就发现，由于时时要想着将哪条笔记写在图中哪处，我总是会分心，以至于无法专注于督导过程。因此，与其用它来做笔记，还不如说，只有当它被内化后，才能发挥最大的功效。因为那时它可以在我们的头脑中生动地浮现，以供我们参考，无论是在会谈后的反思环节还是在观察督导会谈时。

第4章 在督导中运用"七种谈话"法

戴维·克拉特巴克

虽然大多数教科书都把某次教练会谈当作一场单一的、独立的谈话,但在实践中,教练和客户在谈话之前、之中和之后都会在他们的脑海中进行反思性的对话。这六种附加对话中的每一种,对教练会谈的性质和有效性都有重要的影响。在督导中,"七种谈话"是一种实用的方法,能够带来不同的视角,说明教练和客户是如何处理学习对话和学习关系的。此外,"七种谈话"方法还关注教练关系中双方的思想和行为。

一开始,"七种谈话"被视为一种解构教练对话的方法,目标是确定对话的哪个部分最有效,哪个部分效果最差,并帮助教练提升觉察力,弄清楚自己和客户的头脑中正在产生什么想法,以及在两人之间的空间中有何事正在发生(不过程度上要低一些)。开发这种方法的诱因是,教练们经常陷入"两头不靠岸"的困境:一方面,他们隐约感觉教练关系有某处"不对劲",或者觉得自己没有向客户提供足够的价值;另一方面,他们又不能清楚地知道哪里出了问题。举例来说,很多时候,他们认为问题在于自己未能与客户在教练会谈中建立联结,但其实真正的问题却发生在正式的教练会谈开始之前,深藏于他们自己或客户内心的无意识谈话当中。于是,扩展教练的视野,让他们明白教练谈话都有可能在哪些场合发生,就成了一种探索关系和谈话动态有可能更快捷的方法。

在督导者的工具箱中,"七种谈话"已经被经验证实为一种实用和灵活的工具。按照被督导者的说法,它能够带来的好处如下:

- 提供了一个可以用来探讨教练谈话的组成要素的结构；
- 帮助教练和督导者在多次督导会谈之间明确需要反思的问题；
- 提供了一个将多种技术和方法组织到一起的框架。

观察表明，这个方法将反思和分析的重点从教练的言行转向了教练和客户之间的对话。因此，它更加称得上是一种系统性的、可供我们了解谈话中的复杂动态的方法。我们可以将"七种谈话"当作一个实操框架来使用。围绕着这个框架，督导者既可以帮助教练明确自己有待发展的地方，也可以帮助教练解决与当前客户有关的问题。

对模型的描述

"七种谈话"法已经在欧洲辅导与教练理事会以及世界大型企业联合会的会议上发表，并发表在《人员管理》(*People Management*)[①]期刊上。这七种谈话指的是：

- 对话开始前教练的反思（即教练对于教练谈话的预备性思考）；
- 对话开始前教练对象的反思/预备性思考；
- 对话过程中教练内心没有说出口的反思；
- 口头谈话；
- 对话过程中教练对象内心没有说出口的反思；
- 教练会谈后教练的反思；
- 教练会谈后教练对象的反思。

大多数针对教练服务的开发和支持活动都聚焦于中间那一项，即口头谈话。但是，口头谈话的有效性却在很大程度上取决于其他六种谈话。建构在所有七种谈话中的能力是胜任教练角色的关键。在下一节中，我会详细探讨每一种谈话，并分别提供一些指导来帮助督导者处理这些谈话。

[①] 《人员管理》是由英国特许人事和发展协会出版的专业期刊，有着良好的口碑和强大的影响力。——译者注

教练最初的内心对话

这种对话的目的在于确保教练对于即将到来的教练谈话做好心理上的准备。教练谈话的质量在很大程度上取决于教练及教练对象各自在准备阶段的思考质量。在这类对话中,教练会思考他们到目前为止在多大程度上给客户带来了帮助,以及是如何提供帮助的。不可避免地,这会推动教练对其自身情绪和动力进行反思。比如,"我是否太想帮忙了""我是否关心过度了"。其他可供反思的问题还包括以下几类。

- 语境。这位客户身处的"大局"是什么?我可以用什么隐喻来描述这位客户的情况?客户自己使用的隐喻又是什么?我是否清楚客户背后的驱动力?我又是否理解为什么是这些力量在驱动客户?还有哪些人出现在我们的谈话当中?他们又是以何种方式出现的?
- 回避。这位客户在刻意回避什么问题和什么情绪?我自己又在回避什么?我们两人正在"串谋"什么?
- 态度。教练对督导关系的总体感觉会对接下来的谈话产生重大影响。此处有用的提问包括:我是否期待这次会面?如果不是,那问题出在哪里?我又该对此做些什么?我在这段关系中承担什么样的责任?

当然,教练还可以问自己许多其他有影响力的问题。但是,在教练谈话开始之前思考这一类问题有助于解放我们的直觉,提高我们对谈话和关系中复杂动态的觉察力。它还有助于避免教练谈话的主要部分被一些杂念(比如,"我需要说清楚这个问题,以便把它归档")干扰和打断。此外,它也为教练提供了处理教练关系和客户真正问题的"精准制导导弹"。因为在主要谈话的起伏之间,围绕客户问题所展开的讨论可能会如战场硝烟般屏蔽掉这些重要的标靶,导致普通子弹无法击中它们的预定目标。

从根本上说,督导者在此处的作用是将教练的注意力导向这一类谈话,并支持他们进行反思。

教练对象最初的内心对话

教练对象的准备工作同样重要,要求也同样苛刻。要为一场高密度的教练会谈做好准备,至少需要一个小时的时间;而且这一个小时的反思还必须是高质量的。

下面是一些特别有用的主题：

- 通过有意识或无意识地思考教练提出的问题，或通过逐渐领悟上次会谈所获的洞见，我学到了什么。此处有用的问题包括：
  - 自上次会谈以来，我和我的想法发生了什么变化？
  - 我和我的想法是如何改变的？
  - 对所获的洞见，我是如何运用的？
- 在下一次教练会谈中，我希望在哪些问题上得到帮助？为什么？
  - 哪些问题得到了解决？又有哪些新的问题产生了？
  - 这些问题之间的关系是怎样的？我的总体目标是什么？
  - 围绕着这些问题，我已经做了哪些思考？
- 我对教练谈话和教练关系的态度和动力：
  - 我真的希望解决这个问题吗？是什么促使我希望在当前这个时刻谈论它？
  - 关于这个问题，我在多大程度上做好了接受挑战和质疑的准备？
  - 我还能够做些什么来帮助教练，使其能更好地帮助我？

即使仅仅解决以上问题中的一两个，进行这样的一场对话也能帮助教练对象承担他们在关系中的责任，同时有助于他们厘清自己的思路，以便能够更好地阐明问题及其对自己的影响。此外，它还强化了我们所说的"谈话诚实度"——一种支持相互积极关注的开放性。

身为督导者，我发现许多教练会过分关注自己需要为客户做什么，以至于忘记了对话需要双方的积极参与。分析这种谈话常常会带来的一个成果就是，教练对于客户缺乏进展不再感到那么内疚，同时更有勇气去当面指出客户自身的准备不足。

在口头谈话过程中教练的内心对话

这种内心对话与倾听和发问的过程同时发生。有时候它被称为"行动中的反思"。它要求教练和教练对象既能充分参与谈话，又能尽量冷静地抽离去观察谈话本身。这种内心对话的焦点会随着语言、生理和其他触发因素的变化而自然地转移，有时指向内部，有时指向外部。指向内部的对话与"我如何帮到了客户"有关，也许会包括以下提问：

- 我的倾听质量如何？

- 我观察到了什么？我听到了什么？我又遗漏了什么？
- 我的直觉是否"正在运行"？
- 我持有哪些假设？这些假设会怎样影响我的倾听和理解？
- 我是否在构思下一个问题上花了太多精力？

与之相反，指向外部的对话则能够提升教练对问题的觉察，例如：

- 客户没有说出口的是什么？
- 客户的思考质量如何？
- 我在当下的感受如何？如果我觉得不舒服，又是什么引发了这种感受？

督导者在此处的作用是帮助教练把他们的观察结果用语言表达出来，从而使他们可以将这些成果融入其直觉系统中。我也曾帮助教练设计过一些练习，旨在使他们更好地"注意自己的注意力"。这是一些简单的练习，既可用在教练场合，也可在平时使用。

口头谈话

这是最受关注的部分，也是七种谈话中最简单的一种，因此很有诱惑力。缺乏经验或不专业的教练常常只注意到这种谈话，而注意不到在他们自己或客户的头脑中同步进行的内心对话（假如他们真有内心对话的话）。我认为，高效的教练对以上三类谈话都会保持觉察。他们会本能地回顾口头谈话中的复杂动态，并问自己以下问题：

- 我们所说的话和我们的身体语言之间有一致之处吗？
- 谈话的发展是否遵循某种逻辑上的模式？
- 我们是否正在从多个角度探讨问题？
- 我们是否正在充分深入地探讨问题？

通过评鉴中心对教练们的观察结果可知，经验不足的教练常常倾向于认为自己有责任推动谈话向前进行，这就使得他们坐上了"驾驶员"的位置。而经验丰富的教练会允许谈话自然流动，并在遇到岔路口时帮助客户自行决定去往哪个方向。这就好比一个管弦乐团，演奏者决定自己要演奏的曲调，而指挥者要做的仅仅是把不同人奏出的曲调融合到一起。以这种方式进行谈话能够大大解放教练的精力，使他们能够注意到更多——客户对于字词和语句的选择、谈话的语气和能量、非语言信息（尤其是在微表情层次上），以及客户推理论证的思路结构。

全身心参与这种谈话的最大障碍之一可能是一些教练的刻板性。他们拘泥于一些预定的模型或流程，如GROW[①]模型、简洁语言（clean language）[②]技术或焦点解决（solutions focus）模型[③]。那些虽没说出口但在头脑中持续盘旋的问题如果类似于"我是否将谈话保持在了正轨上"或者"我是否正确执行了程序"，教练就会倾向于关注流程本身，而非客户。

督导者在此处的部分作用是帮助教练减少焦虑，不要着急去控制口头谈话，从而使他们可以更全然地关注客户。

在口头谈话过程中教练对象的内心对话

如果教练对象对流程有更多的认识，那他们就可以为学习型谈话做出更多的贡献。因此，对谈话及其方向的管理，就成了教练和教练对象共享的一项活动。

尽管如此，许多客户仍不太可能察觉到他们自己的内心对话。然而，他们会在某种程度上做出选择，决定自己要说什么，要给予教练多大程度的坦诚，以及在多大程度上关注自己的言辞和情绪。教练的部分职责就是在这种内心对话中扮演镜子的角色，照出客户那些没有说出口的想法，增强他们的自我意识。在这种情况下，使用格式塔（完形）理论的方法会很有帮助。

不过，我发现只有很少的教练会考虑另外一个方面，即他们有责任帮助客户发展自己的自我观察技能。在口头谈话气氛热烈的状况下，要客户去反思他们的内心对话也许很难，但可以时不时停顿一下，为客户提供思考下列问题的机会：

---

① GROW模型是由约翰·惠特摩尔等人提出的一种用于绩效教练领域的流程模型。GROW是指代表教练谈话四个阶段的英文单词Goal（目标）、Reality（现状）、Option（选择）和Will（意愿）的首字母。——译者注
② 简洁语言技术是一种用于心理咨询与治疗、教练、质性访谈等领域的技术，强调使用的语词要尽量减少治疗师、教练、访谈者等专业人员的影响，使客户可以用自己的方式来表达。——译者注
③ 焦点解决模型是教练、心理咨询与治疗领域的一个流程模型，脱胎于焦点解决短期疗法（Solution-focused Brief Therapy，SFBT）。——译者注

- 我在回答教练的问题时，持有什么样的假设，使用了哪些过滤机制？
- 我是如何帮助教练理解我的问题的？

与上文谈到的第二种谈话（教练对象最初的内心对话）类似，督导者在此处的作用也是帮助教练检查自己和客户有没有各尽其责。例如，在一些情况下，对这种谈话进行分析的结果是，教练决定去面质客户，提出如"是什么原因使得你认为我觉得你对我不够诚实"之类的问题。

会谈后教练的内心对话

"对行动的反思"也是教练持续发展和个人成长的一个核心组成部分。趁着对会谈的记忆仍然鲜活，教练应该回顾一下之前的五种谈话，向自己提出如下问题：

- 我是如何帮助对方的？
  - 我做了些什么来提升客户的思考质量？
  - 我有没有很好地把握"发号施令"的分寸？
  - 我们是否创造了一种"贵在行动"的氛围？
- 我做出了什么选择？
  - 我忍住没问的问题有哪些？为什么？我是否具备了足够的挑战性？
  - 我是否提供了足够的时间供教练对象思考？
- 我学到了什么？
  - 从这次及以前和这位客户的会谈当中，我能识别出什么模式？
  - 下次我的做法会有何不同？
- 我有什么担心和顾虑？
  - 我纠结的是什么？
  - 我意识到了自己的哪些负面情绪？

会谈后客户的内心对话

将教练会谈安排在离客户有些距离的地方，其中一个好处就是，当他们踏上归途时，回程能够为他们提供一段时空，供其对刚刚结束的教练会谈展开反思。对于将好的想法转化成实际行动而言，这种会谈后的反思是至关重要的。根据我自己的经验，如果这一步没有做好，一个常见的结果就是教练关系会陷入一种困局，即客户在会谈时滔滔不绝，但在会谈后却很少付诸行动，从而收效甚微。

在我看来，教练的职责也包括提升客户的技能、能力和动力，使其有目的地进行反思，进而最大化其从教练会谈中获取的价值。这也许意味着要和客户讨论他们将如何以及何时进行反思，并与他们签订合同，使他们承诺会执行讨论结果。

这种谈话可以有效聚焦的关键领域包括：

- 学习
  - 我获得了哪些新的想法和洞见？
  - 哪些地方需要我进行更深入的思考？
- 意向
  - 我打算如何将以上所得付诸实践？
  - 我想要和他人一起探索哪些事情？
  - 我对于自己的期许有何改变？
- 过程和行为
  - 我是否足够开放、足够诚实？
  - 我本可以做些什么来从谈话中获取更多的价值？
  - 在准备下次教练会谈时，我可以有哪些不同的做法？

此处的督导谈话常常集中于教练应该对客户的会谈后反思与后续行动抱有何种合理的期望。教练经常得到的一个结论是：即使最终是由客户来决定该做什么，教练也应该更加坚定自信，清楚了解应该对客户抱有的期待。

运用"七种谈话"法

在下面的情况中，"七种谈话"法尤其有用：

- 教练觉得自己在某个方面做得不够，或者觉得自己在这位客户身上"失败"了；
- 客户的持续拖延导致教练产生了挫败感；
- 教练觉得自己与客户过于亲近，或者过于疏远；
- 教练感觉现场隐约出现了不确定的其他人；
- 谈话一再重复，但感觉不到客户的思维或行为有显著的改善；
- 教练凭直觉感到自己在谈话或者关系中"遗漏了某些重要的事物"；
- 教练感觉在谈话中有片刻（或更久）的中断，但无法确定发生了什么。

分析谈话有助于教练首先确定谈话中他们第一次有意识地发现他们所关心的问题的地方，进而回顾谈话，以找到更早的、有关即将发生之事线索的时间点。当然，这些线索不一定是言语上的——一场谈话所包含的内容远比言语要多。分析谈话这门学问的目的在于"揭示有组织的推理论证程序，这套程序能够告诉我们相互交织的谈话是如何发生的"。这门学问包含许多技术和方法，虽然对于督导者而言，并不需要非常精通这些分析方法。

同样有必要牢记的是，谈话不仅仅是简单地传达信息。吉曾在2005年说："人类语言的主要功能是……支持社会活动的开展与社会身份的表现，并支持人们与文化、社会群体和机构的联系。"这与教练的定义听上去有些类似之处。

在关注客户和"在行动中反思"之间存在着潜藏的冲突，这对于教练而言是个挑战。如果教练要全然地与客户同在，那么他们还能同时允许自己的部分头脑运行分析功能，以一种类似第三方的姿态来观察吗？不管是通过与教练在督导中的对话，还是通过在更广泛的群体培训中的谈话，我们都认为人们在这方面的能力禀赋差异很大，不能一概而论。

"七种谈话"法强化了七只眼模型。它从客户的角度、教练使用的策略和干预，以及教练和客户之间的关系出发来审视教练会谈。它通过解释和探索客户没有说出口的话，以及在教练会谈之前就已经发生的谈话，来厘清口头谈话和教练关系的来龙去脉。督导者和被督导者也可以使用它来解构他们自己的谈话，比如，督导者可以将自己对谈话内容和谈话方式的感受和观察反映给教练。有时候，我自己就会问"你将与客户谈话中的哪些片段转换成我们之间的对话了"之类的问题。

运用"七种谈话"法进行督导

要想在用心观察哪些谈话以及是否引导客户将注意力转向这些谈话的问题上做出明智的选择，既需要直觉，也需要好的判断力。在督导中，我也会做出类似的选择。不过，绝大多数使用"七种谈话"框架实施的对话，都源于教练对自己的无意识观察的事后识别，只有通过回顾谈话才能揭示出来。

- 我一直都在尝试"七种谈话"框架的不同使用方法,以便帮助教练获得真知灼见。通常情况下,我可能会先问教练一些问题,比如:在这段特定的教练关系中,什么地方让你觉得不安,或者什么事情不太对劲?
- 这种感觉在你头脑中有多清楚?你对于是什么引发了这种感觉又有多清楚?
- 你对这段关系最清楚的是什么?
- 你的担忧仅仅与最近一次教练会谈有关,还是涉及多次会谈?

在识别出担忧(在这个阶段可能只是一种大体上的、不集中的感觉)的源头之后,我们会按照教练希望的顺序来逐一完成对七种谈话的反思。如果我感觉到教练在回避其中某种谈话,那我会说出我的感受,并邀请他们思考自己打算如何处理这个问题。有时,教练会承认这种回避的存在,并改变我们回顾每种谈话的顺序;另外一些时候,我们会暂时搁置这个观察结果,并同意在督导会谈稍后的某个时间回过头来再对此进行审查。"七种谈话"框架为我们提供了一种结构,根据这个结构我们既可以排列出关注点的轻重缓急,同时又不会忘记暂时搁置的要素。

如果我们认为对言语内容的分析可能会有帮助,那么另外一组问题就可以派上用场。这些问题包括:

- 当时有哪些字词或语句引起了你的注意?
- 当你专心回想时,又有哪些字词或语句引起了你的注意?
- 这些字词或语句是否与你之前与这位客户的其他谈话中的某些内容重复?或者(往往还能揭示出更多)这些字词或语句是否其他某位客户也曾说过?
- 是什么原因使这些话语对你而言意义重大?
- 是什么原因使这些话语对客户而言意义重大?
- 客户是否体会到了这种重大的意义?

毫无疑问,这些分析可能是很诱人的,甚至有可能成为一种逃避的战术,即通过关注细节来避免谈论更大的影响。何时才可以认定教练已经充分理解了谈话的动态,何时才可以认定他们已经充分认知到了自己在当前和未来的教练谈话中的选择,以及何时应该从解构转向建构……对这些问题的回答都需要督导者现场发挥判断力。

案例说明

在接下来的案例中，教练是带着一个特定客户的问题进入督导现场的。之所以应用"七种谈话"框架，是因为教练产生了一种直觉，认为教练关系没有发挥应有的作用，而且很难确定问题是什么和/或问题的根源在哪里。最开始的对话旨在探讨教练的这些直觉要告诉他什么，不管是在当前（督导会谈中），还是在他们回忆与客户的谈话时。使用"七种谈话"框架来探索这个问题是双方共同做出的决定：由督导者提议，而教练抱着试试看的态度点头同意了。

有时，这名教练会感到某种程度的挫败，因为虽然与客户的谈话是开放、热烈和积极的，但到头来，实质性的成果却少得可怜。她觉得客户对待这段关系不够严肃认真。虽然谈话气氛热烈、令人愉快，但客户本人似乎并不愿意承诺采取任何坚定的行动。

逐渐地，我们可以看出，其中的两种谈话有着特别的重要性。一是客户在教练会谈开始前的反思。事实证明，围绕着问题收集信息完全是教练的"一厢情愿"。客户的关注点是对自己在组织内的发展感到不安的一般感受。他并没有什么"积极参与以获得成果"的紧迫感。他选择这个问题，仅仅是因为教练会谈是一个可以对此加以探讨的机会而已。

另一种教练和督导者选择要深入探讨的，是教练会谈过程中发生在教练内心的谈话。由于客户明显不愿意展开讨论有关自己如何继续职业生涯的想法（比如，他不愿意探讨"在管理自己的个人声望时要更积极主动"这一想法），教练体验到了更多的挫败感。

教练决定从第一种谈话开始。最初的问题是客户是否有过这样的谈话。教练认为，客户选择了这个问题，那他肯定已经考虑过了。但回忆起来的谈话却表明，情况并非如此。教练从这番探讨中得到的一个教训就是：在开始教练会谈之前，有必要先去明确客户已经做了哪些事前的思考。

在这一点上，教练表达了一个看法，即如果在她的"背包"里有一些方法能够帮助客户后退一步，进行内心对话，作为主要谈话的前奏，那她会感到更加自信。于是我们探讨了各种不同的选择，从简单的提问（如"关于这个问题，你已经做了哪些思考"，或"为了准备这次会谈，你可以提前做哪些有益的内心对话"），到给客户一张纸，让他在纸上或写或画，将关于这个问题所有已知的信息和已有的感受记录下来。我们还简要演练了她可能与客户进行的对话，以确定客户对下一次会谈的准备情况。接下来我们转移阵地，分析在口头谈话过程中发生的她的内心对话。这就好比航海，风向、舵的角度和帆的角度总是会部分或完全相反，导致本该向前的航行，往往会发生偏移。教练始终在努力校正航向奋勇前行，而客户却不愿意对任何一条航线下定决心全力以赴，从而使船发生了偏移。在教练重新体验了谈话中那些带给她最强烈的以上感受的时刻后，一个关键问题浮出了水面——"究竟是谁需要从这场谈话中得到成果？"教练很快意识到，其实是她自己迫切想要找到答案，而背后的驱动力就是她需要感觉到自己给客户"帮上了忙"。而客户的需求则是希望教练更充分地理解他的情形，明白他的动机。在这一点上，对于客户而言，去做些什么以实现职业发展并不是那么重要的问题；重要的是他究竟想不想要这种职业发展，以及如果想要的话，该朝哪个方向前进。

通过分析第二种具体谈话，教练可以与督导者探讨更广泛的问题，涉及她的需求和客户需求之间潜在的冲突。尤其是她意识到，自己对客户及其福祉的强烈责任感既有好的一面，也有坏的一面，因此她需要更加积极主动地对自己实践中的这一方面加以管理。"七种谈话"法的价值在于，一方面，它使得督导者和教练在着手解构教练和客户之间的故事时，可以找到关注的焦点；另一方面，它提供了一个历史纵向的视角来考察教练与客户的互动——一种随时间逐渐展开、循环往复的，跨越会谈前、中、后的一系列事件的活动。

对该方法的评价

从教练那里收集到的反馈意见大致是，"七种谈话"法能够有效地帮助他们对自己的教练实践进行系统的思考，也有助于他们在教练谈话中精确地找到那些让人忧心的问题发生于何时何处。我自己督导的教练也曾经汇报说，他们成功地将这种方法应用于自我分析当中，特别是当教练关系似乎没有取得预期进展的时候。

然而，作为一个相对较新的概念，关于"七种谈话"法在实践中的作用，既没有大量的经验证据，也没有任何形式的实证评估；而且，将这种方法与经过实证研究的督导实践联系起来也不容易。我希望将来能有机会将这种方法与其他更传统的督导方法做一番试验和比较。

与其他督导框架相比，"七种谈话"法的确广泛适用于一些与督导角色相关的任务，但绝非适用于全部任务。例如，哈里斯曾经明确提出了八项关键任务，这八项任务为后人创建的多种框架[①]提供了有用的信息。以此为参照，"七种谈话"框架涉及以下几个方面：帮助教练掌握具体技巧（倾听更广泛的谈话），增进教练对客户和过程问题的了解，提升教练对自我及对过程带来的影响的认知，帮助教练克服阻碍了学习和掌握的个人障碍和智力障碍。但是，在"推动对概念和理论的理解"以及"为研究提供激励"两个方面，"七种谈话"法并无多少建树。此外，它也未必会涉及督导的伦理层面。

后续学习

假如你决定尝试一下"七种谈话"法，那你可以从自己的执业实践入手。我曾经将我自己在一个或多个教练关系中进行的谈话，与我在督导中的谈话进行比较。对我而言，这种做法使我获益良多。

关于如何运用"七种谈话"法，我曾经给自己的可能最有价值的建议就是：不要把它当成一种管理督导会谈的过程，而要将其视为一种激发、强化、平衡直觉的手段。"春雨绵绵细无声"，方可起到滋养万物的最佳效果。

---

① 这里所说的"后人创建的多种框架"，涉及普罗克特于1988年、卡罗尔于2004年、霍金斯和史密斯于2006年的著述。——译者注

第5章 一个来自法国的督导模型：督导一段"多对多"的教练旅程

米歇尔·莫拉尔（Michel Moral）

在法国，很少有关于督导的书籍，即使在心理治疗督导领域也是如此，可供参阅的只有区区五本书。最近的两本与教练督导明确相关的著作都出版于2010年，一本由德维耶纳所著，另一本由达尔穆尼和哈贾季合著。

事实上，人们通常持有和接受的一个假设是：作为一位知名的治疗师或教练，你可能编写过一些参考书，参与过一些教学和培训，而且经常在研讨会上发表演讲，因此，你"理所当然"地就成了一名督导者。没有人会问你是否接受过培训、你遵循的理论和模型框架是什么，以及你的督导实践背后的逻辑是什么。

但是，新的督导模式缓慢（但却确定无疑地）出现了，督导者们也组成了小的社群，彼此分享自己是如何开展工作的，以及这些工作方式可以如何加以改进。我们无法检视所有这些不同的模式，只能详细描述其中的一种：针对执行某项组织教练合同的一个教练团队实施的督导。针对这种督导，我们开发了具体的方法。本章的目的是探讨其概念上的源头，并展示整个过程是如何推进的。

组织和团队教练

如果说论述组织变革的著作已是汗牛充栋，那么提及组织教练的书籍只能说是寥若晨星。其中，既提供框架和观点，以帮助一个教练团队服务跨国公司或是应对跨境挑战，又使用了真正的教练方法的著作，更是屈指可数。绝大多数方法都依托于组织发展（Organization Development，OD）的范式，或者企业文化变革的方法。这些模型要么就是"基于承诺"的，通过展示未来的美好图景来尝试说服员工和中层管理者；要么就是"基于顺从"的，通过下指令来改变行为。

从20世纪80年代起，高管教练开始在美国和欧洲发展起来，但团队教练直到20世纪90年代初才成为现实。从逻辑上说，组织教练应该在新千年之初就出现才对。然而，由于受到如企业流程再造、绩效管理等几种"基于顺从"的方法的强力影响，组织教练的发展实际上被放缓了。那些"基于顺从"的方法采取自上而下的路径，将高薪聘请的咨询顾问视为"外部专家"或者"权威"，原有系统的抗拒常常使这些变革的努力以失败告终。

组织教练直到近年才完成其概念化的过程，并在法国取得了可喜的进展。下面我将介绍其基本原则。

如果我们深入思考迄今为止的许多组织理论——从泰勒和法约尔那个最初的年代，直到最近——那我们最终会倾向于将组织表述为一个与其环境不断互动的系统。在这个系统中，如果人们想要发起变革，其四个子系统将会是可能的切入点。我们在法国的经验表明，前两个子系统属于教练的舞台，而后两个子系统则是咨询顾问的阵地。

- **企业文化**。许多研究者都认为，应通过改变企业文化来最终实现组织变革。这方面的代表人物有埃德加·沙因（Edgar Schein），以及一些后来者，如罗纳德·伯特（Ronald Burt）、约翰·科特（John Kotter）和詹姆斯·赫斯基特（James Heskett）等。
- **企业架构**。企业架构或多或少表现为组织结构图再加上企业流程，后者是显性还是隐性具体由国别和活动性质决定。
- **信息技术**。信息技术不仅在增进人与人之间的沟通方面创造了新的机会，而且在管理数据、信息和知识方面也居功至伟。最近的技术发展，使得几年前对我们而言还完全不可想象的组织模式也成了可能。企业变得越来越像半机械人（cyborgs）——一半是活生生的人，另一半是控制系统。
- **决策系统**。负责目标的落地实施，通常采用自上而下的方式。

这四个子系统之间存在着紧密的交互作用。针对其中任意一方采取的行动，通常都会对另外三方也产生强烈的影响。经验表明，既然有四个可能的切入点，行动就必须贯穿四个子系统，以保证变革的可持续性。

在中高级管理团队级别，教练对那些能够嵌入组织教练使命中的方法已经相当熟悉了。比如，开放空间技术和世界咖啡屋模式就适用于与大型团体的合作。

一种"多对多"的教练方法

教练的定义已经将"多对多"的方式也包括在内，并将之视为一类教练方法。比如，欧洲辅导与教练理事会就声明："在组织环境中，教练和辅导包括各种'一对多'和'多对多'的活动与互动。教练和导师可以是组织内部的，也可以是来自外部的。"

组织对于教练服务的需要可以通过不同形式（培训、个人教练、团队教练、领导力研讨会、重组项目，等等）在组织各处进行表达。因此，教练过程也要求整合各种能力，如咨询、引导、教练、创造力和跨文化敏感度。对一个组织实施教练，可能意味着在同一段时间内，使用多种语言，在不同的地点，对不同的人群，实施不同的干预。由此得出的结论就是，教练们必须创造一个教练社区，并使之在所有层次上与客户组织相联结，进而成为客户组织的"镜像"。

仅仅是将几名独立行事的教练聚集在一起是不会有效果的。他们只会专注自己的个人或团队教练使命，与同事的交流很有限。我们需要的是一个教练社区，其中每个人都愿意放弃自己倾向的方式，让位于某种集体的、富有创意的智慧。社区必须能够善用自身这个系统，成为客户系统的"镜像"，从而感知到涌现的机会和风险，共同创造合适的干预手段，并探索集体教练和领导力，以及在教练过程中可能出现的所有问题。

最后，社区内的教练还必须愿意接受自己随时可能会被排除在外的风险。之所以会出现这种情况，并不是因为他们不够优秀，而是因为客户组织有可能会将某位特定的教练当作自身的替罪羊而加以排斥。随着组织教练以这种合作的方式逐渐开展，不可避免地会产生"途中的受害者"。顺便说一句，在财务报酬方面，也需要一些有创意的方法才能够"得到合理的回报"。这个问题已经被详细探讨过，但仍然存

第5章 一个来自法国的督导模型：督导一段"多对多"的教练旅程

在改进的空间。毫无疑问，组织在排挤某位教练时通常是相当粗鲁和不公平的。

在这种方法中，教练流程遵循由勒温首次提出的一套非常经典的逻辑：解冻 – 变革 – 再冻结。其难点在于，要翻越图5-1中所示的"阻力墙"。这个概念概括了一个事实，即当系统从一个稳定状态向另一个稳定状态移动时，中间必定会经过一个不稳定的位置。图5-1总结了由路德维希·冯·贝塔朗菲（Ludwig Von Bertalanffy）首创的第一代系统论[①]的某些观念。从那以后，又有不少新的概念被开发出来处理团队中的"阻力墙"问题。

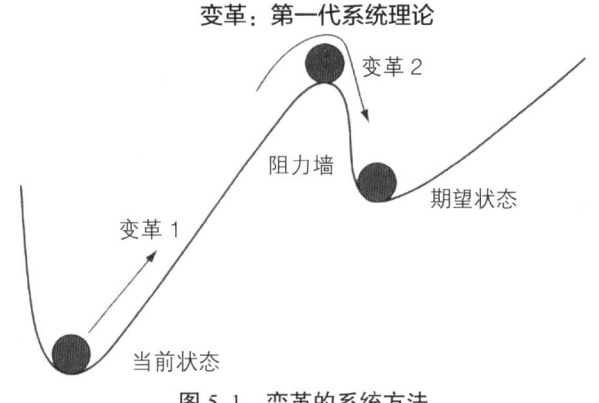

变革：第一代系统理论

图5-1　变革的系统方法

其中一个新概念是"三点隐喻"。物理学中，在不同的温度和压力条件下，物质会分别呈现为气态、液态和固态。这两个条件变量只要有些许变动，就会导致物质在三种状态之间的切换。组织教练的概念就是要使客户团队共同达到这样一种状态：欣赏过去的价值，感知涌现的未来，拥有选择的自由。这样一来，他们就能同步达到这样一个状态：欣赏过去的价值，感知到涌现的未来，拥有选择的自由。此时，最低程度的干预——如一点鼓励、董事会成员或者外部来宾的一次讲话，抑或某些

[①] 贝塔朗菲的主要理论贡献被他自己和后人称为一般系统论（General System Theory）。作者在这里和图5-1中的提法是第一代系统理论（First System Theory），指的是贝塔朗菲是系统论第一个发展阶段的代表性人物。——译者注

特定的言语——就能导致某个团体"坍塌"①（coolapse）到三种可能的状态之一：或停留在过去，或放手拥抱未来，或陷入选择过程之中不能自拔。

在组织教练过程中，确定阻力是什么以及何时会出现，是相当核心的任务。在下文所述的案例中，与客户团队的研讨会气氛越来越紧张激烈，教练任务的目标也变得清晰可见，这些都标志着"三点状态"的实现，而阻力也在此时出现了。在那场至关重要的研讨会开场时，首席执行官（CEO）决定先去处理一个客户订单，因此首席财务官（CFO）临时代替了他的位置。在之前的研讨会中，CEO 的开场白总是鼓励参与者从长远考虑，暂时忘却他们当下面临的经营困难。但是这一次由 CFO 所做的开场讲话却很反常，非常唐突地以短期结果为导向。这就生生打破了原有的势头，但是教练们却怀着希望，将其视为主要的阻力，并利用这种负能量将参与者推向"变革 2"。尽管事实上，教练们很容易会受到 CFO 所提要求的诱惑，从而利用研讨会制订短期行动计划。

督导一个教练团队：概念

综上所述，为一个承担组织教练任务的教练团队提供督导，与平日里的个体督导或团体督导是大不相同的。从技术上说，有一种机制是督导者必须给予更多关注的。这种机制有很多种叫法，如"平行过程"（parallel process）、"系统映像"（systemic reflection）或"同构"（isomorphism）。由于我们已经有了一个镜像般映射客户组织的教练团队，你完全可以预期这种机制会深入且广泛地发生。

首先为这种机制命名的人是瑟尔斯，他将其称为"反映过程"（reflection process），并做出了如下定义："在病人与治疗师的关系中正在运行的进程常常会在治疗师与督导者的关系中反映出来。"

人们做了很多尝试来解释这一机制。某些事物会从一个系统复制到另一个系统

---

① "坍塌"是量子力学中的哥本哈根学派在解释电子通过双缝的实验时提出的概念，后来指波函数在观测之前有着不止一种的可能状态，但是会随着观测行为而瞬时收敛到某个确定的情形上。类似的概念还有著名的"薛定谔之猫"。——译者注

的事实本身,就激发了好几个将身份认同和投射结合在一起的理论产生。

在法国,我们常常使用术语"系统映像"来指称这种现象。艾萨克·泰利姆(Isaac Tylim)将之描述为团体督导中的一种表演。它不同于移情——治疗师或督导者被病人或被督导者赋予了自己过往生活中某个人物的角色。系统映像出现的典型标志包括自相矛盾、汇报内容中有重要的遗漏、象征性互动、意料之外的情绪和异常行为。

教练团队的成员总是在接收客户团队的表现及其影响。因为教练关系的存在,在客户团队中发生的事件是共享的,督导过程中的表演因此可被看成组织中所发生事件的隐喻。督导者的策略是要将他们的干预锚定在这些隐喻之上。这些隐喻有时候会走极端:在下文所涉及的案例中,三名教练曾反映自己有医学上无法解释的肠道紊乱症状。然而,在督导者关注到那些从客户组织反映到教练团队中的映像后,在督导会谈结束时,这些症状竟然奇迹般地消失了。

原理就是这些。但如果不努力采取一些措施来为过程提供某种程度上的可靠性,那么不难预见,一切将完全取决于督导者的主观看法。因此,有必要设定一个框架。

督导一个教练团队:某些实际问题

首先,督导者既不能是教练团队的领导者,也不能是团队其他成员。这乃是遵循着一个重要的系统观念。这个观念可以用一个比喻来概括:"如果你不从床上爬起来,那你就不可能整理好床铺!"

其次,为了使自己能够全神贯注于侦测系统映像,督导者会将引导、时间管理和元角色等职能授权给教练团队中的成员。

再次,教练群体中可能会有很高程度的退行[①](regression)。架构设定是这样的:反映过程应该尽可能地被放大,与此同时又尽可能地可控。要想达到这种效果,须

---

① "退行"是弗洛伊德提出的一种防御机制,指人们在受到挫折或面临焦虑、应激等状态时,放弃已经学到的比较成熟的适应技巧或方式,退回使用早期生活阶段的某种行为方式,以原始、幼稚的方法来应对当前情景,以减少自己的焦虑。——译者注

执行一套组合的运作规则。为了创设一个有利于系统映像涌现的督导架构，阿特菲尔德贡献出了这套有趣的运作规则：针对与客户的互动情况，某位参与者说出自己的意见，其他参与者可以对他的发言或其他任何人的评论做出反应，但是这种反应被限定在情绪水平上。阿特菲尔德的假设是，参与者所做的全部反应都可以被解释为系统映像。这种设计有助于使困难隐晦的情绪反应变得清晰可见，但其核心价值在于帮助督导者了解客户的核心问题。

最后，与阿特菲尔德一样，泰利姆也认为一个包含如行为准则在内的坚实的督导架构是放大系统映像的一个因素。因此，两人均建议在框架内解读种种互动，从而控制退行现象，促进进步发生。

案例说明

X公司正在面临不断下滑的市场份额。在其市场营销和销售部门中，由大约60名高级主管组成的高管团队预测前景一片暗淡。一个特别突出的问题是，他们估计激励会减少，关键岗位上的高管会离职。他们委托一位知名的教练以团队教练的方式进行一场预防性的干预，以提高部门高层管理人员的凝聚力。当前的情况是，第一类的六名销售高管各自负责一个区域（除东欧外的欧洲其余部分、北美、东欧、亚洲、非洲、南美）的销售数字。第二类高管也担负经营的责任，但他们并不是按照地理方式划分的。例如，他们中的一个人负责全球范围内的维护保养、技术支持和零配件业务的开发，另外一人则负责管理所谓的"全球性大客户"。团队中的第三类高管由负责支持性职能的人员组成，包括财务总监、首席法律顾问和公关总监等。教练使用文化转型工具[①]（Cultural Transformation Tools）对部门的文化现状进行了一次评估，结果表明，当前的价值观描绘了一种高度利己主义的公司文化。

因此，除了上述基于职能的分化以外，年青一代和老一辈之间，男女两性之间，以及西方人和东方人之间也是壁垒分明。这些分化导致伙伴关系极不稳定，冲突频发，乱成一团。

---

① 文化转型工具是由世界银行前价值观协调员、国际知名演讲人和作家理查德·巴雷特（Richard Barrett）开发的一种测量文化的工具。——译者注

第5章 一个来自法国的督导模型：督导一段"多对多"的教练旅程

为了将这个团队教练任务转变为组织教练项目，经过共同商讨，客户决定将部门中能够确定的变革推动者和影响者都包括进来，这些变革推动者和影响者是通过"高潜力管理者"继任计划遴选出来的。

由于客户群体规模不小且高度国际化，我们决定创建一个由三位不同背景的教练组成的教练社区。这三名教练各自有不同的教育背景，每人都能说两种语言，并擅长不同的引导和教练技巧。而且，他们都拥有成功的、一般性的教练经验。除此以外，最早与客户联系的那名领头的教练还决定体验一下"元教练"的角色，也就是退到幕后，专注于整合不同的干预措施，并充当客户的接触点。

教练社区通过电话会议和定期会面保持联系，以确保有更多的发人深省的交谈，澄清任何潜在的、相互关联的文化难题，为共创、学习和探索提供空间。此外，教练小组每个月会接受一次为时三小时的督导，由一名这方面的督导专家来实施。

对组织教练策略的设定如下：尊重客户寻求有凝聚力的文化的意愿，帮助领导者们摒弃他们目前的"山头主义"（silo behaviour[①]）；基于"放开控制"的理念；倡导一种创造性的混沌状态，同时在整个组织中实施一系列访谈，为组织教练找到统一源头。这些教练被随机安排到组织各处去实施访谈，背后的思路是自组织状态可能会从中涌现出来。

在第三次督导过程中，督导者注意到三名教练之间的关系开始向客户群体中三组高管之间的关系"看齐"。随着教练过程的深入，相同的模式缓慢但确定无疑地在滋生发展。此时，督导者就可以辨识出系统映像的迹象，并帮助教练了解客户的问题。一旦系统映像被识别出并得到明确，督导者就可以和教练团队共同探讨未来的行动。

[①] Silo behavior 直译为"竖井行为"，指的是组织中各个部门、职能和岗位，由于专业分工的不同而只顾自己不顾他人的现象。根据中文的表达习惯，我们译作"山头主义"。——译者注

对模型的评价

这个模型的要求很高，督导者必须集中精神谨慎应对。当然，对于特定的任务和教练团队而言，督导会以通常的做法开始，即帮助教练规划与客户会谈的顺序。此外，在开始阶段，教练团队中的人际关系和个人问题也必须加以解决。前两次督导会谈通常是用来处理以上问题的。只有当任务真的全面铺开，教练和客户都迈开了脚步时，模型才能充分派上用场。当任务结束时，正常的过程评估环节也就结束了。因此，理想状态下，充满张力的阶段仅限于督导过程的中间阶段，比如，从第三次会谈到第七次会谈。

在法国，组织教练是一个日益增长的细分市场。少数教练已经发展出了一套方法，并且正在培训越来越多的教练使用这套方法。由于它似乎非常有效，来自市场的反应十分热烈。在此过程中，督导乃是一个基本的要素。最开始的时候，先试水的都是督导者。但是最近，具有组织教练和督导复合背景的教练也可以为实施组织教练的教练团队提供督导服务了。

进一步思考的要点

组织教练仍然处在初生阶段。现在，当情况符合第一代系统论时（参见图5-1），我们知道该做些什么来克服"阻力墙"。不过，企业的发展并非总是如此，还有其他不止一条道路，图5-2就展示了其中的两条。

我们在工商业中还看不到太多"突变模型"的例子。比较好的"突变"例子是1789年的法国大革命和1917年的俄国革命。该模型属于海因茨·冯·福尔斯特（Heinz Von Foerster）首次提出的第二代系统论，勒内·托姆（René Thom）在其灾变理论中对其进行了详细说明；相反，倒是有一大批企业适用于"渐变模型"，因为它们所面临的挑战在于适应一个持续变化的市场。如果变革是持久性的，关键的问题就变成了要比环境变得更快，进而消除"阻力墙"。在变革过程中，当我们"暂停"下来，做出关键决策时，"变革2"就发生了。举例来说，当同等性能的技术所能售出的价格急速降低时，IBM和惠普公司将业务从硬件转型到了软件和服务，所遵循的就是这个模式。与此同时，数据控制公司和Univac公司却轰然倒塌了。对此，

第5章　一个来自法国的督导模型：督导一段"多对多"的教练旅程

一种可能的假设是，它们无法应对这种变化模式。在组织教练方面还有很多待研究的内容，一个长期的关键问题是，变革的阻力是如何产生的，以及如何帮助客户克服它。

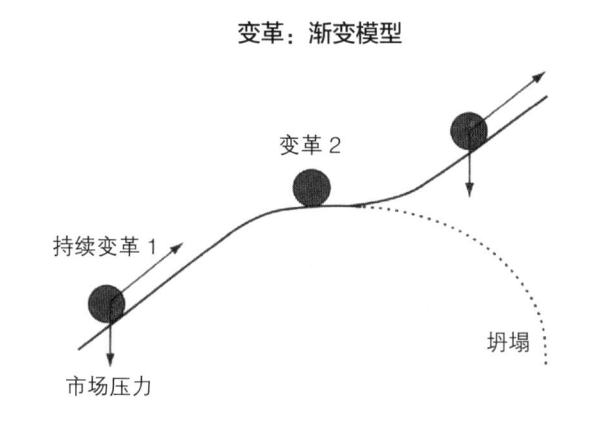

变革：渐变模型

持续变革 1　变革 2

市场压力　　　　　　　　坍塌

变革：突变模型

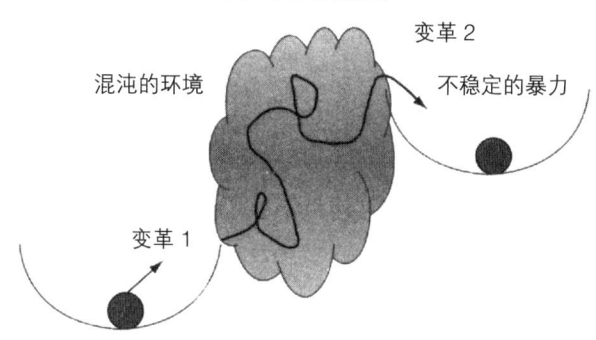

混沌的环境　　变革 2

不稳定的暴力

变革 1

图 5-2　根据第二代和第三代系统论看待变革

在督导过程中识别出教练自身的阻力墙，有助于客户团队和组织翻越他们自己的阻力墙。一些推荐使用的方法要求我们作为教练和督导者要更加关注工作的系统性方面。我们必须开发出新的参考框架，以恰当应对当前的发展环境，并找到方法来教练类似谷歌这样的非常先进的公司。理论研究表明，渐变本身是由不断变化的环境推动的，它将系统引向了这种"混沌的边缘"。作为组织教练和组织教练的督导者，我们的目标就是找到这个边缘的精确位置，并从这一点开始，与客户共同踏上征途。

基于我们现有的认识，教练和督导者的作用就是找到一个合适的入口，以进入那条穿越"阻力墙"的隧道。第一步包括分析四个子系统（文化、结构、技术和决策过程），并鼓励客户对此进行全面考虑，而不是只关注他们自己熟悉的那个子系统，比如，人力资源专员（HR）只考虑文化，管理层只考虑决策过程。类似的思想还有肯·威尔伯（Ken Wilber）的四象限整合模型，以及鲍曼和迪尔的四框架模型（结构/系统、文化/符号、社会心理、政治）。

第二步是将教练团队作为组织的副本，在督导过程中对其进行分析。第三步则是针对在第二步中确定的客户难点，共创一个能够在客户层面上精准解决这些困难的教练计划。

与其他方法相比，这种方法不是一套方法论，没有严格的架构。打个比方来说，在一艘航船上，船长掌舵既是为了保持航向，也是为了能够从舵的松紧中了解船本身所"希望"去往的朝向。

后续学习

在教练行业中，组织教练、群体与团队教练以及对这两者的督导都属于新兴领域。对此感兴趣的读者可以从阅读下面这两本书开始：

- 彼得·霍金斯与尼克·史密斯合著的《教练、辅导与组织咨询：督导、技能和发展》；
- 克里斯廷·桑顿（Christine Thornton）所著的《群体与团队教练：精要指南》（*Group and Team Coaching: The Essential Guide*）。

第6章 督导中的"自我"

凯瑟琳·朗（Katherine Long）

绝大多数教练和督导者凭直觉就能明白，"我怎么做"从根本上来说和"我是谁"有关，但从整体上看，与教练相关的文献却倾向于绕开这个领域——不关注教练是什么样的人，而只专注于教练技术的原则和方法。在教练这个多学科交叉领域中，即使是那些经验相对丰富的教练（就更别提那些新手了）也很容易被如此之多的技术和方法淹没。

为什么我们的行业在很大程度上忽略了一个不言自明的事实，即：每个教练都是独一无二的人，其确切原因仍在争论当中。我们一直沉浸在教练的定义、方法和技术中，而且更重视执行和过程，而不是人与目的。

然而，随着教练关系、教练中的正念以及格式塔教练心理学方面的著述逐步增加，人们越来越关注教练个人和教练的风度。布拉克特认为，"能够与自我的更多方面建立联系，并将其真正带入教练关系中，会对工作的质量和深度都大有裨益"。这对我们的启示是：督导的一个核心关注点应该放在教练如何"善用自我"上，同时我们应该进一步去探索求知，以更深刻地了解那些贯穿于我们的互动和关系、方法和原则、同一性和发展性当中的常见主题。

本章将介绍钻石模型。在我们实践的各方面与"我们是谁"之间，以及在"我们是谁"和"我们做什么"之间，存在着关系和连接。钻石模型就是一种看待这些联结关系的方法，其最终目的是达成更真实、更和谐的整体自我。请注意，此处特意使用了"我们"这个说法。其原因是，如果我们选择把"自我"作为督导的主要焦点，那么作为督导者，我们也必须把同样的焦点放在自己身上。

钻石模型的提出基于我所做的以下努力。

- 对个体的启发式探询，主要涉及两个人群：（1）独立教练和组织内部教练，我为他们提供了数百小时的督导；（2）申请"教练的导师"资格的候选人，我是他们提交的证明材料的评审人。
- 对我自己执业实践的研究。

钻石模型还受到一系列前人成果的影响，本章将对此一一进行介绍。之所以会有这个模型，原因在于以下两个关键问题。

- 教练带到会谈现场的是什么？
- 不同的教练能力是如何作为一个整体互动，并在教练这个活生生的人身上表现出来的？

钻石模型

要探讨这个模型，我们必须从第一个问题开始，即"教练带到会谈现场的是什么？"如果我们从场论的角度来看，那我们就必须扩大我们的视野，"不仅仅要看某张特定的地图，而是要看一整本地图集"。虽然一个更广阔的、系统性的教练视角也是很重要、不能忽略的，但解决这个问题更直接、更体验性的方法可能是把自己想象成教练会谈的旁观者，去注意：

- 关于教练的风度、教练与客户的互动以及教练实施的干预，当下正在发生什么；
- 已建立起来的关系、信任和融洽，以及沟通的模式，也许已经就一些问题签订了合同（比如，是关注纯粹的个人目标，还是关注组织目标，还是两者都关注）；
- 了解教练所运用的一些核心原则，以及如何将这些原则运用到会谈中（无论是公开应用，还是在背景中更微妙地应用）；
- 我们对教练个人方方面面的一些直觉和猜测，涉及其生活经历、个性、信念和价值观、所属群体和系统等。

此外，我们甚至有可能针对以下事项也已经形成了一些看法：教练在实践中进

第 6 章 督导中的"自我"

行了多少反思；教练在实践以外进行了多少反思；关于之前提及的方方面面，他们投入了多少精力来提升自己以及自己的工作表现。当我们将这些认识提炼成一个模型的时候，我们会得到如图 6–1 所示的结果。

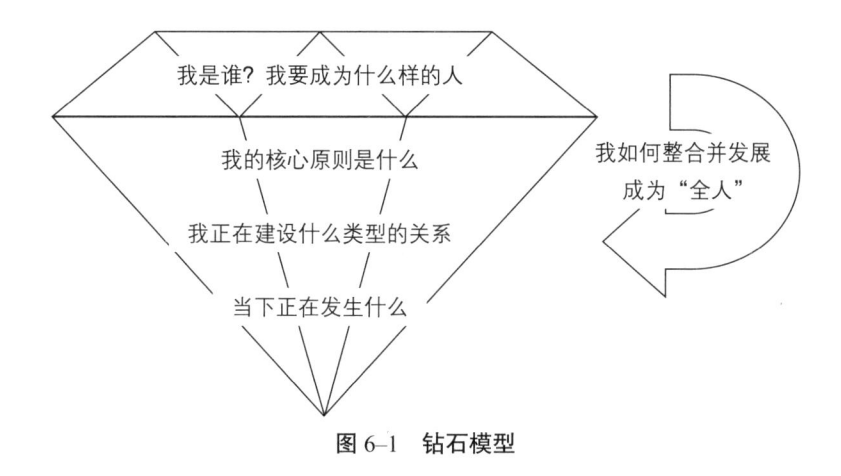

```
        我是谁？我要成为什么样的人
           我的核心原则是什么                我如何整合并发展
          我正在建设什么类型的关系              成为"全人"
              当下正在发生什么
```

图 6–1　钻石模型

钻石模型在两个前提的基础之上，得出一个合乎逻辑的结论。

前提一："作为一名教练，我是什么样的人"与"作为一个人，我是什么样的人"有关。

前提二：一致性和真实性会使我的实践更加有效。

结论：为了更好地服务客户，我的"职业自我"必须与"真实自我"保持一致。

如果我们认同上述推导，并且认识到教练和客户都会根据他们对彼此的直观感受来共事，那么从中就可以想见督导必须涵盖多大的范围才能谈得上"全盘考虑"。

此模型提供了一个框架，使我们能够看到教练身上的多个维度，并表明了不同层面之间的关系或等级。它并不是要取代教练自身已有的教练模型，也没有规定在不同层面上都有哪些内容，更没有自称已经充分探索了教练与客户之间的界面，以上种种都不是此模型的目的。它只是提供了一个起点，供教练和督导者去思考自己的"人像拼图"和自己的本质，以及它们是如何影响自己的实践的。

钻石模型中的层面

西方文化中似乎有一种倾向，即通过角色、经验和成就等静态和客观的术语来定义自我。但其实我们的身份是建立在一张复杂的网络上，由以下要素交织而成的：生活体验以及我们对其的解读；逐渐积累的价值观和信念；目的感；文化上、性别上以及精神上的特性；我们从属于其中的不同系统和关系；以及我们的人格特质和身体存在。在任何特定的时间点，有些方面将会相对稳定，而另外一些方面则处于不断变化的状态。就这一点而言，当督导者关注教练的整体自我时，其理所当然地应该根据教练正在经历的生成、转变和意义建构过程来调整和校准。

> 如果我相信江山易改、本性难移，把其他人看作已经被诊断和分类的个体，由其过往经历塑造定型，那么我参与确认这个限制性的假设就是助纣为虐。如果我认为人始终是处于形成和发展之中的，那么我所做的一切就是尽我所能去确认和实现他的潜能。
>
> 罗杰斯

我们身份的每个方面对教练关系都有潜在的影响，无论是直接的还是间接的；提升自己对于"存在和生成"（being and becoming）①的觉察力，必须成为教练自我发展的一个重要组成部分。

我作为教练的核心原则

弗莱厄蒂认为，教练技术是"由原则塑造的本体论立场，而非一系列技术"，但是大多数流行的教练培训（正好与教练发展截然相反）却聚焦于传授工具和流程，而不是发展对于基础原则的深入理解。在支持教练更深入地理解自身实践的基础方面，督导者能够起到重要的作用。根据德·哈恩（De Haan）的研究，虽然获取关于

---

① being 表示当前存在的状态，becoming 表示正在生成的未来状态。在 being 与 becoming 之间未必有一条鸿沟存在。两词合用是为了强调对象处于持续的变化当中，becoming 不断地成为下一个时刻的 being，而同时又会有新的 becoming 产生。——译者注

一系列方法的理论知识也可能有用，但至关重要的是，教练必须开发出一些能够让他们全身心认同并投入的方法。

> 应该全心信奉某种教练思想体系和教练方法，并使你的干预措施与之相符。只要这种承诺代表了你的真心，而且你致力于帮助客户，你的有效性就会得到提升。换句话说，你要全心全意投入你所用的方法中，但是要抵挡住诱惑，不要认为它很"了不起"。
>
> 德·哈恩

此处督导者要用到的技能是支持教练做到以下两点：一是明确哪些原则和方法是他们能最高程度地匹配和信奉的；二是建立一个由原则发展而来的立场，这个立场与他们为人的其他方面保持一致，并能够通过他们的实践体现。

我正在建立的关系的类型

教练与客户的关系包含了一系列复杂的因素，其中包含双方与赞助者和利益相关者的关系、他们各自所属的系统，以及所有这些关系与系统之间不可避免的相互影响。其中为主的教练–客户关系又进一步会受到以下因素的影响：教练与客户的合同和约定，他们对期望值和边界的管理、对会谈的结构和流程的贡献，以及信任与融洽的建立。

教练既需要站在客户的角度，带着同理心去开展工作，也需要有深刻的自我认知，这在双方的关系中至关重要，其同时也是督导的重要关注点，能够带来丰富的成果。

当下正在发生的事情

使用来自教练会谈中的录像或笔记来帮助教练回顾与客户比较明显的互动并从中学习，能够产生很大的价值；但要捕捉会谈中那种微妙的状态转变，或者某个片刻的气度表现，则要困难得多。那是"当下觉察力所处的一种状态，其特点是能感觉到永恒、联结和更宏伟的真理"。换句话说，就是移情作用所能达到的"共振"的深度。在探索干预和互动的过程中，督导者必须帮助教练识别和调整他们在那个时刻产生的能量水平，并注意这对他们回应客户的方式的影响。

神经科学的研究表明，由于脑边缘区开环系统的缘故，个体总是在进行潜意识的对话。当人们彼此之间"调频"，进入他人的内在状态去"收听"这种潜意识对话的时候，生理机能和情绪都会受到影响。如果我们从那些相对不可见但十分强大的源头出发，就可以读懂当下看得见的互动。因此，如果我们想支持教练去理解他们在当下产生了什么影响，就必须将他们在与客户互动中产生的想法、情绪及感觉都纳入考虑范围。

我如何整合并发展成为"全人"

模型的最后一个要素是指教练持续地整合并发展自我和自身实践的能力。如果说"内心督导者"存在于钻石模型中的某个地方，那就是这里了。在支持教练的自我生成能力方面，即"活在当下的能力，能够通过生活的点点滴滴来学习，目的是使自己处于最大可能的觉知和睿智当中，并在这样的内心状态下做出选择"，督导的潜力是大有可为的。我个人的信念是：支持教练发展他们的自我生成能力是督导的终极目标。

在钻石模型的这个层面开展工作，需要关注教练在工作之中和之外如何就自己实践的不同方面及自己为人的不同侧面开展反思；也需要关注他们如何发展自身的能力，探寻自己的优势，并善用自身的资源来为客户服务。同时，它也涉及教练的自我发展，无论是通过个人在自我关怀和休养生息上的做法、持续专业发展（continuing professional development, CPD）和督导活动，还是通过运用反馈方法、反思和写日志等方式。通过培养自己对自我生成能力的认识，教练在自我发展方面的努力不再是随机的、未经加工的独立事件，而更像一套协调有序的策略，其目的是挑战、支持、扩大和增强自我，直臻"全人"（the whole person）[①]的境界。

[①] the whole person，本书译作"全人"，一般是指在各方面都高度发展且整合一致的人。——译者注

模型中不同层次之间的互动

也许下面的说法能够帮助你理解钻石模型，即将其上两个层面看作教练已经积累起来的财富储备，可以在与客户合作时随时取用；将下两个层面看作教练正在持续增加的资本——将当下正在发生的事情"存储"到与客户的关系中。自我生成能力则从旁增进不同层面之间的流动，使四个层面的信息互为所用，使教练能够在其间灵活切换。

将钻石模型中的多个层面作为一组透镜来使用，还能够回答我们本章开头提出的第二个问题，即教练以何种方式体现不同的教练能力。以欧洲辅导与教练理事会制定的能力分类中的"行动和成果导向"为例，我们可以在不同层面上分别关注以下几项："行动与成果导向"如何在教练的同一性中表现出来（比如，教练在自己的生活中以什么方式采取行动实现成果）；"行动与成果导向"与教练在自身实践中秉持的原则和方法之间是怎样的一种联结（或断裂）关系；教练的个人信念如何影响关系和合同；"行动与成果导向"如何在不同的时间、不同的客户身上体现出来；最后，教练如何在他们自己和他们的实践中反思、回顾和发展这种能力。

支撑钻石模型运用的各种方法

有多种多样的方法可以用来探索自我，钻石模型可以作为一系列心理学、哲学和形而上学范式的有益补充。我个人的经验表明，下面几个关键的视角可以帮助我们有效地使用这个模型。

整体性和以人为本

督导者必须对教练的当下存在与正在生成持有一种"全人"的观点，包括对那些在他们的成长发展过程中"暂时"存在的部分。这绝对不是说督导者就有权力（或有能力）帮助教练去充分探索模型中的每个层面，但确实表明督导者采用的方法应考虑所有这些层面在个人实践中相互作用和影响的独特方式。

图尔多和沃雷尔认为，被督导者对自己工作中最不自信的领域开展探索的意愿，与其感受到的来自督导者的无条件接纳直接相关。由于其核心条件是无条件积极关注、同理心和一致性，以人为本的方法是帮助教练探索模型中不同层次的重要基础。

欣赏、不固执和不评判

相对容易理解的是，一个倾向于关注消极面的督导者，与一个"系统默认设置"是关注积极面的督导者相比，两者创造出来的关系会完全不同。然而，保持一种欣赏式和不评判的立场可能会蒙受严峻考验，尤其是当督导主题被放在问题框架中加以看待的时候。督导者很容易产生一种诊断性的、以缺陷为导向的心态，进而导致教练无法开启自己的觉察和智慧之门。霍金斯和史密斯警告说，在新兴的教练/导师督导中直接套用传统心理治疗领域中的思维模式是很危险的，因为这种做法倾向于"更多地关注病理，而不是健康"。

督导者必须打造一个不评判的环境，使教练可以在其中反观自己的实践，并且不会受到来自"扮演督导者角色的内心批评"的干扰。通过放弃自己对督导成果的执念和评判，并尊重多种不同的教练方法和途径（其中有些可能和他们自己的信念背道而驰），督导者与教练共同为转变创造了条件。借用夏莫的U型理论中的说法，这能够使教练"放下"和"接纳"，并尝试新的观点，从一个不加防御的位置出发，以开放的思维、心灵和意志来采取行动，从而使未来能够通过他们自身和他们的实践得以涌现。

对安全的需求

自相矛盾的是，我们创造的这个不评判的空间，也可能会使教练身上或他们实践中的那些不和谐、无法忍受的事物凸显出来。在这个过程中，教练可能会体验到宣泄、解脱甚至（有些时候）是痛苦。教练督导者的作用并不是去根除这些问题，而是允许这些问题自由和安全地出现，并协助教练决定是否要采取行动，以及采取什么行动。通常情况下，将一个问题说出口就足以使其慢慢消融；此外，心理咨询或其他援助手段也是可以使用的。

督导者自身的诚实正直

对于任何成功的督导关系来说，督导者的正直诚实都是必不可少的。从这个意义上说,"整体性"的精微玄妙之处尤其重要。督导者必须忠实于自己当下的真实状态,忠实于"想要成为的那个自己",并全身心投入自我关怀和休养生息中,与他们"带到现场的东西"保持和谐。

钻石模型没有规定的应用流程或阶段。它既可以明确地用在督导谈话中(直接应用),也可以含蓄地隐藏在谈话背景中(间接应用),两者都是有效的。

案例说明

直接应用钻石模型的案例

直接使用钻石模型可以对教练的实践产生非常有力的影响。

在早期的合同阶段:

P是一名独立执业的教练和培训师。我在开始督导她的时候就向她介绍了钻石模型。这为我们创造了一种开放的氛围,从而可以将探讨她的教练风度特点作为一个贯穿始终的主题,而不是仅仅关注她实践中的某个瞬间剪影。模型既为我们创建了一种共同语言,又为我们提供了一张导航图,使我们可以对P实践中的不同元素一览无余(她常说:"哦,这是我的钻石模型中的一部分")。模型帮助P看到了她自己以下几个特点之间的关联:她的学习风格高度倾向于活动型,即"从做中学";她倾向于为自己的绩效设定很高的标准;她的教练方式是高度聚焦、目标驱动的。这种探索帮助P明白自己的教练服务与其他人相比有何特色,以及如何灵活调整自己的方法来适应不同的客户和环境;此外,她还明白,必须允许自己有充分的自我关怀和休养生息,才能平衡这种高度紧张的工作方式。

在一段新的督导关系开始时,钻石模型可以当作一个映射练习来使用。这个练习也可以有不同的变式,或以高度欣赏的方式关注一个焦点,或着眼于教练在一段时间内的发展,或强调不同层面之间的一致性程度。

当我为一家教练咨询公司的CEO提供服务时,我们两人快速地做了一遍这个映射练习。之所以要快,是为了使答案更加直观,而不是过于深思熟虑。事后,我们对这个练习进行了反思,得到以下洞察:她的价值观是尊重他人、热爱世界的多样性和透明性,对于"我们是什么人,我们做什么事"直言不讳。这些个人价值观不仅是她工作的根本,而且支撑着她去做每一件事情。

仅仅是阅读这个模型的最初版本就足以支持教练开发自己的模型。

"当我偶然发现凯瑟琳关于钻石模型的文章时,我的眼前一亮:教练和辅导中的一切都却取决于'我是谁'这一问题。我大受启发,并开始着手建构一个适用于教练的'动态自我模型',这个模型会使我们从根本上接纳'我是谁取决于我如何做教练'这一事实。此后,通过对'真实的我是什么样的人'以及'我信奉什么'这两个问题的思考,我发现了和真实的自我和谐一致的教练方法,并将其添加到我的专业工具箱中。"

间接使用钻石模型的案例

将模型放在"幕后"使用可能更常见,尤其是当遇到以下情形时。

对于新手教练来说,也许会觉得公开使用模型比较有压力,或者觉得模型与自己当前的需求无关。

N是一名卫生管理行业中的组织内部教练。作为他的督导者,我将钻石模型当作心智框架使用,以帮助他在自己不同的实践环节之间建立联系。N经常担心他的干预是否"正确",以及客户在会谈中是否会像他希望的那么积极。通过探讨N在关系层面的做法,此模型引导N明白,教练关系在一开始建立的方式将会如何影响他自己和客户,进而促使他采取行动消除潜在的误解,为教练过程的有效推进铺平道路。对"当下"和"关系"层面的认识,能够促使他更好地了解自己和自己的驱动力,以及对于教练技术的偏好。

在团体督导中,钻石模型可以帮助我们以富有创意的方式开展工作,从而加深对于运用"工具性自我"的理解。如下例所示:

我们邀请教练找到一件他们觉得能够表现自身特性的随身物品或衣服,并向团队解释原因,然后再谈谈这件衣服或物品反映了哪些与自己的教练实践有关的信息。在绝大多数情况下,教练们都可以很容易地找到强有力的联系,虽然这些联系并不总是那么显而易见。有一次,一位教练声称,这个活动使她发现自己原来费了很大心思把自我的一部分排除在教练关系之外。还有一次,一名教练抱怨说,她找不到任何能够说明自己个性的东西,进一步探索后发现,无论是作为一个人还是作为一名教练,她都倾向于抛掉包袱、轻装上阵!

> 或者：
>
> 我们邀请教练两人一组，安静地坐下来，一边观察对方，一边问自己："我想知道眼前的这个人将哪些美好的品质带到了他的教练工作当中？"然后再花些时间，观察这个问题对个人态度（好奇心、期望）的影响。在练习的第二阶段，再次将教练分成两人一组，彼此问对方："作为教练，你具备哪些关键品质？"然后用可水洗的彩色笔，将答案写在对方的手掌上。要特别关注用了什么颜色，写在哪只手上，以及写在手掌上的哪个部位。接下来的讨论特别有成果：一些教练对于某些特性应该写在哪只手上、应该使用哪种颜色都有着明确的理由。有一次，教练带到工作中的自我是如此全面，具备的关键品质是如此之多，以至于他们将答案密密麻麻地写满了两只手。换句话说：我带到工作中的东西是如此之多，以至于需要整个我才能将之传递出来。

在这两个例子中，从练习中得到的东西都可以通过模型的不同层次进行探索。比如，通过问"你如何培养或发展自己的这一方面"或"在教练关系中，客户对你的这一方面有何感受"等问题。

模型还可以作为一个心智检查清单来使用，在上面列出在任何督导谈话中人们可能会关注或觉察的领域，从而使教练能够注意到自己是否保持了一致性。我们用一个不相干的领域来做类比说明情况："歪歪扭扭地跑步，会带来紧张、疲劳、不舒服甚至是疼痛；但当你校准姿势以协调的动作跑出直线时，就会是你的骨骼而不是肌肉在支撑身体的重量。"通过增加教练的意识，帮助他们明白，经过校准、协调一致的教练实践看起来和感觉起来是什么样的，督导者能够促使教练从自己的素质中汲取力量，以支撑自己的实践，而不是辛苦地拖着脚步，勉为其难地迎合来自内部或外部的期望和限制。

案例说明

F刚刚完成了一个教练培训项目，这个项目传授了他一套有关教练行为"对错"的刻板观念。即使所学到的方法导致客户与他的关系紧张，他仍然不愿意聆听自己的智慧与判断，或者对这样做感觉很有压力。他将这种压力和沮

> 丧四处发泄，发泄到他自己（因为感觉自己很无能，不能实践所学的方法）、他的教练对象（因为其不符合自己所学的模型），以及我（因为我无法立即帮他解决问题）身上。在这种情况下，运用钻石模型需要特别小心，既要帮助他摆脱那套僵化死板的观念，又要对他所使用的教练方法表示尊重。钻石模型增强了他善用自我的意识，消除了那些缺乏一致性的无益的约束条件，使他能够更轻松、更灵活地为客户服务。
>
> H在同时服务来自同一组织的多名客户时遇到了挫折。通过审视他和教练活动发起人的关系，我们发现，他觉得自己在处理组织内一些无益的行事模式时受到了限制，进而影响了教练的效果。随着我们的探讨逐渐深入，事情渐渐变得明朗起来：由于缺乏清晰表达自己观点和直觉的信心，H不敢将更多的系统思考和咨询角色引入他的教练工作中去。我们将问题从"如何管理与客户和发起人的关系"变成了"如何识别和运用我的优势"。当督导着眼于H如何改变自己以及未来与新的发起人之间的关系时，随着时间的推移，H开始能够以更高的一致性和真实性应用他的咨询和领导技能，为自己和客户的体验创造价值。

对模型的评价

任何模型都有长处和短板，钻石模型也不例外，下面我将介绍其中一二。

是否没有看到全局

由于此模型完全聚焦于"教练是什么样的人"，人们也许会质疑它明显缺乏对客户及其系统的重视。然而，钻石模型本身并不排斥督导者使用其他干预措施，因此能够和其他模型互相补充，比如七只眼模型。后者更加明确地拓宽了框架，关注更广阔的大系统中的种种关系。它还可以与教练工作联盟调查问卷（The Coaching Working Alliance Questionnaire）一类的反馈工具结合使用，后者是根据霍瓦特的工作联盟量表（Working Alliance Inventory）开发的。

虽然以上种种干预措施与使用钻石模型并不冲突，但仍有必要牢记：（在绝大多数情况下）督导者只能与他们所督导的教练共事，而不能直接面对客户。如果督导者基于教练的描述而对客户及其系统产生了某些假设，并形成了霍金斯和修赫特所谓的"客户与督导者之间的幻想关系"，那将是一件很危险的事情。

是否过于乐观

本章概述的钻石模型及其方法似乎更适用于督导的发展培育功能和资源获取功能，而不是那么适用于质量管控功能或管理模式。此外，模型似乎对教练及其实践过于宽容，批判性不够，提供的挑战和刺激也不够多。

支撑钻石模型的不是一种盲目的乐观，而是一种有实力的自信：认识到身为督导者或教练，我们最终能够带给客户并为其服务的，其实就是我们自己，而最终的实现方式就是通过调动我们的内在资源。最需要我们全力以赴的，乃是建立我们与自身的伟大、谦逊和悲悯之间的联结。这是一种意义深远且极具挑战性的体验。

此外，经验表明，通过不同的透镜来探索自我和实践这种严谨的做法，已被证明是一种非常有效的手段，可以揭露教练工作中潜在的伦理和安全问题，进而帮助教练确定合适的应对策略和所需资源。

后续学习

许多教练都渴望以能够给自己带来真实感受的方式工作，但他们也同样渴望能够应对各种各样的客户和环境。我坚信，用本章中描述的方法来使用钻石模型，能同时满足上述两个梦想。教练越容易获得他们丰富的内在资源，就越能在他们的工作中带入更多的真实性和灵活性。加深对真实性和灵活性之间关系的认识，会对我们大有裨益。打个比方，一棵树之所以能随风摇摆而不会折断，是因为它的根深深地扎在泥土里，得到了土壤和水分的滋养。

在这方面有两本著作值得一读。一是贵格会的导师和活动家帕克·J. 帕尔默（Parker J. Palmer）所著的《让你的人生发言》（*Let Your Life Speak*），书中谈到了完整性和目的，基于帕尔默自己的人生经历、投入天职后的学习成长，以及他自己的那种"真实"的生活方式。他的故事引人注目，很有说服力。二是西蒙·P. 沃克（Simon P. Walker）的《教练生态学》（*The Ecology of Coaching*）。他认为，最高境界的教练是"一种殷勤待人的行为，打开我们自己的内部空间，邀请他人进来做客"。他还介绍了八种关键的态度，这八种态度可以帮助教练灵活回应客户。

此外，道格·西尔斯比（Doug Silsbee）在其所著的《基于风度的教练》（*Presence-based Coaching*）一书中，以一种富有同情心的、全面的方式论述了教练个人及其风度呈现的成长发展。他的书对本章中涉及的某些主题进行了扩展，谈到了作为督导者和教练，我们应如何在自己身上创造内在条件，以激活如慈悲、感恩、正念和不评判等美德。

第7章　督导的伦理道德与专业规范

戴维·莱恩（David Lane）

本章研究教练技术的发展，以及督导作为实践的一个组成部分的出现。我们认为这个领域是建立在一些普遍适用的道德原则之上的。道德原则的普遍性提出了一个问题，即"教练督导是否也需要一套规范？"随着教练督导的发展，一些专业组织对此表示了认可。人们开始问："教练督导究竟与其他形式的督导有何不同？"本章研究了到目前为止人们在这个领域所做的工作。在心理学和其他专业领域（也包括教练领域）中，将越来越多地使用独立的、正式的结构，或对督导者进行"登记注册"，对此我们也将进行探讨。

本章认为，督导其实是有着多种不同的专业定位的。作为发生在有经验的专家和正在学艺的学生之间的一种活动，传统上督导是在"学徒模式"下发挥作用的，明确的、线性的法则适用于这种情况。但是，作为发生在有经验的实践者之间的一种活动，它是在更紧急的空间中运作的，以处理复杂的问题。在后面这种情况下，督导方面的专业知识似乎是在一个跨学科的框架中运作的，对这个框架来说，具体领域的知识远不如有关督导过程的能力来得重要。

教练的出现以及对其专业性的要求

越来越多的培训项目和新近成立的组织已经发展起来，旨在为教练领域提供资格证明和标准规范。关于教练的研究也在蓬勃发展。现在要找到具备资质的教练来提供服务已不再是难事，而以前这却是一片空白的领域。然而，教练服务的买家仍然不断地表达他们对标准规范的担忧，并抱怨不容易找到合格的、经过认证的从业者。在商业和高管教练领域，即使已经有了好几套清晰的指导方针，聘用教练的公司对以上问题的应对方式仍然是各自着手建立自己的选择流程，而这些流程的有效性参差不齐。局面仍存在不确定性，包括专业组织在内，没有任何机构积累了足够的公信力，来减少由此产生的焦虑。鉴于人们相信督导的价值，这些选择流程常常要求教练明确他们所接受的督导安排。但是，关于督导对教练成果的影响，却很难获得证据并以权威的方式确认。这就在买家和卖家之间产生了混淆和困惑，进而导致人们开始对于找到教练社区所共同认可的方法越发感兴趣，可惜直到今天，仍然没有一套共享的指导方针得到采纳。

教练督导是否达到了"专业"的标准

人们普遍认同的观点是，所谓"专业"应具备以下核心特征：

- 成员有正式的学术资格；
- 遵守一套强制性的道德规范；
- 只对合格的成员授予执业的资格；
- 遵守由国家制定的适用法规；
- 具备一套共享的知识和技能体系。

虽然专业化程度正在不断上升，但教练在达到所谓的"专业"的最低标准之前，还有很长的路要走。这无疑引起了人们对教练督导作为一个专业领域的质疑（尽管在这一领域已经有了许多高水平和备受推崇的课程）。或者人们也可能会想，也许作为一门独立于教练具体应用之外的专业，教练督导已经取得了进展。在接下来的小节中，我们将考虑更广泛的专业发展，并在具体考虑教练督导之前，先讨论一种不同的方法。

"专业"越来越脆弱，是否需要我们采取不同的做法

专业在社会中的作用由来已久，但同时也受到越来越多的挑战。不同专业领域

内的一些社会学家指出了一些因素，这些因素正在破坏专业在传统上受到的尊重（可参考莱恩和科里于 2006 年发表的文献）。

许多因素都在不断侵蚀这种尊重。专业人士必须接受一定小时数的培训，才能获得认证。转向使用胜任力模型（competence models）的趋势对这一理念发起了挑战。而这一模型本身也有问题，因此它同样遭到了批评。比如，如果某人能够证明自己胜任，那为何他还要在学徒模式下工作特定数目的时长呢？知识变化的速度迫使各专业领域开始思考，过去那种"一经认证则终生有资格执业"的做法究竟还有什么意义。因此，在欧洲范围内，针对医学和心理学专业，有人提议应该摒弃现存的积累学徒小时数的做法，而代之以经过严肃评估的持续专业发展，以及每五年重新认证一次以再次获取执业资格。

消费者对于话语权和客户对于自主权的要求，改变了专业服务的委托方式。国家和保险公司要求在服务模式和标准方面有发言权，而不是像过去那样将这些事项完全交给业内人士来决定。越来越多的专业人士受雇于某个组织，而不再是独立执业者，这也改变了影响专业服务标准和客户关系定义的因素。

这些因素影响了众多的专业。最近，一项在好几个国家中针对 50 个专业所做的审查发现，其中不少专业都在力求根据以下标准重新发放它们的执业许可：

- 客户的地位；
- 客户的自主性；
- 专业本身的社会贡献度。

又是哪些原因引发了专业的上述变化呢？我们面临的挑战越来越需要我们做出迅速的、跨学科的回应。"专业"这个概念本身开始变得脆弱起来。专业人士正在丧失他们对于知识的垄断。知识正日渐成为一种在特定的实践社区中演化进步的事物，而不再是一串固定不变的事实清单，并更多地具有了场景化和关联性的特征。知识的内涵在不断增加，且正在变得越来越民主化，因为借助互联网，每个人都能够很方便地获取知识。在这个意义上，没有哪个专业能够对特定专业领域的知识库独占所有权。这样一来，未来的专业很有可能会与过去大不相同。

对于正在变化的专业的未来展望

卡瓦纳和我认为,在这个日趋复杂的世界中,可能会涌现出一些与从前不同的专业实践模型。受到斯泰西针对复杂性所做研究的启发,我们提出了使专业与环境匹配的三种模式(如图 7-1 所示)。

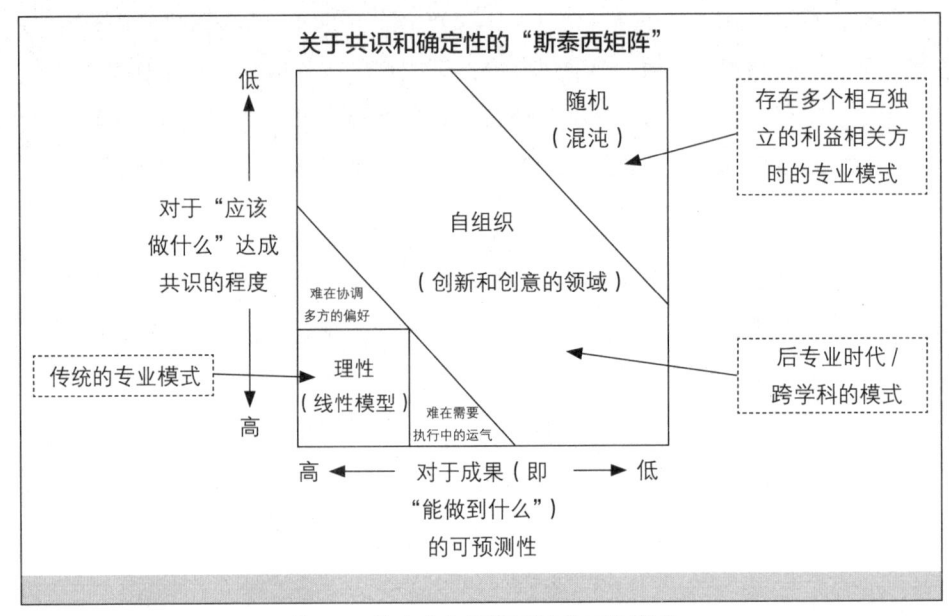

关于共识和确定性的"斯泰西矩阵"

- 纵轴:对于"应该做什么"达成共识的程度(低→高)
- 横轴:对于成果(即"能做到什么")的可预测性(高←→低)
- 随机(混沌)
- 自组织(创新和创意的领域)
- 理性(线性模型)
- 难在协调多方的偏好
- 难在需要执行中的运气
- 传统的专业模式
- 存在多个相互独立的利益相关方时的专业模式
- 后专业时代/跨学科的模式

图 7-1 使专业与环境匹配的三种模式

传统的专业模式

也许只有在一个人们对于要做什么有着高度的共识,并且对于能够做到什么也有高度的可预见性的世界里,我们才能够在专业中适用传统的理性模式。此模式假设我们能够认同其基本原则,并能遵守由我们所属的专业团体或国家颁布的规范。同时,它还假设我们与客户之间的关系是清楚无疑的,这种关系的目的就是为客户谋福利。任何违反这种客户关系的行为都会招致特定规范准则下的惩罚,因为我们可以根据稳定的和可预期的理性标准,对各种实践做法进行编码化的分析。我们的专业人士身份源于我们是某个特定团体的一员。举例来说,我们之所以是心理学家,是因为英国心理学会(British Psychological Society, BPS)或健康和保健专业委员会

（Health & Care Professions Council）说我们是。如果把注意力转向督导在发展未来从业者中所起的作用，那么理性模式其实也就是引起了众多争议的专家/学徒模式。在专家/学徒模式中，一切都是可编码的、可预期的和理性的，并以一种线性的方式向前发展。在教练领域中，国际教练联合会（International Coach Federation, ICF）的立场与此类似：作为教练技术的学习者，你必须接受一名经ICF认证的从业者的督导。

后专业时代/跨学科的模式

在这个更为复杂的世界中，包括专业教练以及为有经验的从业者提供督导的督导者在内，诸多"专业"又面临着什么样的情形呢？通常而言，人们关于"应该做什么"只有很有限的共识，而关于"能做到什么"也没有十足的把握，也就是说，我们并不知道自己该做些什么，而且即使知道，也不一定就能做到。我们经常面临一些独特的问题，这些问题需要跨学科的知识或将不同想法以一种独特的方式加以综合，而不是依靠来自某一个专业领域的成文知识，因此，实践必须超越传统专业所规定的规范准则。考虑到这一事实，我们转向实践社区寻求帮助，意图在其中对"标准"和"质量"展开富有创意的探索。在这些新领域中开展工作，我们的身份逐渐变得模糊和发散，客户关系的模式也日渐复杂，不能再用传统的线性模型来加以界定。事实上，我们有可能需要与不同客户逐一商谈，以确定和他们之间的关系，也就是"在实践中产生身份认同"。以上种种，使我们渐渐地偏离了专业的传统模型，朝向一种更为突现的模型。后者无疑是跨学科领域的，也具备德雷克所说的"后专业"的特性。

存在多个相互独立的利益相关方时的专业模式

在这个更加混沌的世界中，关于"应该做什么"，我们莫衷一是；关于"能做到什么"，我们也无从把控。如果一个专业世界中存在多个相互独立的利益相关方，他们每个人、每个群体都在为自己的目的而努力，那么，想要指定任何一种框架都非常困难，因为所有的一切都是可竞争的。这也许就是我们作为教练和教练的督导者目前所栖息的世界。许多组织在争夺生存空间，客户群体种类繁多，实践做法也是五花八门。专业的立场应该是怎样的？要解答这个问题，其中一种可能性是参考实践的普遍特征，这些特征超越了时间、空间和文化的差异，始终如一，逐步涌现。在混沌情形中，存在着一种趋势，即退回到之前那种也许无济于事的行为模式中去。但是，借助于诸如伦理道德之类的普遍特征的帮助，对话有可能围绕着某些节点发生。接下来我将介绍某些普遍特征。

我们是否认为伦理道德来自普世原则

一个关键性的问题是我们如何看待伦理道德：它是脱胎于普世原则，因而适用于所有专业实践？还是来自特定领域内的具体内容，因而只适用于这一范围？

许多团体都会明确定义一套行为规范（或伦理道德），希望成员们对此遵行不渝。某些团体更是将其视为界定专业标准的起点。其中某些特性是为多个专业团体所共同接受的，似乎这些特性与情境并不相关。

人们越来越多地留意到，在不同专业领域使用的伦理道德框架中有一些共同的特性。大家认为这些共同的特性来自普世原则，因此它们才会被如此多的学科领域接受。科里和我曾经在另外两本书中提出过以下观点，即一个专业至少可以从三个方面来加以界定，这三个方面也构成了我们检查专业伦理和标准的基础。

- **使命**。使命定义了"我们是谁"以及"我们为客户服务是为了什么，是为了社会福祉还是为了专业本身"。因此，使命包括了用以界定专业的信念系统、价值观和伦理道德。专业内的管理机构、利益相关者们，以及那些在地区、国家和全球层面上有话语权的势力共同作用，对专业如何界定自身的使命产生着各自的影响。

    使命是所有专业的奠基石，它定义了一个专业与其他专业的共同之处和不同之处，其他的一切都必须服从使命。

- **观点**。观点涵盖了专业的知识基础。对于教练而言，这指的是有哪些关于人性的理论在专业中发挥作用。对于教练督导而言，这是指哪些来自一系列学科的理论指导了我们去理解"人们在专业实践场景中是如何工作和学习的，以及这种工作和学习又可以如何通过督导关系得到改进"。观点整合了有关个人和组织变革的理论，以及我们有关该如何解读眼前证据的信念，告诉我们如何将这些理论和信念纳入自己的教练督导实践当中。对于包括教练和督导在内的某些专业而言，所谓的观点通常包括自我意识——专业人士是什么样的人，他们的个人理念和实践之间是一种什么样的关系，这些都不是无关轻重的问题。

如果呈现在我们面前的现实证据发生了变化，那么毫无疑问，观点也会随之改变。不变的是下面这条原则，即专业是建构在核心知识的基础之上的。

- **流程**。流程定义了专业人士在服务客户时会发生什么。对于教练督导而言，流程包括以下事项：工作议程的形成过程；督导者和教练之间进行互动，以尽到他们对客户、赞助人和其他关键参与者的责任；督导者和教练解读他们所关心的事情并将这种理解应用于他们的工作中；采取干预措施并评估在多大程度上实现了所寻求的成果。

随着人们不断开发出新的实践框架，以及不断修订执行流程所需的胜任力，流程很有可能是以上三个方面中改变最多的那一个。而一个不变的理念则是：专业人士可以根据自己对有效实践的理解，执行他们认为恰当的流程。因此，即使对实践的认识发生了改变，作为这种变化基础的胜任力也随之改变，我们仍然可以根据专业人士的行为表现来评价他们。

在之前提到过的一项研究中，世界商业教练协会（the Worldwide Association of Business Coaches，WABC）研究了50种专业，并对更广泛的文献做了回顾。研究发现，有关使命和观点的定义通常是清晰地包含在专业标准中的；但对于专业人士与客户共事流程的定义却没有那么明确，有时是隐含的。其表现形式常常是：随着专业人士与客户之间交往越来越深入，关于他们之间会发生何事，双方的假设逐渐趋于一致。有时，事态发展也许会超出行为规范所界定的"可接受的流程"的边界；还有些时候，人们会仔细定义解读这些行为规范，强调好的实践看上去应该是什么样子的；但是，日复一日的实际工作具体会怎么做，常常是随心而定、自由裁量的。不过，在最近几年里，随着许多专业逐渐转向循证实践，人们开始更频繁地围绕"以何种流程向客户提供服务"这一问题展开关于专业标准的争论。

然而，世界商业教练协会的研究还发现，不同专业之间在核心的基础原则上有相当大的重叠。换言之，是道德立场而非简单地"拿人钱财，替人消灾"决定了我们是不是一名专业人士。例如，加德纳和他的同事考察了传统的和新兴的专业，并从中区分出来了一类专业。这一类专业会发出召唤，呼吁人们前来从事，其核心的理念是要做"善行"（Good Works）。善行计划（The GoodWork™ Project）网站提供了各种各样的例子来对此进行阐述。网站上的说法是："本项目（善行计划）是一项宏伟的事业，旨在寻找那些在工作中身体力行，为行善树立了榜样的个人和机构，并确定如何才能在我们的社会中增加善行的发生频率。所谓善行，指的是具备以下特征的行为：品质卓越、对社会负责、为实践者提供意义感。"

这种普遍性在好几个研究项目中都被特别指出。这些项目探讨的是，有没有可能所有的专业都适用一套通用的行为规范。例如，国际心理科学联合会（IUPsyS）在 2008 年柏林大会上讨论通过了《全世界心理学家伦理准则宣言》（ the Universal Declaration of Ethical Principles for Psychologists ）。全世界有许多合作者一直在研究，有哪些调节约束专业实践的规范准则是可以跨文化和跨时代的，上述宣言的通过标志着该运动达到了一个高潮。人们只要是聚在一起组成团体向他人提供服务，某种行为规范似乎就会逐步出现。所以，国际心理科学联合会的研究项目往上回溯了好几千年，从《汉穆拉比法典》到《希波克拉底誓言》，再到诸如《世界医学协会赫尔辛基宣言》和联合国的《世界人权宣言》等现代的行为规范。

当我们开始思考教练督导的伦理规范和专业标准时，无论是将教练督导视为教练专业的一部分，还是将其视为一个独立的专业，也许都有必要花时间来谈谈：如何从普世原则出发来着手建立其伦理规范和专业标准。

《全世界心理学家伦理准则宣言》的序言开篇明义地谈到了我们所做工作的基本使命，并发出呼吁，要求从业者将伦理规范作为其职业使命的核心来看待，而不仅仅是在一张伦理规范协议书上——打钩，或者签名表示服从。《全世界心理学家伦理准则宣言》大胆地断言，伦理规范是每一种专业领域的核心。它主张，心理学家必须认识到自己是在一个更大的社会场景下开展工作的，这个场景联结了千秋万代的人们，还有自然和社会环境。它的存在目的是为社会稳定做出贡献，进而改善所有人的生活质量。因此，它将我们的专业与一个更大的使命以及我们为"更大的善"（the greater good）所做的努力统统联结到了一起。

虽然《全世界心理学家伦理准则宣言》针对的是心理学家，但教练也概莫能外。它提出了四条所有专业实践都应该遵循的普遍原则：

■ 尊重每个个体和人类整体的尊严；
■ 胜任本职工作，关心照顾每个个体和人类整体的福祉；

- 正直诚实；
- 对社会承担起专业责任和科学责任。

那么，身为教练和督导者，这些原则是否适用于我们？如果是，它们又是如何体现在我们的工作中的呢？

- 身为教练和督导者，我是否认同自己的使命是要怀着尊重、胜任力、正直诚实和责任感来开展工作？如果是的话，那我该说些什么，做些什么，才能体现这些原则？
- 我用什么样的观点来形成对这些原则的信念和理解？这些观点会对我作为实践者的职业生涯有何影响？对客户的生涯又会有何影响？
- 对于我自己、我的客户、我的督导者和我的专业来说，我的工作流程和方法如何体现出这些原则？它们是否处于核心的要害位置？我的流程和方法是有助于客户遵循他们的原则，还是妨碍了他们这样做？

教练机构团体是如何看待伦理道德和督导的

为了写好这一章，我向许多教练机构团体发出了邀请，请他们提供一些能够说明他们对伦理道德和督导所持立场的细节。下面这些团体做出了回应（按照英文字母顺序排名）：

- 教练协会（Association of Coaching，AC）；
- 高管教练与督导者协会（Association of Executive Coaches and Supervisors，APECS）；
- 南非教练与导师协会（Coaches and Mentors of South Africa，COMENSA）；
- 欧洲辅导与教练理事会（EMCC）；
- 国际教练联合会（ICF）；
- 世界商业教练协会（WABC）；
- 英国心理学协会（BPS）；
- 英国心理咨询与治疗协会（British Association of Counselling and Psychotherapy，BACP）
- 欧洲国家性督导机构联合会（Association of National Organizations for Supervision in Europe，ANSE）。

除了 ANSE 以外，以上提到的所有组织都制定了约束组织成员的伦理道德规范（ANSE 的正在制定当中，后面还会谈到）。虽然它们在细节上有所不同，但在其中都能看到上述四个原则的身影，尽管它们并非都明确表示支持这四条原则。这些规范也各自有其特殊性，其中某些差异源于它们各自不同的专业领域。举例来说，WABC 服务于商业教练，APECS 服务于高管教练，而其他组织的教练成员则来自更广泛的领域，因此其伦理道德规范在某些特定的方面无法像前两者那样明确和具体。BPS 除了有一套通用的规范外，还有一套关于实验中的人类被试的规范。因此，组织本身的使命和成员的广泛程度也会对其伦理道德规范产生影响。当考虑到督导时，这一点的重要性变得明显起来。这些教练团体曾经尝试过建立可能覆盖多个团体的通用的原则。两个关键的例子都发生在 2008 年，一个是英国教练圆桌会议（the UK Roundtable for Coaching），它讨论产生了一套"共享的专业价值观"，另一个是全球教练大会（the Global Convention on Coaching），它的成果是都《柏林宣言》（*Dublin Declaration*）。

所有人都服从一套元规范（meta code）中所含原则的一个例子，来自欧洲心理学家协会联盟（European Federation of Psychologists Associations）。它们的元规范被各个国家的协会用作制定本国伦理道德规范的指导文件。所有出现在正在生效的"欧洲范围内注册登记表"中的心理学家都必须既接受自己所属国家的规范约束，又接受这套元规范的约束。作为一个代表国家督导组织的机构，ANSE 目前也在考虑制定类似的元规范，而且，通过 ANSE 慷慨地与我分享的文档初稿，我得知它们同样也在参考普世原则。

然而，尽管督导者们本身也受主流道德规范的制约，但以上所说的这些教练团体没有一个制定了专门针对督导者的伦理道德规范。在为数不少的团体中，督导的发展仍是一个正在激烈争辩的问题。EMCC 参与了一个旨在开发督导框架的项目；APECS 有一个专门针对督导者的登记册；COMENSA 制定了督导指南；WABC 目前正在对其成员开展调查，以开发一种督导方法；ICF 目前正在审慎评估相关事宜，其他人称为督导的活动，它们使用的词汇是"导师教练"（mentor coach）；AC 同样也在讨论这个领域的发展。

在教练领域之外，BACP 早就建立了一套督导的实践框架。BACP 有督导者登记注册制度，有督导所需的胜任力模型，并要求其成员（无论是受训中的，还是已经独立执业的）定期接受督导。迄今为止，在我们之前列出的所有组织中，只有 BACP 为其成员准备好了与督导相关的所有一切，尽管也有其他机构（如 APECS）要求其成员在续展资格认证时，提供督导者年度报告。

2010 年，英国心理学协会更新了它们供受训者选择的督导者名单，这份名单过去是按特定的实践领域来划分的（比如临床、咨询等），而现在则是一份通用的督导者注册名单（Generic Supervision Register）。这份新名单的开发，得益于过去五年内针对督导的证据基础和胜任力所做的研究。研究产生了一份详细的胜任力清单，涉及包括知识、技能、价值观、社会场景、培训与评估等在内的 51 项能力。

除了第一项要求实践领域的知识外，这份胜任力清单基本上不涉及特定的场景。这就向我们提出了一个问题，即"督导有没有可能是一种独立的活动，甚至是一种独立的专业？"

督导是一种独立的专业还是一种专家带学徒的模式

督导被认为可以提供"一套正式的、独立的反思过程，帮助实践者增强个人的自我意识，发展自身的胜任力，并评判自己的工作"。因此，我们可以将督导视为持续专业发展的一种形式，就这一点而言，几乎不存在什么争议。但是，对于什么是真正的督导，督导是否可以被精确定义（可参考米尔恩和詹姆斯在 2000 年所做的有趣论述），以及督导是仅仅在培训期间有必要还是需贯穿整个职业生涯，观点不一而足，争论此起彼伏。关于最后一点的争议区分了两种观点：一些人认为，督导需要一套独立的伦理道德规范和专业标准，因为它贯穿了整个职业生涯，是一种独立的活动；而另一些人则认为，督导只是一套附加的技能组合，帮助资深的从业者向正在受训的新人或资历较浅的同行传授专长。因此，我们可以基于对内容性知识的需求和对过程性知识的需求来思考督导的模型。对这两个问题的不同答案，产生了四种不同的督导方式和选择伦理道德规范的方式（如图 7-2 所示）。

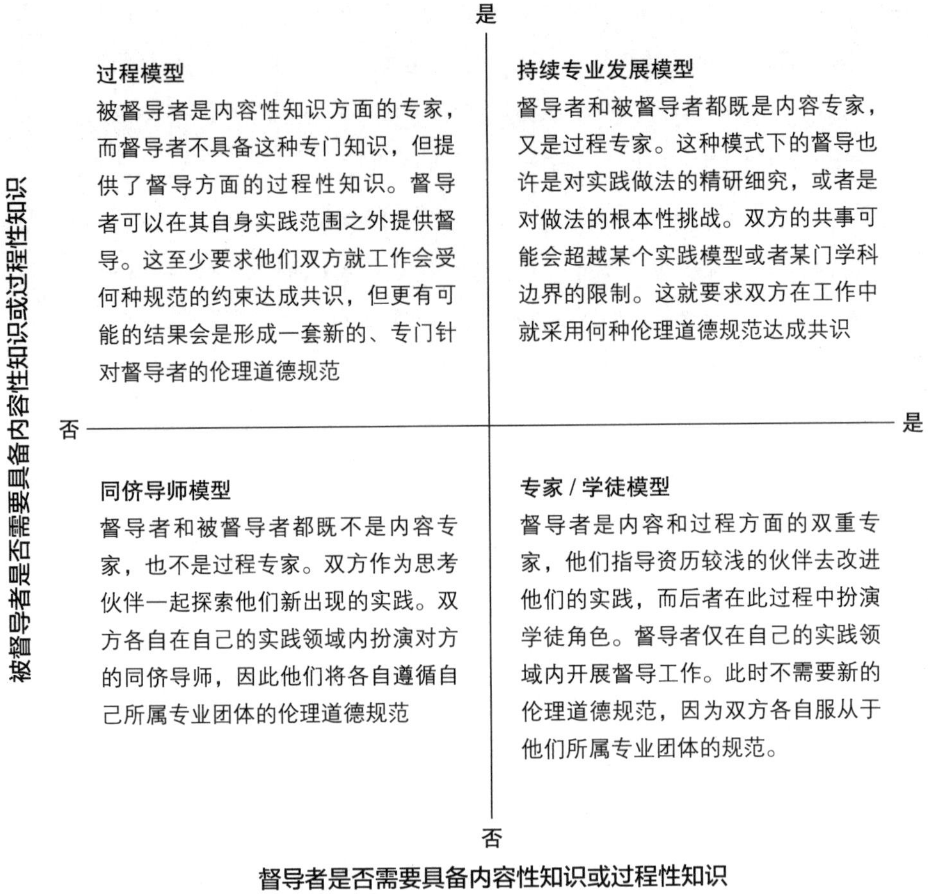

	是	
过程模型 被督导者是内容性知识方面的专家，而督导者不具备这种专门知识，但提供了督导方面的过程性知识。督导者可以在其自身实践范围之外提供督导。这至少要求他们双方就工作会受何种规范的约束达成共识，但更有可能的结果会是形成一套新的、专门针对督导者的伦理道德规范		**持续专业发展模型** 督导者和被督导者都既是内容专家，又是过程专家。这种模式下的督导也许是对实践做法的精研细究，或者是对做法的根本性挑战。双方的共事可能会超越某个实践模型或者某门学科边界的限制。这就要求双方在工作中就采用何种伦理道德规范达成共识
否		是
同侪导师模型 督导者和被督导者都既不是内容专家，也不是过程专家。双方作为思考伙伴一起探索他们新出现的实践。双方各自在自己的实践领域内扮演对方的同侪导师，因此他们将各自遵循自己所属专业团体的伦理道德规范		**专家／学徒模型** 督导者是内容和过程方面的双重专家，他们指导资历较浅的伙伴去改进他们的实践，而后者在此过程中扮演学徒角色。督导者仅在自己的实践领域内开展督导工作。此时不需要新的伦理道德规范，因为双方各自服从于他们所属专业团体的规范。
	否	

纵轴：被督导者是否需要具备内容性知识或过程性知识
横轴：督导者是否需要具备内容性知识或过程性知识

图 7–2　四种督导方式和选择伦理道德规范的方式

　　某些实践领域在督导方面的立场比其他领域要强硬得多。霍金斯认为，督导是教练的持续专业发展的一个核心方面，而且他认为教练行业有必要开发自己的督导框架，从而使教练可以为其他教练提供督导。但是，在英国特许人事和发展协会（CIPD）进行的一项调研中，霍金斯和施文克却发现，只有不到半数的教练在接受督导服务，而且其中许多人的督导者还是心理咨询师或心理治疗师。

　　斯托尔滕伯格和德尔沃斯提出了一种发展性的方法，即根据专业发展的不同阶段来调整督导实践。这最接近于为所有从业者提供终身督导的框架。他们确定了如何通过督导风格和督导方法来调节从业者的自主性和自我意识能力，以及他们的焦虑和自信程度。他们的观点同样呼应了我们之前谈到的三种关于专业的不同模式之间的争论——是传统的？后专业的？还是多元化的？因此，在被督导者职业生涯的早期，更应该采用说教式的督导。因为它能够提供结构化的、内容丰富、符合逻辑、可预期的建议，使人受益良多。在职业生涯的后期阶段，我们会越来越多地关注那些相对不可见的方面，比如情况解读、工作关系，以及流程方面的其他变量。此外，还可能会涉及一些更复杂、更不一致、更不可预知甚至可能是混乱的因素。

科里和我在2006年就曾经指出："有人提醒过我们，过度刻板地使用阶段性模型是有风险的；而发展性方法是指以一种更宽泛的方式应用专业发展阶段理论，从而使实践者的发展更具系统性。"阶段性模型倾向于暗示我们，在职业生涯的早期，只有某些特定形式的发展是行得通的，而且这些形式通常被认为是建立在结构化的过程甚至是一本列明了所需步骤的手册之上的。更广泛的模型提出了这样一个问题，即很难使实践者从结构化的模型转向非结构化的模型，并呼吁我们在决策制定方面对实践者进行早期培训，以帮助他们选择合适的方法，而不仅仅是遵循一套特定的指示。

如果说卡瓦纳和我发表于2010年的文章有任何价值的话，那就是我们指出了督导提供了一种关键机制来促进一种新文化的发展，这种文化超越了导师一对一帮扶资历较浅同事的传统画面。随着专业实践的普遍存在，这种文化在越来越脆弱的专业实践世界中应该大有用武之地。

如果督导只是一套额外的技能组合，供资深实践者在扮演导师角色时所用，那就没有必要在现存的专业规范以外另起炉灶，再去开发一套新的伦理道德规范了。但有必要根据督导者的角色来界定其所需的胜任力，不过这个任务已经完成了，并且已经有了越来越广泛的证据基础——至少从类似的准则那里能得到证据支持。此外，这也意味着督导必须在特定的专业场景中进行，也就像霍金斯主张的那样，由教练来督导教练。但是，有趣的是，在督导方面历史最悠久的专业（心理咨询）及其专业团体（英国心理咨询与治疗协会）并没有这样做。它们并不要求其心理咨询师成员的督导者必须是心理咨询师，相反，它们只要求督导者必须具备督导方面的相关胜任力。

但是，如果督导不仅仅是为学生和资历尚浅的实践者提供价值，而还需要处理那些繁复甚至是混沌的场景，那么，它就有必要跨越学科的边界，涉及更广阔的实践者社区，以及多种多样、相去甚远的群体。在这种情况下，督导就有必要作为一个独立的领域来发展，并且拥有自己的伦理道德、胜任力、培训课程，甚至最终拥有自己的专业标准。如果这就是未来的大趋势，那么，督导会和现有的传统专业看上去大不相同，督导者角色和当下这些传统专业所倡导的也大相径庭。其最根本的差别在于，督导者不会成为被督导者领域内的内容专家，因此他们无法"以专家的口吻"来评头论足，只能依靠过程性框架提供支持和帮助。

目前仍存在的担忧和疑问

对于督导的思考，眼下正当其时。所有的教练团体都参与了对这个问题的内部讨论，其中的一些更是和其他专业团体在教练领域开展了合作，尽管这种合作还没有延展到教练领域之外。关于这种正在涌现的跨学科实践，讨论可以说甚嚣尘上，但实证支持暂时还付诸阙如。

在未来几年，我们将会看到，督导是会继续维持当前的专家/学徒模式，还是会作为一个独立的领域真正发挥作用，为专业实践提供更具创造性的方法。现在预言结果还为时尚早。但如果教练督导最终要超越传统的专家/学徒模式，真正成为一种能够应对复杂性的实践，那它就必须跨越传统的界限。这就预示着，一个独立的、由督导者组成的专业群体，有能力服务于一系列专业，而不仅仅局限于教练。

对于教练行业而言，这是一个有趣的时期。但对于督导角色来说，好几个教练团体将要做出它们的根本抉择。它们是会坐井观天，固步自封地做出这些决定呢？还是会与利益相关者们展开对话，共同做出抉择？

后续学习

对本章所涉及的问题感兴趣的读者，下面的资源也许会对你有帮助。

发表于《英国临床心理学杂志》的文章《对有效的认知–行为督导的系统回顾》

（*A Systematic Review of Effective Cognitive-Behavioural Supervision*）是对之前所做研究的一个系统性的回顾。它对督导和咨询所产生的影响进行了客观的评估，也对此前研究的有效性以及研究方法的严谨度做了考核，是一篇很有价值的参考文献。

2008年英国教练圆桌会议关于共享价值观（Shared Professional Values）的讨论成果对于共享价值观的讨论而言，是一个非常有用的起点。

COACHING AND MENTORING
SUPERVISION
Theory and Practice

第二部分

各种理论方法在教练督导中的运用

第 8 章　在教练督导中运用心理动力学理论

凯瑟琳·桑德勒（Catherine Sandler）

关于心智的心理动力学模型为教练督导实践做出了令人着迷的贡献。作为一名高管教练，我发现心理动力学的概念使我能够快速且深入地服务客户。这些概念将我的注意力引向了深藏在自觉意识的"平静水面"之下的情感，为我推开了一扇深锁的门，使我能够帮助客户处理长期存在的行为模式问题。这些行为模式妨碍了客户的效能，但已被经验证明属于顽疾，难以改变。这种做法常常会使客户的领导能力得到显著和持续的提高，对组织也有明显的好处。

作为一名教练督导者，我发现与其他教练分享这种观点可以改变他们的工作方式，帮助他们对自己和客户有新的洞察。它也阐明了在教练–客户关系和督导者–被督导者关系之间可能出现的强大联系，即我们所说的"平行过程"。

在本章中，我的目标是通过强调以下内容来更加生动地呈现心理动力学模型的应用。

- 心理动力学理论的关键原则；
- 与教练督导最相关的概念；
- 通过案例说明如何应用这些原则和概念；
- 这种方法的风险和优势；
- 对后续阅读的建议。

心理动力学方法的起源

心理动力学模型起源于精神分析的奠基人西格蒙德·弗洛伊德（Sigmund Freud）关于人类心智模式的革命性观点。弗洛伊德终其一生都在不断地重新审视和完善自己的思想，而其门徒们如荣格等人则与之分道扬镳，对模型提出了各自的修改版本。这一进化过程在弗洛伊德去世后仍在保持，许多思想家和实践者们基于自己的经验和研究结果对心理动力学理论提出了自己的修改方案。时至今日，在精神分析和心理治疗机构中，仍然是"百花齐放，百家争鸣"——从传统的弗洛伊德流派的精神分析学家，到那些把心理动力学思想与儿童发育和神经科学领域的最新观念结合起来的人，后者提出了一些新的治疗方式，如密集型短期心理动力治疗（Intensive Short-term Psycho-Dynamic Therapy, ISPDT）。

因此，考虑到这个领域的历史源远流长、纷繁复杂、多线交织，我们有必要牢记，心理动力学方法在当代的追随者非常可能会有不同的理论视角和不同的应用方法。对于那些有兴趣了解更多的读者，有大量的文献可供阅读，所以我有必要对自己提出要求，只在这里列出那些我认为与教练和教练督导最相关的、关键的心理动力学概念。

关键的心理动力学概念

心理动力学模型的核心是这样一种信念，即人类既有意识，也有潜意识，两者之间存在不断变化的（动态的）相互作用。这在一定程度上反映出，随着我们的成长，我们的生物攻击性和性冲动与我们正在形成的道德和社会良知之间存在着不可避免的紧张关系。然而，被强制压抑到思想的无意识部分的，不仅仅是弗洛伊德所说的我们的本能驱动力。心理动力学理论也重视情感在我们生活中的作用，强调恐惧、愤怒、怨恨、嫉妒、羞耻或内疚等情感在我们所有人身上的存在程度。该模型认为，有时，我们体验到的感觉太痛苦、太危险或太不舒服，以至于我们不能让它们进入意识层面；相反，通过一系列我们甚至没有意识到其作用的心理防御机制，我们将这些情绪感受安置到思想中的无意识部分。从出生起，我们的头脑就编好了程序，要追求一种心理安全感——在身体、心理和情感上都感觉自己是安全的——而这些防御正是为此而设计的。

在此，我想指出的最重要的一点是，心理动力学模型把我们的情感，以及我们如何处理它们，置于人类功能的核心。它表明，我们的情绪在我们的生活和工作中所扮演的角色，远比人们普遍承认或理解的要重要得多。举例来说，焦虑是对新情况或威胁情况的一种常见反应。然而，由于我们总是使用诸如否认、合理化、投射等无意识的防御机制去处理焦虑，因此这种情绪经常被我们忽视，其导致的行为也似乎与焦虑没有任何关系。对于教练和督导者而言，仅仅是对这一点的洞察就已经可以称得上无价之宝了。

心理动力学模型把无意识防御看作正常心理功能的一部分，认为其有助于我们抵御焦虑和其他一些不舒服的情绪。这些防御能帮助我们避免感到手足无措，进而帮助我们应对生活中的种种困难。然而，它们也可能成为障碍，阻止我们实现全部潜能，发挥最佳状态。如果过度或刻板地使用防御，就会扭曲我们对自我和他人的认知，进而导致不成熟或功能失调的行为，并引发心理问题。

心理动力学模型认为，童年经历，尤其是我们与主要照顾者和行为榜样之间的关系，对我们会成长为什么样的人具有重要影响。它们塑造了个体在生命早期形成的情感和行为模式。心理动力学理论最有用的观点之一是，即使这些情感和行为模式已经失效或不再对我们有益，我们仍然很难改变它们。

我在此要强调的最后两个心理动力学概念是移情和反移情。这两个概念涉及我们每个人都有的倾向，即将过去与父母、兄弟姐妹或其他人的关系中的某些方面，转移到与现在的某些重要他人的关系中。这一点与所有从业者和客户的关系都有莫大的关联。它意味着，客户或被督导者与其教练或督导者的关系会提供有价值的信息，反映出他们的内心世界（移情）。这同样适用于教练或督导者与其客户或被督导者之间的关系（反移情）。

在教练督导中运用心理动力学理论

作为一名督导者，我要对四个不同的实体负责：教练对象、他们的组织、教练/被督导者和教练行业。我的主要关注点是帮助教练为每个教练对象及其组织创造最大的价值，并帮助教练提升他们的实践，使其与时俱进。有时，我的主要职责是为那些没有得到安全或有效的教练服务的客户，或那些被具有挑战性或伦理上复杂的客户情况压得喘不过气的教练，提供一个安全保障机制。此外，督导活动的设计还旨在提高领域内的专业标准。

然而，持有不同理论观点的督导者都能认同上述这些目标，那么，心理动力学方法的特殊贡献又是什么呢？

帮助教练去理解客户的内心世界中他们原本有可能误解或忽略的一些方面

首先，同时也是最重要的是，心理动力学观点使我可以帮助被督导者加深对客户的理解，尤其是解读那些令人困惑的、自相矛盾或难以改变的态度和行为。我鼓励被督导者仔细倾听客户的话语但不要只按其字面意思去理解，观察客户的非语言表达，监控自己在心理、情感和身体上的反应。我邀请他们利用这些信息，去探索客户围绕某个特定问题的隐藏的想法和正在体验的感受。这些隐藏的想法和感受，有一些是客户有意对教练保留的，另外一些则可能是连客户自己都没有意识到的。我将用我自己实践中的一个例子来说明这一点。

> **案例说明**
>
> 利亚姆是一位经验丰富的教练。在他的第三次月度督导会谈中，他提到了一位名叫娜塔莎的新客户。在提起娜塔莎时，利亚姆长叹了一口气，说她很难打交道。娜塔莎今年35岁，在某跨国零售集团担任市场营销高管。她寻求教练服务是为可能获得的晋升做准备。在双方之间简短的"投契度检查"谈话环节中，娜塔莎表示了对学习新技能的热情。随后，两人共同和娜塔莎的上司碰了个面，上司指出了一些娜塔莎有待发展的领域。然而，在第一次教练会谈中，娜塔莎却将大部分时间都花在了"自吹自擂"上，讲述了她历年来从各位资深同事那里收到的赞美，并一一列举了她所取得的成就。利亚姆探索她的发

展需求的尝试总是被她"一一打住",她似乎对他提出的每一个问题都知道答案。利亚姆感到既沮丧又气馁。

听完利亚姆对那次会谈的描述,我邀请他从无意识防御的角度去思考娜塔莎的行为。这帮助利亚姆将注意力从"失败"转移到了客户身上。通过反思,利亚姆发现,娜塔莎的自吹自擂和自抬身价似乎透漏出一丝绝望的感觉,仿佛她必须不惜一切代价给他留下好印象。当利亚姆重新审视自己在会谈期间的情绪感受时,他意识到娜塔莎使他感到恼火和压抑。他还想起了娜塔莎在到达现场时,开玩笑说起了电台广播节目《坐在精神病医师的诊疗椅上》(In the Psychiatrist's Chair),这让他的内心在当时闪过了一丝焦虑。

通过这些思考,利亚姆开始发现,娜塔莎表面上的自信满满和对换个角度看问题的抗拒,实际上是她无意识心理防御的表现,以对抗教练所引发的焦虑和威胁。她似乎在用"否认"机制来应对她对自己可能会在教练过程中被曝光或被批评的恐惧,并以逻辑论证的形式"合理化"地解释为什么利亚姆提出的问题都不需要讨论。这个假设使利亚姆恢复了对自己的信心,从而不再感到那么挫败。

我进一步引导利亚姆,使其将注意力转向我们两人当下的会谈还让我们了解到了娜塔莎的哪些其他情况。娜塔莎所使用的防御方式的性质和强度,揭示出她的自尊和自信其实都非常脆弱,她严重依赖于外部的赞扬和认可来使自己感觉良好,她可能很容易感到羞愧。她对教练的反应很可能反映出一种特有的模式,这种模式在其他工作场景中也会出现,但同样无益。因此,一个重要的发展目标是加强娜塔莎容忍自己弱点的能力,从而使她的自我意识不再那么依赖于维持一个不断成功的形象。

帮助教练以一种不触发防御行为的干预方式促进客户的学习

心理动力学方法还强调了教练与客户沟通方式的重要性。它强调了人类是多么容易感到威胁,以及教练需要找到巧妙的方式,在不触发客户防御的情况下,让他们参与到学习中来。因此,利亚姆和我讨论了他如何利用自己对娜塔莎行为的新理解来减轻她的焦虑,以帮助她感到足够安全,进而愿意敞开心扉。

> 我们澄清的第一点就是,利亚姆切不可公开分享他的见解。这样做几乎肯定会引发防御反应,因为娜塔莎会感到自己受到了攻击和羞辱,就像她害怕的那样。简单地迫使娜塔莎去关注她的发展需求显然也会适得其反,因此我们专注于利亚姆如何接纳和减少娜塔莎的焦虑。利亚姆决定要更充分地参与到娜塔莎的成功故事中去,肯定她的成就,对这些成就带给她的骄傲和满足感同身受。通过对她的成功给予认可,他希望与娜塔莎建立起信任,并给予她足够的安全感,使她愿意展示出一些弱点,进而愿意探索她的发展领域。在利亚姆后续的汇报中,他说这种策略效果良好。

利亚姆还使用了一种我经常在督导中分享的技术,这种技术也受到了心理动力学的影响。它的设计目的是在不触发客户防御的前提下提升他们的自我觉察。这种技术包括向客户提议说,他们对某个问题或情况有着相互对立的感觉其实是很自然的事情,然后用充满同理心的措辞来描述这两组感受,使客户尽可能愿意认同它们。这样做同样使"我的想法和情感相互冲突"这一观点变得"正常化",并指出了对两边都加以探索的好处。

> 于是,利亚姆"轻描淡写"地对娜塔莎说,许多寻求教练帮助的领导者都对接受教练服务这件事有着复杂的情感。一方面,他们想学习新技能;另一方面,他们已经有了一套成功的诀窍,要对此做出改变,难免会瞻前顾后,顾虑重重。娜塔莎沉思良久后首次承认,她对接受教练服务这件事有些不自信。利亚姆的上述说法也得到了娜塔莎的认可,这反而强化了她想参与进来的那一部分动机。

探索教练-客户关系和督导者-教练关系,帮助教练对自我和客户有更多的洞察

在这一领域中,心理动力学概念在下面几个方面对教练特别有帮助:

- 将客户与自己建立关系的方式(移情)作为一个有价值的信息来源加以利用;
- 通过探索自己对客户的反应(反移情)来增强自我意识;
- 从督导者-教练关系的动态中学习。

从客户对自己的移情中学习

我会在督导过程中鼓励教练探讨客户是如何有意识或无意识地感知和体验他们的。我这样做是基于两个心理动力学假设:第一个假设是,客户会将他们过去的一些重要他人的特征转移到教练身上,并据此与他们建立关系,从而"照亮"自己的内心世界;第二个假设是,客户与教练建立关系的方式提供了一个洞察的窗口,能够帮助我们深入了解他们与工作中的其他人之间的关系。

案例说明

以娜塔莎为例,她在教练开始时的行为表明,她将教练看作一个潜在的威胁,而她必须不惜一切代价给这个潜在威胁留下好的印象。这让利亚姆了解到更多娜塔莎"内心世界的风景",尤其是她与上司之间的关系。在后续会谈中,利亚姆发现,娜塔莎认为上司为人挑剔,不够体贴,对她的努力和成就没有给予足够的认可。

在督导中,我帮助利亚姆看到以下两者之间的关系:一是娜塔莎面对一个对她不够认可的上司时的行为反应,二是娜塔莎对利亚姆的移情。看起来,由此诱发的焦虑(还有愤怒)很可能会在无意识中促使她做出类似的举动,以给老板留下好印象,使其重视自己。事实似乎也是如此。我们的讨论促使利亚姆随后与娜塔莎探讨了这些动态,而那场谈话被证明是非常有用的。

我必须强调,利亚姆从来没有使用过类似"移情"或"无意识防御"之类的术语;相反,他对娜塔莎希望得到上司的公开认可深表同情,并使用了另一种关于个体差异的模型更深入地探索了其上司的领导风格。这番探讨帮助娜塔莎勉强接受了一个事实,那就是她必须调整自己的期望值,学会更巧妙地"向上管理"。娜塔莎在两个层面上收获颇丰:一是,她和上司的关系得到了明显改善;二是,她在没有外部赞美的情况下仍然保持自信的能力也得到了加强。

从自己对客户的反移情中,获取自我觉察

与客户对教练的移情一样,教练对客户的体验——反移情也部分地反映了他们自己的过去和他们的内心世界。重要的是,教练要能够识别出并承认这些方面的反

应，而不是将其归咎于客户。这需要一种高水平的自我觉察。即便如此，我们所有人也还是会有自己的"盲点"，在这种情况下，督导可能就是至关重要的了。

> 回到我们的案例中，我们看到，在第一次教练会谈中，利亚姆对娜塔莎的反应提供了有价值的线索，直指她的焦虑和防御。然而，以我对利亚姆的了解，我觉得他的沮丧这么强烈，应该也反映了某些与他自己的情感有关的事情。
>
> 当我们探讨这个问题时，利亚姆意识到，他对娜塔莎的反应受到了与他弟弟相处的经历的影响，弟弟的"炫耀"总是让利亚姆很恼火。通过反思，利亚姆意识到自己总是下意识地将娜塔莎想要的承认和认可"留中不发"，虽然在意识层面，他认为自己只是在试图让她专注于教练议程而已。
>
> 我们还探讨了当经验证明娜塔莎很难投入时，利亚姆所感受到的挫折和失败。我把这与他的某种一般倾向联系了起来，即为了使教练过程取得成功，利亚姆会给自己施加很多压力。这一点在他与新客户开始合作时表现得尤为明显：只要一开始不是"万事大吉"，他就很容易失去信心。虽然这是新手教练很常见的问题，但利亚姆已经是一名经验丰富的教练。与其简单地安抚他，向他保证他的能力足以胜任，我认为不如提高他对这种动态的觉察，以便未来能更有效地识别和管理它。

从自己对督导者的移情中学习

教练也可以从自己对督导者的移情中学到很多东西。根据我的经验，我们在教练和客户之间发现的许多动态在督导者-教练关系中同样存在。打开自我去学习总是会触及我们的脆弱面，大多数教练对于将自己的实践暴露出来，供一名更有经验的同行审查，会感到有些焦虑（尽管这种焦虑的程度及对此的觉察会因人而异）。教练如何处理这种焦虑，以及如何与督导者建立联系，可以提供有关他们情感和行为模式特征的有用洞察，这些情感和行为模式通常会很自然地影响他们与客户的共事方式。

因此，在督导过程中，我总是对教练对于我本人和督导过程产生的感受保持警觉，不管这些感受是意识到的，还是不被承认和无意识的。下面是三种常见的被督导者移情的方式。

- **理想化**。理想化指的是被督导者在与督导者的关系中表现出一种崇拜"英雄"的倾向，赋予督导者卓越的品质，同时淡化自己的优点。这可能会导致被督导者的依赖性，导致其倾向于向督导者寻求所有问题的答案，并对督导者的评论囫囵吞枣全盘接受，而不是细加考虑和探究。理想化无意识地使被督导者相信自己得到了最好的照顾，能够保护他们免受以更现实的方式感知督导者时可能会被唤起的愤怒和失望之苦。
- **投射**。投射是另一种常见的移情动力，涉及被督导者将督导者视为一个爱挑剔的权威人物。这通常反映了被督导者对自己表现的严重焦虑。他们使用这种防御机制，将自己身上由于觉得太痛苦或太不舒服而不愿承认的某个方面，在无意识中"输出"到督导者身上，并投之以负面的评价。这些被督导者总是苦于强大的超我，或苛责的内心声音。他们把这些都投射到督导者身上，然后将督导者视为攻击或羞辱他们的人。
- **竞争**。移情的最后一个例子涉及对督导者的竞争感。这通常反映了被督导者内心的不安全感。这种不安全感表现为对督导者的丰富知识经验和专业性的羡慕和怨恨。这种情绪可能隐藏得很深，常常是处于无意识层面的，通常表现为巧妙地抗拒督导者的干预措施，以及对任何可能被视为批评的评论都很敏感。

在团体督导中，成员之间的某种竞争几乎是不可避免的。最有可能以"兄弟姐妹间的竞赛"的形式出现，尽管有时候，某位成员会表现得好像自己是另一名督导者，争夺团体的领导地位。

在督导中处理移情

作为一名督导者，我如何处理这些动力取决于移情的性质，以及相关个体的自我意识和成熟度。

当被督导者"理想化"督导者时，其奉承程度可能会使人飘飘然忘乎所以，所以我必须抵制扮演"专家"的诱惑，确保被督导者真正参与其中，并调动起了自己的思考。通常，随着时间的推移，信任会慢慢建立，那时我通常就能分享我的感受，表明他们夸大了我的智慧、自信和技能与他们自己之间的差异，从而提高他们对这一倾向的觉察。

当被督导者的移情是将自己身上挑剔批判的那部分投射到督导者身上时，如果不加以处理，督导很有可能会无功而返。这是因为被督导者会怨恨一个对他们态度消极、喜欢攻击的督导者。首先，督导者需要确保自己能抵挡住被督导者无意识的"邀请"，不以比平时更严厉的方式行事。其次，督导者必须以一种尽可能温和的方式分享自己对于所发生之事的观察，希望被督导者能从中得到启发，减少投射行为。

如果移情行为属于"竞争"，那督导的成功概率将取决于竞争感的程度。这种情况很难在被督导者那里得到解决，因为它通常是无意识的，即使督导者说出来也会遭到否认。然而，如果督导者的技巧足够娴熟，能够反馈他们对于竞争的感受，而被督导者也有足够的成熟度和自我意识来承认这些感觉，就能够为督导过程提供一个积极的"突破时刻"。

我想就我如何处理督导中的移情问题谈两点看法。一是，提出这些事项的方式必须非常谨慎和敏感，以避免被督导者感到羞辱或受到了攻击，从而引发防御反应。二是，由于我扮演的角色是督导者而不是教练，我不会对他们的移情行为进行深入的探索，而是专注于提高他们对移情这一方面的意识。这是至关重要的，如果被督导者始终不能觉察自己倾向于投射或竞争，那他们在提供教练服务时就很可能会重复这种行为，当然也会忽略客户的类似倾向。

从"平行过程"中学习

我要谈的最后一个受心理动力学影响的督导领域涉及督导者对被督导者的经验。尤其是被称为平行过程的现象。这指的是督导者－被督导者关系与教练－客户关系之间无意识的联系，可以用来洞察客户的内心世界。

平行过程涉及心理动力学中的"投射性认同"这一概念。这个概念与之前谈到的投射防御机制密切相关，但是却更进一步。它不仅涉及将自我中无法忍受的方面投射到另一个人身上，还包括在投射对象身上巧妙地唤起了相关的情绪，而该投射对象也无意识地接受（认同）和体验到了这些情绪。当督导者成为被督导者投射性认同的对象，同时被督导者自己也成了客户的投射性认同的对象时，平行过程就发生了。下面的例子就很有力地说明了这一点。

案例说明

当我督导一位名叫布丽姬特的教练时,就发生了平行过程。她是一位才华横溢但相对缺乏经验的教练。在督导会谈中,她谈到了自己和一位名叫亨利的客户最开始的三次教练会谈。亨利是一家大型制造企业财务经理。他是被上级经理"安排"来接受教练帮助的。上级经理对亨利过于以任务为中心的风格及其对团队的影响很是担心。尽管亨利的本意是好的,但他总是不断地提醒同事们要按时完成任务,对他们的工作管得太细,吹毛求疵,不顾他人的感受,这让他们很恼火,尤其是在工作压力大的时候。

布丽姬特一开始就说,她真的很想探索一些实用的方法来帮助这位客户改变他的行为,因为只剩下五次教练会谈了。当她描述她和亨利的工作时,我发现自己弄不清她叙述的脉络,不得不停下来问一些问题以求澄清。以我对布丽姬特的了解,她似乎不像往常那么放松,感觉好像急于说完这个客户的事情。这时我突然想到,也许是我的速度慢下来了,我需要更加努力地集中注意力。

布丽姬特解释说,她正在为亨利组织一次360度反馈调查。"调查问卷刚刚发给他的同事们,亨利就发来邮件问已经回收了多少份"。布丽姬特一边说,一边做了个鬼脸。显然,上次会谈时亨利也做了类似的事情,并问布丽姬特是否认为他们进展得足够快。当她说到这儿时,她突然发现两者之间是多么相似,一方面是亨利对布丽姬特所做的事情,另一方面是亨利平时追在同事们后面"催工"的行为。我们一致认为这是非常有用的第一手数据。

谈话到了这里,我的思路转向了亨利行为背后的原因。尽管承认自己需要改变,但亨利在实际行动上却"举步维艰"。我感觉到,我们必须深入理解是什么在驱使他如此冷酷无情地给同事施加压力,控制他人。布丽姬特希望把重点放在实用方法上,这似乎有点为时过早,而且我感到自己的节奏也被她带得有点匆忙和慌乱……然而,一想到时间不多了,我就感到焦虑不安,同时,我也在想,给亨利一些行为模式也许是最好的办法。就在此时,我注意到,布丽姬特并非如往常一样靠在椅背上,而是直挺挺地坐在椅子边上。然后,我注意到自己的肩膀和脖子也僵硬了——我意识到我们的工作方式发生了重大变化。

我往后坐了坐,提议我们重新检查一下双方对亨利这个客户的感觉。布丽姬特看起来有点惊讶,但也坐了回去。我还记得她通常是多么深思熟虑、多么

第8章 在教练督导中运用心理动力学理论

> 慎重的一个人，我越来越相信，亨利身上的动态先是以某种方式被她接受并内化，然后再是被我自己接受并内化了。在我们确定了双方共有的焦虑和紧张感后，事情就变得很明显了：我们都觉得已经没有多少时间或空间停下来就这个客户展开思考了，但我们都觉得压力很大，希望能想出快速见效的解决方案。这些洞察使我们展开了一场成果卓著的谈话。布丽姬特在离开督导现场时，已经恢复了她的反思能力。她对于亨利内心深处也许正在经历的、那些隐藏的恐惧和挫折感有了更多的理解，关于如何温和地对此加以探讨，也有了一些想法。她很清楚，提高亨利的自我意识是帮助他改变行为的必要前提。
>
> 当我事后反思那次督导会谈时，我推测，亨利内心深处对于未能按时交付成果感到一种难以忍受的焦虑，所以他无意识地使用了投射性认同，将这一部分"推"给了布丽姬特，并诱发她产生了类似感觉。作为一名新教练，布丽姬特自己也对取得良好的教练成果深感焦虑（亨利是她在那家大型企业中的第一位客户），这又加剧了这一过程；反过来，在督导过程中，布丽吉特又通过无意识地使用投射性认同，在我身上唤起了同样的情绪感受。

这个例子说明了如何通过教练和督导者的无意识动态来揭示客户的动态，以及投射性认同的概念如何有助于揭示和解释正在发生的事情。即便如此，我还是要在最后向读者提出一个重要的警告。平行过程的想法在某些督导者来看是如此诱人，以至于他们将自己对被督导者的所有反应都解读为平行过程。事实上，督导者的很多反应往往只是反映了他们自己的反移情，也就是说，他们自己情感世界中的某些方面影响了其对被督导者的行为反应。考虑到这种混淆可能带来的风险，督导者具备高水平的自我觉察是至关重要的。多年来，我已经很深刻地了解了督导对象的哪些特征或行为可能会触动我。然而，与所有督导者一样，我仍然需要保持警惕，时刻提防将自己的"素材"带入教练会谈当中，并在这种情况确实发生时去努力识别。

对方法的评价

在评估心理动力学理论在教练督导中的作用时，我希望能够消除围绕心理动力学方法的一些神话，同时列出它的潜在优势和弱点。这里强调的部分问题，对于未来的被督导者或正在接受培训的督导者选择理论取向，可能会有所帮助。

组织维度

虽然心理动力学的概念可以被有效地应用于群体和组织动态中，但它在教练督导中的主要用途是帮助教练了解客户的内心世界，并将其与他们在工作中的行为联系起来。这种对个人发展的强调既可以看作其长处，也可以说是其短板。说是长处，是因为它使教练获得了其他视角所不能提供的对人类心理的深入洞察。说是短板，是因为教练活动的组织维度有可能得不到充分的探索或处理，尤其是当督导者的背景仅限于心理治疗或心理咨询时。

然而，情况也不一定如此。在我自己的督导实践中，我鼓励教练将客户的角色和任务，他们所属组织的结构、文化和历史，以及关键利益相关者（尤其是客户的顶头上司）的观点都纳入考虑范围。协助教练管理双重责任——既为个人也为组织带来好处——是督导过程的重要组成部分。即便如此，如果你的主要兴趣在于组织世界中的动态，那你可能更喜欢那些将组织放在中心位置、采用更系统的视角的督导方式。

教练还是治疗

鉴于心理动力学方法的起源和关于精神分析的流行观念，有些人认为，受心理动力学影响的督导总是会例行公事地对客户的早年生活进行深入调查。由此引发的担心是教练和治疗之间的界限会变得模糊。

这些看法是可以理解的。而且，如果这是真的，那的确是个问题。然而，在督导过程中，我会帮助教练识别和探索客户当前的工作模式，而不是分析他们的家庭背景。如果客户过往或个人生活中的某些方面确实进入了视野，我也只会针对"这对工作有什么影响"这一问题做一些简要探讨。例如，如果一位被督导者的客户谈到她需要得到父亲的认可，那我将确保被督导者将这种讨论与相关的教练问题联系起来——在这里指的是她和上司之间的关系。

确保受心理动力学影响的督导和教练不至于成为某种非正式的治疗，确实是非常重要的。教练和治疗在目标和方法上的差异必须由督导者来澄清。督导者应该发挥重要作用，以确保教练充分理解和仔细观察了这一重要区别。如果发现客户（或被督导者）真的可以从心理治疗或咨询中受益，应该谨慎地将其推荐给合适的专业人士。

是否必须经过培训才能使用

心理动力学理论是复杂的和多方面的。如果由缺乏技巧或粗心的人来使用，可能会导致糟糕的实践。如果是那样的话，仅仅是无效就可能已经是最好的情况了，糟的话甚至有可能会造成破坏性的结果。一般而言，使用这种方法的督导者都在心理动力学思想和实践方面接受过一些培训，以确保自己拥有必要的技能、经验和自我觉察，来指导教练安全地使用它。

在评估一位潜在的督导者人选时，记得要深入了解其如何与自己的被督导者分享心理动力学方面的见解。刚接触心理动力学方法的教练有可能会被这套观念弄得心潮澎湃，但和客户分享这些概念的方式却太过鲁莽和直率。蹩脚的干预和专业术语会触发客户的防御机制，使他们感到暴露或被攻击。因此，督导者必须确保，教练在运用心理动力学概念指导自己的思路时，只能使用日常语言，小心且敏感地与客户交流。

实证支持

对心理动力学理论的批评之一是，没有证据支持其关于无意识过程的主张。有些人认为它的想法是不切实际的、无法证明的断言，不适用于高管教练的领域。很明显，心理动力学模型不会对每个人都有吸引力，那些认为它缺乏可信度的人，可以选择持有其他观点的督导者。

即便如此，对于心理动力学导向的督导者而言，采取严格和系统化的方法，把自己的观点建立在具体的观察或体验之上，仍然是至关重要的。他们应该鼓励教练不要单纯依赖理论，而应该在可识别的证据基础上建立关于客户的工作假设，然后随着工作的进展寻找进一步的证据来证实或推翻原有假设。比如，教练可能会振振有词地说，他们感觉到某位害怕冲突的客户其实是在否认他们在无意识中对某位同事的愤怒。在督导过程中，我会去探究教练在与客户共事时究竟了解到、感知到或体验到了什么，从而产生了这一假设。

这类督导最适用的对象人群

心理动力学导向的教练督导最适合那些对心理动力学模型的基本前提持开放态度，并且对个体心理有强烈好奇心的人。作为教练，他们渴望在深层次对客户开展工作，帮助他们在情感和行为上做出改变。

在我看来，教练不需要接受心理动力学理论或实践方面的训练。但是，良好的自我觉察却是至关重要的。要发展这种自我觉察，最好是通过某种形式的体验式学习，以及进一步提高自我觉察的意愿。为了从心理动力学的观察角度受益，被督导者需要探索他们自己及客户。如果他们想要了解客户的模式、防御和盲点，那就必须先对了解自己的这些方面持开放态度。

因此，心理动力学导向的教练督导对我们情感上的要求，并不会比对智力上的要求稍减半分。它会导致教练修正对自己及客户的假设。某些人可能会觉得这侵犯了个人的界限。但对于那些拥有必要能力和兴趣的人，它却可以带来一次强大的蜕变经历。

后续学习

心理动力学理论及其在教练督导中的应用如此复杂且微妙，一章的篇幅不可能交代清楚。我在此推荐三本不同角度的书籍，来帮助读者对此领域进行深入探索。

对于心理动力学模型而言，苏珊·霍华德（Susan Howard）所著的《心理动力学的咨询和治疗技能》（*Skills in Psychodynamic Counselling and Psychotherapy*）一书是一本非常好的入门读物。尽管该书名强调的是咨询和治疗领域，但书中的很多观点都可以应用于教练或督导场景。

关于如何将心理动力学概念应用于高管教练，我本人所著的《高管教练：心理动力学的解决方案》（*Executive Coaching: A Psychodynamic Approach*）一书提供了一个清晰、简明的解释，并通过大量案例，将理论与实践联系了起来。

布莱恩·马丁代尔（Brian Martindale）编著的《督导及其变迁》（*Supervision and Its Vicissitudes*）一书是多位精神分析学家作品的合集，该书是一本相对高阶的读物，为这一领域内的理论和实践提供了更精深的见解。

第9章　在教练督导中运用格式塔方法

苏·康格兰（Sue Congram）

本章概述了一个格式塔督导的模型，说明了格式塔心理学的三个主要组成部分：对话过程、现象学方法以及关注整体场域。这三个组成部分将格式塔理论作为一种过程性的方法论与其他方法区分开来。它重点关注心理模式，或那些影响人们相互交往方式或与环境交往方式的力量。这三个组成部分使格式塔理论具有了一种创造性探究方法的特征，致力于研究人们具身体现的内容，致力于情感领域和语言。这在格式塔督导中意味着：（1）人的整体性是工作的核心；（2）身体反应与我们思考和认知世界的方式同等重要；（3）在教练和督导者之间产生的情绪会对督导起着提示作用；（4）我们用于谈论教练过程的语言为督导提供了结构、隐喻和关注焦点。

格式塔督导会是什么样子的？从整体性的角度来看，它意味着督导者和教练共同探索在教练的专业实践中浮现的主题。此处我使用自己的一个案例，来说明格式塔督导的运作方式。

我的客户定期来就她的教练工作接受督导。在某次督导会谈中，她告诉我她在教练一名女性客户时遇到了困难。按照她的说法，这名女性客户在职场中遭遇了情感上的欺凌。她详细叙述了自己的教练工作是如何进行的。

在这一点上，有必要提醒大家的是：由于格式塔理论遵循现象学方法，因此，教练带到督导中的内容并不是那么重要，更重要的是教练呈现案例材料的方式、他们实施教练的方式，以及教练和督导者在当下建立联结的方式。因此，上述欺凌案例的重点不在于故事本身，所以接下来我只是简略交代我对教练如何呈现她服务客户的工作以及我对此做何反应的观察。

我注意到，在教练告知我客户情况的过程中，当谈到所谓的欺凌时，她变得更加活泼了，语言也更富有描述性。但当我与教练分享我的观察结果时，她却采取了回避的态度，并将话题引向了另一个关注点。于是我对此更加好奇，再次提到她对欺凌的详细描述，表达了我的好奇，并邀请她多告诉我一些。这一次她终于注意到了，并最终透露了她过去在工作中被欺负的经历，然后我们意识到这个问题还没有完全解决。

我的客户在她的教练过程中并没有将自己过去的经历与客户的情况联系起来。她身上的情感创伤被遗忘或忽略了。通过这些反思，教练能够意识到自己的情绪反应已经妨碍了她对客户的服务。带着这种新的认知，她能够从新的角度来看待客户的情况。

督导的对话是连续的。通过我对教练表现出来的生动活泼的好奇，这个例子很好地说明了格式塔方法的典型应用。现象学方法专注于此时此地的观察过程，同时专注于整体领域，这就意味着要认识到当前情况之外的事物是如何进入并影响工作的。通过这种方法，督导者服务教练，而教练则负责通过学习塑造自己。下面的小节将对这三个部分进行更详细的描述。

在督导中运用格式塔理论

在本节中，我将简要描述并说明教练督导中的格式塔理论的三个主要组成部分。对话过程、现象学方法和关注整体场域这些相互联系的组成部分，共同为反思和变革性学习提供了一个富有想象力和创造性的过程。

一个普遍接受的观点是，助人行业中的督导本质上是一种反思活动、一个学习的过程、一个对专业工作进行评价的过程。格式塔方法本身也是一种反思性实践。在格式塔督导中，督导者和教练通过整体的视角来反思教练的专业实践和案例研究。这意味着客户的问题（现在已经是过去式了）和当前发生在督导中的现实情况其实是有关联的。具体的关联方式包括通过工作本身，通过教练在督导中讲述他们的案例研究时的叙事文本和叙事方式，通过他们把自己的教练工作带入督导中的方式，以及通过督导者和教练之间的关系动态。以上种种产生的影响能够通过整体视角得到更充分的理解。我将在"全盘考虑"那个小节中对此进行进一步的论述。

值得一提的是，我督导的既有使用格式塔方法的教练，也有使用其他方法的教练。我注意到自己会在督导中根据教练的关注焦点来灵活调整我所使用的词汇，但在其他方面，对两者的督导过程是相似的。

对话过程

"对话"的心态意味着有能力辨识出"他人"在互动过程中是怎样认知和感受的，以及意识到自己可以做出什么选择，以对他人的认知和感受施加影响。这个想法来自马丁·布伯（Martin Buber）[1]的著作，他区分了"我–它"和"我–你"两种不同的关系。这里的"它"，指的可能是一个角色、一个职位、一样东西、一种专业、一名"先知"、一位专家或一种刻板印象，我们透过"它"所设定的取景框去看待他人，把他们视为经理、老师、领导者或老板等。"我–它"通常意味着关系在某种程度上是有等级之分的。然而，"我–你"却意味着以一种对等的方式，将对方看作一个活生生的人。在布伯的成果以及"真诚对话"概念的基础上，雅各布斯描述了三个重要因素，分别是状态呈现、真诚且无保留的沟通，以及包容，后者给了我们一些启示，让我们能够认识到对话过程的丰富多彩。

在使用格式塔方法的督导中，随着某些事情发生变化，督导者和教练有可能在某些时刻达到高度的"我–你"接触[2]（contact）。此外，当人与人之间的接触变得疏远时，格式塔方法的督导也有助于使"我–你"以点滴浸润的方式融入关系当中。在督导中，这些点滴浸润总是能够引起我的兴趣，因为这些"点滴"中也许暗含了

---

[1] 马丁·布伯是一位生于奥地利的犹太裔存在主义哲学家。他认为关系先于实体，实体由关系而出。"我–它"只是一种经验和利用的关系，此时"我"是世界的中心，"我"去感知世界，周围世界仅是感觉对象，这是一种对立而非交融的关系。而"我–你"则是一种真正的、根本的关系。只有在这种关系中，一切才是活生生的、现实的，人才存在为人，才不会被概念僵化。——译者注

[2] 在格式塔理论中，"接触"是一个重要概念，可以说是促成成长与改变发生的必要条件。当我们与环境接触时，改变不可避免地会发生。接触是通过看、听、嗅、触摸和移动等方式来实现的。良好的接触指的是与他人自然地进行交互作用，但仍不失其个人的个体感。——译者注

打断"对话"的各种形式，比如汇合、投射和移情。用格式塔理论的术语来说，这些现象自然地发生在自我与环境的接触边界上，我会在随后的小节中对此详细探讨。格式塔督导的任务是，帮助人们意识到，有哪些基于习惯而非有意识的行为模式，虽不利于教练，却一再发生。这也许需要教练去反躬自省，看看自身的哪些固化模式可能会干扰教练工作。

在"我－它"和"我－你"两类不同的关系之间，还交错着许多职业关系。有效的格式塔督导艺术需要我们真诚投入对话当中，全神贯注于那些关系动态发生变化的时刻，并意识到这些变化，从而做出正确的选择，推进健康的、有效的督导。

汇合

在格式塔理论的术语当中，"汇合"（Confluence）是一种"接触风格"，它指的是融合在一起，差别不再显著，不存在"对边界的欣赏"，也不存在"差异感"。通常，我们可以通过对"我们"这个词的使用来识别出"汇合"的状态。许多时候，汇合既是一种合适的状态，也令人愉快，比如，当沉思冥想或两情相悦时。同时，当使用汇合来避免差异或冲突时，它也可以起到中断对话的效果。

当人们寻求教练的帮助时，他们其实是在寻找一种不同的声音、一个全新的视角，一条扩展自己思维方式的路径，以便学习或改变。如果教练养成了和客户"汇合"的习惯，他们的教练能力就会受到限制，围绕着他们的专业能力也会产生许多伦理道德上的问题。教练中的"汇合"现象会导致面质的缺乏，工作中弥漫着一种"以和为贵"而不是敢于挑战的氛围，具体表现包括：想要在客户面前表现友好的一面或做个"好人"，以保证对话处在安全的轨道上，或时不时地处于一种轻松闲聊的风格中，以客户期望的方式行事，回避冲突或不同意见。我在督导教练时，总是对"汇合"的迹象心怀警惕，并瞪大双眼注意观察。通过让教练意识到这种习惯性的模式，他们的专业能力就会得到提升，进而在工作方式上达到更高的整合程度。

投射和移情

在格式塔理论的传统术语中，投射指的是否认或者压抑某一种特质或感受，然后将其归因到另外一个人的身上。正如乔伊斯和西尔斯指出的那样，当前围绕这个概念产生了一些混淆，因为这个词至少被用作两个不同的意思：(1) 想象那些不在当下的事情，预测未来；(2) 作为移情的意思来使用，此时所投射的内容是来自过去的，而且是不恰当的。我还想补充两个用法：(3) 人们对他人和周围世界做出假设和期望，然后假装那是真的，并据此展开行动；(4) 嵌入在多种形式的反馈当中的一种做法。

投射这个概念植根于弗洛伊德学说和荣格思想的广泛知识体系，如今又进入了教练和督导领域。在格式塔督导中，督导者会关注教练可能向客户投射的内容。比如，当解读和意义建构变得明显狭隘和刻板时，教练很可能就是在从一个固化的投射出发来采取行动。教练中的其他投射场景还可能与角色、性别、年龄、种族等有关，此时，教练的注意力就被吸引到有关角色的刻板印象中去了，而不是那个活生生的人。当客户在其特定的工作领域中表现得比教练更有能力、更有经验时，存在于"我-它"和投射之间的联系就会变得更加明显，这可能是因为教练感受到了威胁或一些无意识的影响。如果教练将"比我更强"投射到客户身上，那教练过程就不太可能顺利进行。

这就引出了移情和反移情，它们都属于投射的方式，植根于一个人的过往历史。从格式塔理论的角度来看，移情是一个人对其认知场（perceptual field）的一种组织方式，也就是说，他们通过历史的镜头、过去的关键人物、习惯性的行为和未完成事件（unfinished business）[①]来组织他们的思想，而不是通过当前的现实。

移情和反移情都是生活和社会互动的一部分。然而，在无意识的情况下，它们可能会变得具有破坏性，或导致相互依赖的关系。但只要意识到了移情的存在，你就有了选择，可以思考如何以不同的方式来应对当前的现实。在督导中，当教练似乎身陷困境或对自己的工作感到困惑时，我就会将探寻的眼光转向这种转移性的动力学，邀请他们反思自己与客户的关系。这可能还涉及向教练解释什么是移情，当

[①] "未完成事件"是格式塔治疗的一个重要焦点，指未表达出来的情感。虽然这些情感并未表达出来，但却与鲜明的记忆及想象联结在一起。由于这些情感在知觉领域中并没有被充分体验，因此就在潜意识中徘徊，并在不知不觉中被带入现实生活里，从而妨碍了自己与他人间的有效接触。在个人勇于面对并处理这些未表达的情感之前，未完成事件通常会一直存在。——译者注

下正在发生什么，移情的价值以及如何管理它。必须指出的是，如果教练培训本身不包括对移情和反移情的觉察力，那教练很可能会在工作过程中遇到这一类的难题，并因此感到茫然而不知所措。尽管这两个概念有些复杂，但我认为它们应该是教练学习中的关键点。即使是从伦理道德的角度考虑，也有必要将之包含在学习当中。此外，它们也构成了督导的基本组成部分。

现象学方法

格式塔理论中的现象学方法与下一小节要讨论的关注整体场域直接相关，指的是将注意力指向当下正在我们的意识中流动的那些事物，用格式塔理论的术语来说，叫作"图形/背景"。图形指的是关注的焦点，背景指的是图形所处的环境。根据斯皮内利的观点，格式塔理论用于提升觉察力和了解现实的方法，本质上等同于现象学治疗。

现象学是格式塔方法的优势之一，其观点是：你真正能够探索的，只有那些在当下正发生和显示的现象。在我看来，在心理治疗和咨询的世界里，现象学探询中有三个已经被开发出来的技能是与教练督导特别相关的。这三种技能分别是悬搁（bracketing）、描述（describing）和均衡（equalization）。

首先，为了充分理解教练，督导者必须能够做到悬搁他们的解释、判断、顾虑、想法等。从现象学的参考框架来看，这很重要，但正如乔伊斯和希尔斯在2001年所指出的，这并不容易，因为我们总是会无意识地解释和判断这个世界。我们必须先意识到自己的解读，才能做到将它们悬搁一旁。

第二个技能称为"描述"，指的是"是什么"，也就是说，注意和观察到了哪些正在发生的事情。其结果通常会用语言表达出来，比如"我注意到……（你的声音变柔软了）"或"你看上去……（焕然一新）"。在督导过程中，督导者和教练可以联手"描述"。留意当下正在发生的事情"是什么"，不仅仅是督导者的责任，而是一种督导者和教练都可以开发的技能。

第三个技能是一个"均衡"的过程，指的是同等对待各种正在发生的现象，对或大或小的变化给予同样的关注。值得一提的是，"均衡"过程中有一个方面叫作

"留意显著之事"，事实上这才是现象学方法真正感兴趣之处。然而，所谓的"显著之事"，其实很容易被当下讨论的问题所掩盖。在督导中显而易见的事情，在教练与客户的工作中可能不会那么明显，与其他问题相比也未必会那么重要。

与其说现象学方法是一种技术，还不如说它是一种态度，尤其是它要求督导者善用自己的好奇心和开放性。乔伊斯和西尔斯将"主动的好奇心"（active curiosity）视为现象学方法的一个方面。这意味着督导者不但对当下所发生的情况，而且对教练所陈述的案例故事也抱有兴趣和好奇心。用他们的话来说，就是"对客户的一切经验感兴趣"。使督导具有生命力的，并不是督导者直接给出答案或解决方案，而是探索各种可能性，提出问题，并针对手势、语音语调、对话或肢体语言的转变，以及语言的具体使用等提供观察和反馈。

关注整体场域

场理论（field theory）的概念来自库尔特·勒温（Kurt Lewin）的著作，他将场描述为"共存的全部事实，这些事实被认为是相互依存的"。他的意思是，为了了解人们的行为，有必要关注人们在其中活动、行事和反应的整个心理、情感或经验的领域。帕勒特、施塔姆勒、奥尼尔和加夫尼等人对这个观点做了更明确的解释和定义，描述了人们如何既受"场"的影响，同时又对"场"施加影响。

在我督导的一个教练小组中，从小组成员的行为方式中可以明显看出整体场域。其中一个小组成员谈到了一位在工作中非常努力想获得认可的客户。当我们探讨这个问题时，团体成员开始说出了越来越多的"感觉被忽略"和"缺乏认可"的例子。在格式塔方法中，加夫尼把这种情况称为"平行过程"，指的是督导团体展现出了没到场客户的特征。他提出了一系列问题来使人们注意：我们周围正在发生的事情是如何进入这个房间的？我们是通过什么方式把它们带到这里来的？又是怎么展示出来的？

格式塔督导需要考虑多个场域。这就意味着，除非我们进行的是直接督导，否则教练的客户总是不在现场的——用格式塔理论的术语来说，这叫作"现场中缺席的存在"（the absent presence in the room）——但是根据格式塔理论，场域中的所有方面都是相互联系、有可能带来重大影响的。以上几点共同打造了一个非常独特的场景，即教练谈论的事件并非发生在此时此地。无论是在面对面个体督导，还是在电话督导或团体督导中，情况都概莫能外。

从本质上来说，督导总是伴随着如图 9-1 中所示的多个场域。首先是督导者 – 教练场域；其次是教练 – 客户场域——虽然不在现场，但却是督导的重点；最后是客户 – 系统场域——在教练和督导中都没有出现在现场，但却不时成为这两个过程的焦点。

督导者 – 教练　　教练 – 客户　　客户 – 系统

图 9-1　相互联结的场域

这种场域视角与霍金斯和史密斯描述的七只眼模型有些类似，因为两者都超越了关注客户的直接工作，还考虑了更大的环境场域。格式塔方法与七只眼模型的差异在于前者还关注了更广泛的过程。七只眼模型使用的是一种"乘坐直升机"的方式，在不同领域之间切换，到每个模式都停留一下以获取整体理解（参见本书第 13 章）。而整体场域观点则假设，不同场域之间相互联结，一个场域中的变化将影响所有其他场域。因此，督导者要关注场域之间的动态，否则有可能会对此失察。

当我们深入研究整体场域时，我们开始看到，教练和督导的互动和心理世界蕴含着如此丰富的信息，它们将那些虽不在场但却属于工作展开部分的事情，与现场的状况联系到了一起。

案例说明

萨拉是一位经验丰富的教练。她既帮助职场人士，也为在生活中遇到难题的人们提供深度的教练服务，后者被她称为"生命教练"（life coaching）。

在我督导萨拉一段时间后，她带来了这样一个案例：客户是一间家族企业的执行董事，三年前接替了父亲的位置。他父亲现在已经不再担任任何职务，但却仍然经常对企业的运营方式指手画脚。客户的妹妹也在企业中担任管理角色。兄妹之间相处得不是很好。情况复杂且微妙，常常令人不知所措。客户希望教练服务能够帮助自己处理一些人事问题。他想要把企业做大，并认为目前的形势不利于企业发展。但他的妹妹已经明确表示拒绝参与任何这一类的举措。

萨拉接受过格式塔理论的训练。她意识到客户的家庭生活和生意之间的边界存在重叠。在督导中，她能够在纸上标出客户的工作场所中存在的多个场域，也能考虑到某些主题在每一个场域中呈现的状况。萨拉将它们标示为"情感场域"（如图9–2所示）。在客户的情形中有几个鲜明的主题，比如：兄弟姐妹间的竞争，这表现为组织内部的分裂；新老员工带来了现代做法与传统做法之间的紧张局面；对已经退休的父亲的忠诚表现为对儿子的抗拒。这些动态都阻碍了企业的发展。

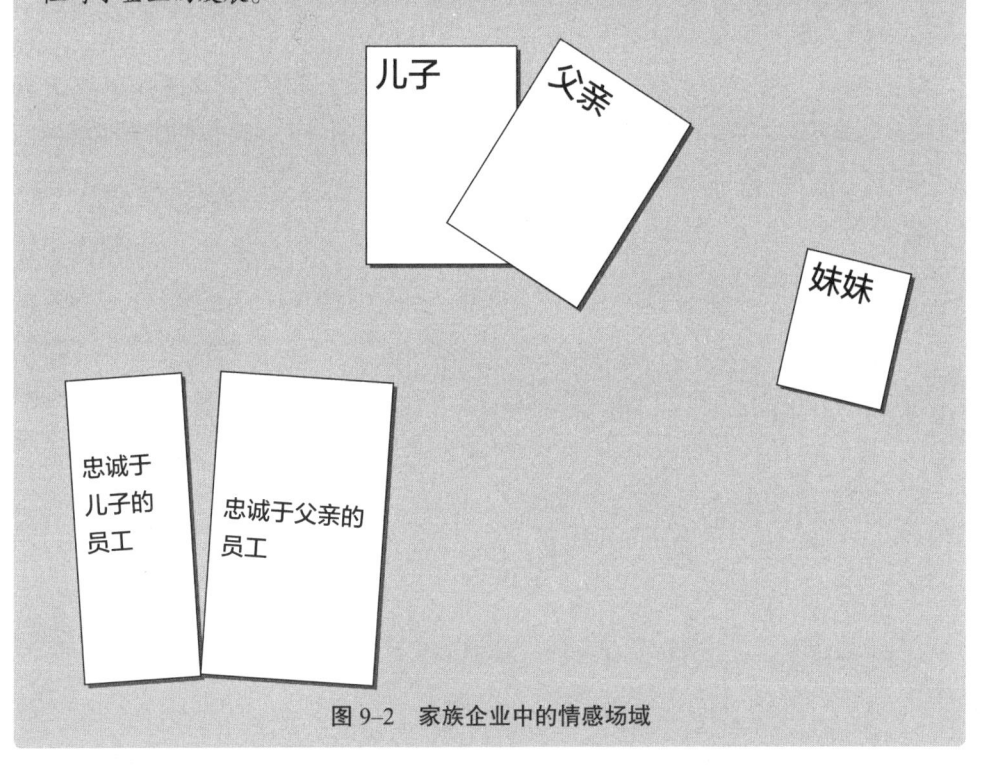

图9–2　家族企业中的情感场域

然后，萨拉用我房间里的物品来代表公司里的人物，用生动形象的方式描述每一个人，从而放大了这张情感地图。这个叙述过程增强了她对客户系统中不同权力之间的对立冲突的理解。在了解到这一切后，萨拉开始有了更清晰的视角，在此之前，她一直专注于与客户的直接关系中出现的新主题。

本章前面介绍的现象学方法坚定地认为，学习和成长的线索更多地隐藏在逐渐生成的过程中，而不是所说的内容中。因此，上面的图示过程始终是在现象学的框架内进行的，同时也提供了对整体场域的一些见解。我将注意力放在教练萨拉以及她与客户之间的关系身上。萨拉如何保持注意力，以及当下所发生的事情，都可能会与教练工作有关。我关注的不是一些显而易见的事情，而是那些在意识之外但又影响整体场域的事情。格式塔方法的目标之一，就是把未知的东西带入意识当中，因为意识不到就不可能产生变化。案例说明的下一步展示了如何做到这一点，以及教练本人过去的生活经历是如何影响整个教练场域的。

在后来的一次督导中，萨拉再次就她与这位客户的工作提出了疑问。虽然取得了一些进展，她的客户已经开始看到家庭因素在多大程度上阻碍了企业的发展，但各种人际关系仍然困难重重且具有破坏性。用萨拉的话说："为这位客户服务正在变成一件苦差事。"她不知道下一步该做什么。我邀请她回忆上一次教练会谈，将和客户在一起时的经历原原本本地说出来。当说到客户与他妹妹的关系时，萨拉显得很愤怒。在我看来，与客户和他父亲之间的艰难关系相比，故事的这一部分似乎更生动，萨拉也似乎更关注这段关系。我对此发表了评论。

萨拉不解地看着我。于是我问她，这种不解的表情意味着什么，然后发生了下面的对话。

萨拉：直到你说起，我才意识到自己的反应。我的感受是，我希望R（客户）能够自己解决和他妹妹之间的分歧。

我：当你听到自己这样说的时候，你注意到了什么？

萨拉：我感觉自己很难受（摸自己的腹部），我觉得我的肠胃好像都打了结。他妹妹总是回避他（用一种愤怒和疑问的语气）。

我：关于R，你又在回避些什么呢？

(长时间的沉默)

萨拉：我想，我把自己"放得太低了"。我认为 R 作为"执行董事"，各方面都比我强大，因而没有把他当成一个活生生的人来对待。

在那个时刻，我的干预方式是对萨拉的能量转变"发表评论"，这其实就是描述和均衡，这两个技巧我之前已经介绍过了。这个简单的干预措施引发了萨拉的反思，使其说出了那句充满愤怒的话"他妹妹总是回避他"。这句话暗示我，这其中也可能包含着一种对萨拉回避 R 的投射。我本想就此提出一些问题，唤起萨拉对可能的投射的注意，或者是质疑我的假设。但由于我感觉莎拉之前就已经回避了一些关于 R 的问题，因此我决定相信自己的直觉，直接问这个问题。

后来，萨拉告诉我，当她自己还是全职员工时，她就经常害怕那些位高权重的男性。她从来没能完全克服这种恐惧，也没能放下那种由于自觉相形见绌而产生的不适感。这就是之前介绍的"我－它"转变的一个例子。萨拉把客户置于"它"角色（执行董事）中，并进一步对这个角色所具有的权威产生了移情。从格式塔理论的角度看，如果教练处在这种状态下，其效能将会下降。我们一致认为，在未来的督导中，萨拉将再花一些时间来更充分地探索自己的投射和移情模式（之前已经对此有所介绍）。此外，她还可以选择将这个问题带到别处，从心理治疗或教练当中寻求帮助。

对模型的评价

在当今的教练世界中，基于格式塔理论的实践面临的一个最主要的挑战，就是主流文化倾向于"短期见效"，而非格式塔方法所推崇的长期和深入学习。例如，企业教练通常是有预算的，因此会谈次数只能限制在六到八次左右。这并不是说格式塔方法就不能运用于有时限的教练或督导，而只是说在这些方面还没有研究可以证明格式塔方法的有用性或适用性。休斯顿针对格式塔方法在短期治疗中的应用写过一篇非常有用的评论，她认为格式塔方法在提升关系品质上的长处，以及那套充满创意的问询方法，使其可以被应用于简快（brief）治疗当中。她的文章提供了许多有价值的提示和技巧，这些同样适用于督导。

同样，关于如何以电话或视频会议的方式来实施格式塔督导的研究也很缺乏。虽然我自己偏好面对面的督导，但我的个人经验表明，当做不到面对面时，以上其他形式的督导也是行得通的。

有赖于其对整体场域的关注和现象学的方法，格式塔督导既适用于个人，也适用于群体。格式塔方法可以与各种不同的教练方法相协调，因此，无论教练实践的理论根源是存在主义思想，对存在方式（ways of being）感兴趣，还是积极心理学，使用格式塔方法的督导者都可以为他们提供支持。格式塔方法与认知行为方法及交互分析法虽不太一致，但可以很好地补充加强这两者。我特别想指出的是，由于教练培训项目中通常不包括心理学方面的能力，基于格式塔理论的督导能够对此有所弥补，为教练提供一些不至于很难理解的心理学观点。作为一名督导者，在我看来，如果教练能够理解和应对心理过程，那他们的效能就会得到加强。因为在此谈到的一些问题在教练工作的某些阶段总是会不可避免地出现。

格式塔理论所不能提供的是有关不同场景的专业知识和经验，这些场景包括企业内的工作、教育经历、生命教练、高管教练、小组与团队教练等。它只是提供了一种可以在这些场景中应用的方法。督导者本身的背景知识和经验，是他们带到工作中的技能、知识和智慧的一部分，也是他们运用格式塔知识的基础。换句话说，格式塔理论本身并不是全部。

后续学习

虽然关于格式塔教练督导的文献屈指可数，但加夫尼有篇文章阐明了一种可用于团队督导的格式塔方法，为如何处理群体中的跨文化问题提供了深刻的洞见。这是一个很好的在整体场域中开展工作的例子，将"文化"这个经常被忽略的场域方面带入了人们的意识当中。

任何渴望对格式塔理论了解更多的人，都可以参考下面两本著作。这两本书对格式塔理论在心理咨询和心理治疗中的应用做了详细的介绍，内容通俗易懂，迁移应用到督导中也并不困难。

- 梅肯于 1997 年出版的《学习格式塔咨询》(*Developing Gestalt Counselling*)。
- 乔伊斯和西尔斯合著并于 2001 年出版的《格式塔咨询与治疗技巧》(*Skills in Gestalt Counselling and Psychotherapy, Joyce and Sills*)。

COACHING AND MENTORING SUPERVISION

第10章 教练督导中的人本主义方法

伯纳德·库克（Bernard Cooke）

与许多其他支撑教练督导的方法论一样，人本主义方法也脱胎于心理治疗，但已经有了一定程度的发展，并逐步适应了教练和教练督导的要求。这种适应的方式、这种改变可能会带来的价值，以及人本主义方法在多大程度上仍然忠实于原来的理论，就是本章将探讨的内容。许多教练和督导者在实践中坚持人本主义的原则，因为他们认为自己的客户有足够的智慧，能够自己找到解决方案。但是一个有人情味的、宽泛的良好意图，并不等于对理论的有意识应用。因此，总是有必要再深入一点，审视我们的实践，以确切地了解我们是如何将理论的原则融入实践当中的，以及这样做又产生了什么效果。到目前为止，关于如何在教练督导中采用人本主义原则的著述仍然很少，因此，我们可以把这一章看作这次检查的起点。我们首先会检视人本主义方法的原则，再借助一个简短的案例说明，探索人本主义理论在实践中是如何被解读和应用的。当然，人们将底层理论与实践联系起来的方式是多种多样、相去甚远的。但是我认为，这个案例是对人本主义方法的一次明确且有意识的应用，可以为读者的督导实践增添一个有价值的观察维度。

人本主义方法的基本原则

支撑人本主义治疗的基本假设是，人们有一种内驱力，要成长和发展为具备最佳功能的人类。这种方法最初是由心理学家卡尔·罗杰斯（Carl Rogers）在1961作为心理治疗的一种方式开发出来的，但其原则现在已被广泛应用于教练和教练督导中。在罗杰斯看来，这种自我实现倾向（actualizing tendency）是个体为维护和提高自己而发展自身全部能力的主要驱动力。罗杰斯的这一基本信念，即每个人都能成长和发展为他们的"最佳形式"，正是人本主义方法的核心。然而，只有在人们感到自己被理解、被重视和无条件接纳时，这种自我实现（self-actualization）才可能发生。如果不是这样，人们就可能会以一种与他们的自我实现倾向不一致的方式去实现他们的个性，发展出一个更倾向于满足他人需求和期望的自我概念（self-concept）。这种不一致会导致个体的痛苦不幸和功能障碍，例如，有的人的自我概念更多依赖于外部对其个人价值的评估（"你应该……"），而不是那个符合自身体验的、真实的、潜在的"机体"自我（"我想要……"）。

罗杰斯提出的必要和充分条件

为了推动个体的自我实现，罗杰斯认为，来访者和治疗师的关系必须满足下面六个条件，才能使个体身上产生治疗性质的变化。

- **心理联系**（Psychological contact）。在任何治疗关系中，双方最起码必须感知到彼此的存在，并认识到彼此的行为会互相影响。缺失了这个条件，下面的五个条件都不会起作用。
- **来访者的不一致**（Client incongruence）。来访者应该有着某种不一致的体验，这种不一致或是指来访者表达出来的并非其实际感受，或是指他人对其感受的感知与其实际感受不相符。比如，一个人的内心感到很痛苦，但他的自我概念却认为将这些痛苦表达出来是不可接受的。
- **治疗师的一致性**（Congruence of the therapist）。治疗师必须认识到并接纳自己的情绪感受，并且（如果恰当的话）将其在治疗关系中表达出来。
- **无条件的积极关注**（Unconditional positive regard）。治疗师接受来访者的本来面目，不对其施加任何形式的价值判断。
- **共情理解**（Empathic understanding）。治疗师应该接受来访者的感知、体验和担忧，就好像它们是自己的一样。
- **感知**（Perception）。来访者应该感知到治疗师的无条件积极关注和共情。

在督导中运用人本主义理论

被督导者更需要的是指导和支持，而不是产生治疗性质的变化。因此，这些基于治疗的原则应如何融入教练督导当中呢？首先，让我们研究一下这些原则如何帮助督导发挥霍金斯和史密斯定义的督导的关键功能。

发展培育功能指的是促进教练反思其与客户所做的工作，并发展他们的技能，使其能理解和洞察自己的教练实践。很明显，人本主义取向的督导者会基于这样的假设来展开督导，即他们的被督导者——无论是作为一个人还是作为一名职业教练——都具有一种与生俱来的发展能力，因此，他们相信被督导者能够从会谈中产生的想法和反思中自行学习。然而，虽然只有一些模型明确表明，但在绝大多数模型中都存在一个隐含假设，那就是教练会经历一些不同的成长阶段，从新手成长为专家。都铎和沃拉尔指出了这些模型所遇到的一些困境，他们认为，由于大多数发展模型都基于儿童发展理论，因此本质上难免会有将人当作幼儿来看待的倾向。相反，他们提倡使用过程理论，这种理论将发展视作一种持续不断、演变展开的现象，督导者和被督导者永远处于一种不断变化的状态中。无论是采用"阶段"观点还是采用"过程"观点，纯粹的人本主义方法可能都会给那些希望能够提供一些指导或分享一些经验的督导者带来挑战。由于教练较之以往更普遍地与客户共同去明确和实现一些事前定义好的目标，可以预见的是，教练带到督导中的问题将既与客户的学习和发展有关，也与他们自己的学习和发展有关。事实上，教练社区中与日俱增的专业化现象，恰恰积极正面地佐证了教练能力是有着递增的级别的，并且督导者将不可避免地成为这个系统的一部分。

资源获取功能指的是帮助教练直面困难和情绪化的状况，并能够在那些情况下继续开展工作。由于教练不可避免地会受到自己工作的影响，因此督导者会帮助他们更好地理解自己的反应，甚至有时也会帮助他们感知一些属于自己而非客户的情绪。同时，由于人本主义理论强调同理心、无条件积极关注和一致性，因此，其督导方式对这个功能的发挥可以说是淋漓尽致。然而，许多督导者还会使用其他的理论——比如心理动力学——来发挥这个功能，这就带来了人本主义方法与其他方法的兼容性问题。我们将在方法评价的那一小节再次探讨这个问题。

质量管控功能指的是加强教练在实践中应保持的质量和道德标准。这就提出了一个问题，即由谁来负责所做工作的质量，因为纯粹的人本主义方法排斥督导者对此承担任何责任的可能性。然而，在某些情况下，为了确保教练的质量符合某些标准，并适当地保护教练和客户，督导者也会参与合同的签订。在这些情况下，人本主义的方法将更加强调教练和督导者共同探讨任何有关标准和价值观的外部框架。

在对人本主义的方法如何适应教练督导任务进行简短回顾的过程中，我们随即遭遇了一些挑战。简言之，这些挑战围绕着罗杰斯的理论在一个不同于预期的环境中应该如何被解读。我们是应该采用一种宗教激进主义的方法，坚持罗杰斯所列条件的字面定义，还是应该提倡另外的解释，相信潜在的信念可能会提供各种各样的方法？人本主义的方法能否与那些以其他理论模型为基础的方法并行不悖？事实上，即使是在人本主义方法实践者的社区内，这些问题也经常会引发争论。

对人本主义理论的解读

希钦斯概述了存在于人本主义方法社区内部的"部落"之间的一些纠纷，其中最主要的是教条主义者和经验主义者之间的纷争。教条主义者认为罗杰斯的六个条件和治疗师的非指导态度是不容置疑的，经验主义者则宣称自己忠实于核心理论，但同时认为对治疗师和来访者之间正在生成的过程进行更直接的指导是允许的。在希钦斯看来，这就引出了以下问题：专业知识是应该存在于来访者身上还是治疗师身上？或者说，谁对现实的感知最有效？有人可能会认为，精神分析学派会认为治疗师拥有专业知识，而人本主义学派中的教条主义者则会认为专业知识仅仅存在于来访者端。相比之下，人本主义学派中的经验主义者采取了一种"主体间"的视角，将来访者的现实看作两者共同创造的东西。沃斯利对这种主体间的立场表示了支持，承认治疗师的确永远不可能成为其来访者的"专家"，但同时，他也质疑那种认为来访者总是可以成为自己的"专家"的观点！

那么，人本主义督导者中的教条主义者和经验主义者实施督导的过程是否会有所不同呢？虔诚的教条主义者认为自己的作用仅限于促进教练去察觉其与客户的关系，而专业知识只存在于被督导者的身上，同时应严格遵守上述的六个条件。相比之下，经验主义者可能会采取更灵活的方式，具体取决于督导双方的性格、教练本人的需要以及会谈中出现的问题。例如，梅里提出的一个督导模型将督导过程视为"协作式探询"，即双方都是自我导向的，并会对过程做出同等的贡献。经验主义者也可能会质疑是否需要如此严格地遵守这六个条件。例如，都铎和沃拉尔认为，对于督导过程而言，前两个条件并不是严格必要的。例如，在通过电子邮件进行的督导中，当接收者阅读邮件时，发送者可能正在从事一种完全不同的活动，这就意味着罗杰斯描述的那种心理联系是无法实现的。如果我们接受这种督导形式，那么我们就不能断言所谓的心理联系是一个必要条件。而且，如果被督导者只是想要分享和探索他们的个案工作，那他们未必非得感到某种程度的不一致，才能从督导会谈中受益。当然，有些人可能会在他们的机体自我以及作为一名专业教练的自我概念之间体验到大量的不一致。但对于另一些人来说，即使这种不一致性没有发展到这样的高度，督导仍然是有价值的。然而，不可否认的是，不一致性暗中存在的可能性是难以避免的。

因此，这两个派别的实践者所做的督导看起来可能会有所不同。这一点无疑强调了合同清晰化的重要性，即督导者和教练各自明确他们所提供和所需要的是什么。这个过程的其中一部分可能是双方交换意见，谈谈有哪些原则和理论在支撑着他们各自的实践，并探讨这些原则和理论如何互相补充或互相冲突。在双方就何为人本主义方法达成一致，并就持续的合作建立框架后，他们可能会转而思考：其他理论应该如何整合到督导中。对督导者而言，也可能会遇到这样的问题，即督导的各种模型如何与人本主义理论相适应。

举例来说，霍金斯和史密斯的七只眼督导模型就对人本主义取向的督导者提出了一些挑战。例如，在模式2中，焦点是教练对客户实施的干预。这是否在鼓励教练采取一种要对客户"做些事情"的心态，而不是去帮助这个"足智多谋"的客户找到自己的方法？在模式3中，焦点是教练和客户之间的关系，包括客户对教练可能会有的体验。这个讨论也许会包括可能发生的客户对教练的移情，即将自己从早期关系中发展而来的态度转移到教练身上。模式4探讨了反移情，即教练对客户可能存在的无意识反应。在模式5中，督导者聚焦于自己的无意识反应，以及发生在督导关系中的、潜在的平行过程。按照罗杰斯的观点，处理移情是一个"严重错误"，可能会导致依赖，并延长治疗过程。对他来说，使用无条件的积极关注、同理心和一致性来建立治疗关系已经足够了，这些远比具体的治疗技术重要。虽然在督导中使用心理动力学理论本身不是问题，但从人本主义的角度来看，它可能过于重视督导者运用的技术，从而牺牲了督导者和被督导者之间的关系。

虽然在对必要条件的解读以及与督导模型的兼容性方面，人本主义方法的确遇到了一些挑战，但这并不妨碍它在实践中的应用和收效，下面的例子将对此进行说明。

案例说明

莉兹（化名）是一位经验丰富的教练心理学家。在我督导她的期间，她曾经对自己身为教练的效能产生过严重的怀疑。她声称，自己在面对某些客户时的信心似乎消失了——"我的技能和知识就像碎成了3000块的拼图，我不知道自己身处何处，也不知道我的教练是否在起效！"我过去和利兹共事过，我很了解她，对她的专业能力也非常敬重。她在向我寻求督导支持的同时，也在接受一个正式的认证程序，并处理着一大堆要求很高的教练任务。作为一名将人本主义方法与模型与上述"经验主义者"派别的做法结合起来使用的督导者，我和莉兹有着一套共同的教练理念和实践。我们之前的会谈一直集中在与特定客户相关的问题上，但现在呈现在我面前的却是一种广泛且强烈的焦虑感——这到底是发生了什么？

莉兹将她的焦虑感描述为她在与客户共事时明显无法找到和使用所谓的"适当的教练技术"。我对于莉兹会用到"技术"一词感到很好奇，这部分是因为她通常并不关注技术，部分是因为莉兹对客户表现出了很强的共鸣，而且一直把重点放在她与客户的关系上，这两点给我留下了深刻的印象。我使用七只眼模型作为框架，鼓励莉兹进一步讨论客户，谈谈她对他的印象和她采取的干预措施（模式1和模式2）。莉兹谈到这位客户对于自己的身份以及在组织内的位置曾一度感到很狂躁和困惑。在我看来，这些似乎在莉兹身上引发了反应，使她认为自己的教练工作"没有奏效"，并认为自己应该拥有一些能够"搞定问题"的技巧。在描述与这位客户的关系时，莉兹说她发现自己很难向他表现出无条件的积极关注。因此，现在摆在我面前的是：一位通常使用人本主义方法的教练，就这个方法的"不灵"之处来向我寻求督导。那么，作为一个人本主义取向的督导者，我又该怎么做？

首先，我就莉兹的拼图比喻回应说："3000块可是个惊人的数字！我很好奇你是怎么将这么多碎片一直拼在一起的？"莉兹笑了笑，也许意识到了对自己的期望确实有点高。在这个阶段，我还不清楚莉兹想把我们的会谈带往哪个方向，所以我什么都没说，给她留出了反思的空间。她很快就开始谈论起她和这个客户的关系带给她的感受，我问莉兹，即使她觉得自己所做的教练没有达到理想的效果，那有没有什么是她确信自己提供给了客户的呢？当谈到这个问题时，莉兹明显放松了，变得更有活力，并开始用更积极的方式谈论起她给予这位客户的共情和积极关注。我感觉自己重新认识了一位老朋友，并把我的感受告诉了莉兹，她也承认自己正在经历一些不同的事情。在讨论结束之后，莉兹对他们的教练关系可能发生的事情有了新的认识，并想进一步探索一些领域。她对于自己找不到"正确技术"的担心，以及对自己作为一名教练的效能的焦虑，一并烟消云散了。

虽然这个关于督导会谈的小故事并没有应用完整的人本主义方法，但它的确提供了足够的材料供我们审视理论的实际应用。我们可能会先问，这个场景中是否具备六个必要的条件？莉兹和我的心理联系是存在的，虽然不能简单地因为我们彼此熟悉就假设存在心理联系，因为很多形式的干扰都可能阻断这种联系。莉兹的确处在一种不一致的状态：作为一名教练，她对满足人们的期望感到焦虑，同时又对自己与这位客户的关系感到困惑。至于我自己的一致性状态，则很难用简单的"是"或"否"来回答。当时我确实对莉兹感同身受，因为我能意识到当一个人质疑自己的能力时内心涌起的那种焦虑。同样，我对莉兹的困境没有任何"答案"，但我内心却很平静，并相信我们的会谈会产生积极的结果。我对莉兹的积极评价并没有因为我对她身为一个人或一名专业人士的期许而有半分消减，我希望她能感受到我对她处境的感同身受，至少达到了罗杰斯所描述的"最低限度"。

按照人本主义的方式，我把信任寄托在莉兹身上，相信她能够找到解决自己焦虑的办法，而没有试图强加任何模型或框架。我的感觉是，莉兹和我之间存在的信任关系，能够使莉兹的注意力转向她与客户之间的关系，并产生新的洞察。罗杰斯最初用来描述自己方法的术语就是"关系治疗"，而这正是这个过程的关键。莉兹最初表示的对技术和能力的关注，原本很容易会促使我"带领"她去"参观"一些工具和技术，以及就当前她"缺失了什么"展开一场讨论。从某种意义上说，她在邀请我去重新"打造"她这个人，并用适当的"装备"来武装她。但如果换一个角度来看，我只是被邀请去倾听，并为她提供一些她最近缺失的积极关注。其结果就是，莉兹开始把自己有时无法为客户提供积极关注的困难看作一种关系问题，而不是一种技术能力问题。

当然，还有其他的方法可以给我们带来类似的或不同的结果。莉兹所经历的使她无法对客户产生积极关注的干扰，也可以从格式塔或心理动力学的角度来进行探讨。也许这就是一个有关"平行过程"的案例，莉兹支离破碎的身份意识只是她客户的"躁狂行为"的一种反映。又或者是这位客户激发了莉兹对于一些令人焦虑的情况或人的联想。也许对莉兹及其客户采取一种系统的观点，就能针对正在发生的过程提供一些洞察。以上这些可能性都是合理的，都可以作为有根据和有效果的督导会谈的基础。摆在督导者面前的选择不一定就是关于是否要采用人本主义的方法，还有可能涉及如何应用人本主义理论的原则，以及如何将其整合进督导实践的其他方面。这种整合工作将会带来督导者和被督导者之间工作关系的深化。

对方法的评价

在考察了人本主义理论对督导的解释，并举例说明了其实际应用后，我们现在将探讨有关"何时"和"如何"应用该理论的挑战。人本主义的督导方法在哪里能派上最大的用场？前文的简短案例说明提供了一个有关教练焦虑的例子，在这个案例中，教练对自己的表现以及与客户的关系感到焦虑。正如下面的研究所指出的那样，这似乎是一个相关的、经常发生的督导话题。

在德·哈恩的研究中，经验丰富的教练被要求明确他们在教练中遇到的"关键时刻"。这些时刻被描述为"令人兴奋、紧张或有意义的时刻……那时你不知道自己该做什么"。这些时刻的特点是在教练关系中出现了强烈的情绪和焦虑，这些情绪和焦虑常常会被视为教练工作的转折点。令教练感到焦虑的话题通常包括：教练的边界（例如教练服务与心理治疗之间的边界）；达成客户所期望的成果；教练的角色（客户希望从他们这里得到什么，他们正在做些什么以及做得是否到位）。许多教练把这些体验带到督导当中，目的是理解自己的反应，并从督导者那里获得安慰与保证——自己已经很好地处理了这个时刻。德·哈恩等人发现教练倾向于将工作中出现任何紧张或困难的责任都"内部化"，即把问题看作他们自己的问题，而不是将教练关系视为一个整体，认为问题和这个整体有关。

考克斯和巴赫基罗瓦研究了教练是如何处理自己和客户的困难情绪的。通过研究那些由教练的情绪引发的困难情况，他们发现，教练往往倾向于将这些情况视为衡量自己对专业边界理解的途径，尤其是教练服务与心理咨询或心理治疗之间的边界。此外，他们还发现，一些教练可能会认同客户的情绪，从而削弱了自己采用人本的、有同理心的方法的能力。他们得出的结论是：督导的重要作用之一，就是帮助教练构建他们对教练过程中产生的情绪的觉察和理解，并提升他们处理这些情绪的能力。

这项研究指出，这一类问题很重要，而且也经常发生；而人本主义的督导者似乎很适合应对这类问题。当教练表现出焦虑和情绪时，一位具有一致性、同理心和积极关注的督导者很可能会被认为是支持性的、能帮助教练复原的。督导为教练提供了探索疑惑和担忧的机会，在那里，情绪和焦虑可以被"容纳"。比昂用"容纳"（containment）一词来描述一种平静、接纳和真诚的方法，即使是在涉及情绪和紧张的情况下也是如此。这让教练能够反思他们的焦虑，并在未来寻找新的选择。正如教练需要与他们的客户共同面对困难情绪和焦虑一样，督导者也必须向教练提供这样的"容纳"。

在哪些情况下，人本主义的督导方法可能不那么有效呢？就人本主义方法的精神而言，以被督导者的需要为主导是正确的。但如果被督导者正在寻求从心理动力学的视角来探索移情问题，或者他们正在担心其客户的心理健康问题，那人本主义的方法恐怕就不合适了。教练的经验水平也可能是一个因素，新手一般会需要和开口要求更多的指导，这可能会使一些纯粹的人本主义的教练觉得牺牲了原则。一些批评人本主义疗法的人指出，人本主义疗法需要来访者能言善辩、有高度的自我意识，并且有足够的时间解决自己的问题。然而，幸运的是，在教练督导的背景下，所面对的问题与需要治疗的棘手顽疾有很大的不同，而被督导者的自我意识也很可能高于平均水平。此外，督导合同并不总是简单地由督导者和教练两者签订的；在某些情况下，督导可能是某家赞助机构的一项大型教练计划的一部分，此时督导者就有明确的义务审查教练标准，并监督其所提供的服务质量。这种情况要求督导者对多方客户和利益相关者表现出灵活的风格和响应能力。在这种情况下，人本主义的督导者必须考虑利益相关者的合理需求和关注点。

一般来说，对于督导方法的选择，并不是一个非此即彼的问题。那样理解既令人困惑，又毫无帮助。选择人本主义方法并不一定要以放弃其他方法（如认知行为理论的方法、焦点解决、心理动力学和积极心理学的方法）为代价。在约瑟夫看来，人本主义方法并没有规定实践的技术，而是允许使用基于该理论原则的多学科的方法，关键在于这些技术应该是人本主义理论的元理论假设的一种表达。约瑟夫认为，督导者做了什么并不重要，重要的是督导者如何看待自己与教练的关系，以及他们的行为如何与"我们之所以在这里是为了帮助教练实现自我"的潜在假设相联系。这种"对于关系的思考"，以及有意识地关注罗杰斯所列的条件，才是人本主义方法和其他方法的真正区别。在不损害这些原则的前提下，将其他方法纳入这个框架是有可能的，只要我们对其他方法进行了有意识的转化，而不是随意地"拿来就用"。

后续学习

很少有人会在原则上反对人本主义的教练督导方法。但在实践中，即使都声称自己使用的是人本主义方法，不同督导者之间的实践内容也可能会大相径庭。非指导性风格、同理心和积极关注的基本原则看起来如此简单和有迷惑性，以至于许多教练和督导者都将其奉为不变的指导性价值观。但当我们身处与最初制定这些原则的环境所不同的新环境中，尝试对这些原则加以应用时，它们可能会受到损害和挑战。与人本主义理论最初生根发芽的治疗领域相比，教练督导领域向那些有抱负的人本主义实践者提出了一系列的挑战。比如，督导的不同功能，以及被督导者的多方面需求，都要求督导者能够妥协、有灵活性。但是，如果我们仅仅想当然地假设必要的条件已经存在，而不是积极主动地去检查它们是否到位，那我们很有可能只是在嘴上喊着人本主义的口号，而实际上却在做其他的事情。

需要反思的问题

- 在人本主义教练内部"教条主义者"和"经验主义者"之间的争论中，我的立场是什么？
- 六个必要条件在多大程度上明显出现在了我自己的督导实践中？
- 其他方法是否从根本上与人本主义理论兼容呢？
- 以什么方式来使用这些方法，才能够保证即使流程由督导者决定，被督导者仍然可以保持对内容的决定权呢？

推荐阅读

- 关于人本主义疗法及其起源的概述，请参阅理查德·尼尔森-琼斯（Richard Nelson-Jones）2006年所著的《咨询和治疗的理论与实践》（Theory and Practice of Counselling and Therapy）。
- 关于人本主义理论在教练中的应用，请参阅由约瑟夫和布莱恩特-杰弗里斯（Joseph and Bryant-Jefferies）合著的《人本主义教练心理学》（Person-centred Coaching Psychology）。
- 关于人本主义理论在督导中的运用，请参阅都铎和沃拉尔2004年合著的《实践的自由——人本主义的督导方法》（Freedom to Practise – Person-centred Approaches to Supervision）。

最重要的是，人本主义先驱罗杰斯自己的作品为我们提供了一种深刻的人性见解，帮助我们了解深藏在他发展人本主义方法背后的动机和价值观。2004年出版的《论成为一个人》（On Becoming a Person，最初出版于1961年）是罗杰斯的论文集，其中一些是他所做的演讲，为我们讲述了他对自己经历的反思。

第 11 章　在教练督导中运用沟通分析方法

茱莉·海（Julie Hay）

沟通分析（Transactional analysis，TA）是一种理解人们为什么做出目前的行为，并帮助他们获得更多自主权的方法。它也是一种成熟的心理治疗模式，在世界范围内被广泛使用，并具有国际公认的专业资格。好几个国家的大学都开设了 TA 的硕士学位课程，其毕业生均在英国心理治疗协会注册。与 TA 相比，发展性沟通分析（Developmental Transactional Analysis，DTA）的焦点从心理治疗转向了强调发展和成长。当实践者在组织、教育或教练的背景下展开工作时，其所使用的就是 DTA。

本章主要从 DTA 的角度出发，向你介绍 TA 的一些关键要素，以及这些要素是如何增强督导过程的。希望它能引起你的兴趣，并促使你去发现更多内容。本章的学习目标是：

- 获得两三个有关督导过程的新看法；
- 能够将 TA 的概念与本书中描述的任何其他模型交织运用；
- 乐于与被督导者分享 TA 的概念，以提高他们的自我觉察和专业能力。

TA 起源于 20 世纪 60 年代，现已成为一种稳健而全面的方法，并有着不同的流派，它们各自专注于不同的要素：如关注退行的感情投注（cathexis）流派、将 TA 与格式塔理论相结合的"再决定"流派、建构主义流派，以及共同创造力流派。由艾瑞克·伯恩（Eric Berne）发起的传统 TA 流派被比作认知行为疗法。最近的一些方法包括关系型 TA，这种方法将焦点重新转向了无意识在治疗关系中的作用；施密德在其 2008 年的著作中谈到了系统性 TA 和角色本质。

20世纪90年代，我开始调整许多与治疗相关的TA构念（constructs），使其重点从病理转向健康。我还进行了明显的简化，从而使我们可以以教练容易理解和应用的方式来分享复杂的想法。

在教练和督导过程中，每一个TA流派都贡献了具有特殊价值的理论构念。由于篇幅有限，我只在这里介绍以下内容：来自传统流派的合同、来自感情投注流派的漠视（discounting），以及来自关系流派的无意识的影响。我还将简要介绍一些可能会在其他地方遇到的关键的TA概念，以增强读者对其来源的认识。

将理论与督导联系起来

"沟通分析"一词最初指的是使用伯恩提出的"自我状态"（ego state）概念来分析人们之间的交流或相互作用。这个分析过程现在被称为"正派TA"（TA proper），因为TA代表的是一系列广泛的、相互联系的概念，其中很多概念是由伯恩引入的。这些概念包括：我们发展出"自我状态"来与他人互动，以满足我们的需求；这些相互作用也可以被看作"安抚"（strokes）的交换。所谓"安抚"，其实是我们所有人都需要并赖以生存的人类的认知单元；为了建立关系，我们遵循不同的时间结构（time structuring）来互动，以增加关系强度；当我们无法实现所寻求的接近或亲密（intimacy）时，我们就会进行无益的心理游戏（psychological games）；而所有这一切通常都是为了强化我们小时候接受的生活脚本（script），那时我们还太小，无法像成年人那样解读自己的处境。在内心深处，我们可能会通过扭曲的窗口（windows）来看待这个世界，这个"窗口"将我们和其他人分为"好的或不好的"（OK/not OK）。我们可能会漠视那些与我们的先入之见相抵触的证据，自顾自运行那些自我实现的预言——也称作"球拍系统"（racket systems）——这些预言又会影响其他人对我们的反应。我们还会运行被称为"微脚本"（miniscripts）的内部过程，以缩微的格式，一再重复我们的脚本模式。如果这些还不够，我们的运作模式还会强化我们的驱力（drivers），或者与我们的过程脚本（process script）相关的、强迫性的行为方式。尽管这些模式在有意识的选择下会被认为是"工作风格"（working styles），并进而被视作优势。

第 11 章　在教练督导中运用沟通分析方法

这套广泛的、相互联系的 TA 构念中的任何一个都有助于阐明督导过程，而且许多是相对容易应用的。例如，我们可以分析自我状态，以识别和避免督导者和被督导者之间潜在的、相互依赖的"父母 – 孩子"型关系。或者，我们可以回顾一下安抚的模式，以考虑到被督导者可能由于没有足够的支持关系网络而倾向于从其客户或者督导者那里获取这些认可的风险——对于需要从督导对象那里获得"钦佩型安抚"的督导者来说，也可能存在同样的问题。

督导的功能

如果我们认为即使有关督导的功能表述不同，但实质上都是普罗克特提出的规范性（normative）、形成性（formative）和恢复性（restorative）的某种变体，那么 TA 将和形成性（formative）要素最为相关。TA 还能促进一种可能被称作"超级眼力"的督导风格。之所以要特意加上连字符，是为了强调其目标是要开发一种超级的视力，或称元视角，来看清楚被督导者的实践。TA 的自主原则同时也意味着是被督导者自己而不是别人需要发展这种"超级眼力"，因此，督导者的主要任务就是从旁促进这一点。

如果被督导者未能达到专业规范，则可能需要督导发挥其规范性功能。不过这种情况的发生概率应该不会太大，而且培训可能会是更好的解决办法。恢复性功能通常用得也比较少，因为从理论上来说，客户带到教练中的问题应该没有在治疗中提出的问题那么严重，因此我将这个功能的标签由"恢复性"换成了"支持性"（supportive）。我也发现，与治疗性咨询相比，教练对这个功能的需求相对要少。

无意识过程

毫无疑问，在督导动态中会存在无意识的过程。这就是为什么传统型 TA 与关系型 TA 之间的对比会如此有用。传统型 TA 的原则是：我们都有自然生长动力（physis），这是一种激发我们潜能的冲动，就像植物即使是在混凝土中也要努力生长以沐浴阳光一样；我们在小的时候都曾经做过一些决定，现在随着我们对世界的了解越来越多，我们可以改变之前所做的决定；我们每个人都很好，并且需要以一种能让我们真诚地与他人沟通的方式行事。这些原则导致了一种专注于发展被督导者的觉察力和决策能力的督导风格。

与此同时，关系型 TA 提醒我们要记住，许多重要的事情都发生在交流中没有说出口的心理层面上。斯塔克在 2000 年确认了治疗的三种形式：一个人、一个半人和两个人。这三种形式分别意味着治疗师帮助客户做这项工作，治疗师为客户提供一种治愈的体验，以及治疗师使用反移情来解释客户的动态。如果我们将此应用于督导，那我们可以选择去帮助被督导者应用 TA 的概念；我们可以扮演一名使人安心的父母或具有挑战性的父母，具体取决于客户小时候缺失的是哪一种；我们还可以邀请被督导者有意识地关注到目前为止发生在我们和他们之间的无意识过程，并考虑这将如何"照亮"他们与客户的互动过程。

伯恩将心理层面（psychological level）——或者说是隐秘交流（ulterior transaction）——确定为任何互动的真正力量所在。英格里斯扩展了这一点，将三方的合同纳入考虑范围。她指出，培训项目的参与者经常会带着负面消极的幻想进入课堂，等着看讲课的人可能会代表"邪恶的"组织来"对他们做些什么"。米切尔特补充了有关心理距离如何变化的概念，即从业者可能会在心理上与参与者或组织靠得太近。这些都是传统 TA 流派对现象的解释，换个地方，它们可能会被称为移情和反移情。草草地画出一个三角形，就足以使我们阐明这种动态，并提示被督导者去思考究竟是三边相等，还是自己感到更接近客户端而不是督导者，或者相反，又或者是觉得督导者在心理上与客户结成了盟友？

在适当的时候，我们可以加入其他各方，尽管这也许需要在多维空间中想象这些三角关系！我们可能需要添加督导者或被督导者所属的专业机构，并把其规范也考虑在内。也许在被督导者眼中，这会使督导者变成一名"警察"。此外，也可能会有一个组织为督导买单，如果是那样的话，我们可能需要考虑他们对督导程序的期望，以及这些期望会如何影响保密和被督导者的开放性等方面。

合同

在考虑了无意识过程之后，我描述的下一个 TA 概念是合同。合同被认为是 TA 的一个关键元素，也是我们邀请被督导者实现自主的方式。自主性是另一个关键的 TA 概念，其指的是：我们每个人都能在当下这个时空发挥作用；意识到我们和其他人现在是谁，而不是卷入诸如退行、投射或移情等无效行为中；公开坦率，这样就不会有任何隐秘的交流发生；意识到我们是可以做出选择的，而不是只能被无奈地困在熟悉的无益模式中；知道即使我们和其他人有时候会做错事，但我们都是好人。

合同需要在三个层面上达成。除了上述的无意识层面或称心理层面以外，我们还需要与相关各方在行政管理和专业方面达成明确的协议。行政管理的合同涉及何时、何地、会谈持续多久、在什么条件下可以取消会谈、费用多少、如何支付、何时支付、需要保留哪些文档、哪些人可以查看这些文档，以及客户的哪些行为将使我们有权打破保密协议。专业方面的合同涉及我们来这里的意图是什么、我们期望什么样的教练风格、从业者是否有适当的资格、教练服务与心理治疗或咨询的界限在哪里，以及与客户的职业角色有何联系，等等。

以上只是一些问题的例子，用来说明督导者可能会向被督导者问些什么。通常情况下，探索教练与客户之间的合同会使教练意识到究竟是什么导致了现在的问题。督导者和被督导者之间的合同也需要类似的严密性，特别是在涉及其他相关方的情况下。让我们把关注点转向之前提到的多个三角形，想象它们被叠放在三个层面上。如果任何一层不是等边的，这个堆叠就将是不安全的。比如，一个持续拖延支付督导费用的组织可能会导致一名沮丧的督导者对被督导者感到不满。或者，被督导者可能期望督导者是某个主题上的内容专家，直接提供建议，而不是接受督导者原计划采用的非指导性角色。

漠视

在 TA 中，漠视被定义为最小化或直接忽略我们自己、其他人或情况的某些方面。之所以这样做是因为我们要保持心智健全，正如我们会为了关注重要的事情而忽略背景噪音，或者在电视机前睡着一样。不幸的是，我们也会运用漠视来维护自己的参考框架或我们自年幼时就在采用、现在却早已忘记的那些脚本。通过漠视，我们得以保存我们的限制性信念，继续以熟悉的方式与他人互动，并为我们处理问题的失败辩护。

漠视是我们需要接受督导的关键原因。我们需要一个能发现我们不允许自己注意到的事情的人。梅勒和席夫确定了几种不同的漠视级别和类型，并将其与六种治疗级别相匹配。这些可以转化为可视的和押韵的文字记忆辅助手段，称为"成功的台阶"（如图 11-1 所示）。大多数步骤的标签都是不言自明的，依次来看，分别是：我们低估了形势的某些方面、问题的重要性、可用的解决方案、可用的技能、可用的策略，以及成功的可能性。图 11-1 展示了这些步骤以及处于它们当中的督导者和被督导者。从图中我们可以看出，我们通常会比做出漠视行为的人走得更高。因此我们需要沿着台阶向下走到他们那里，然后"诱哄"他们和我们共同拾级而上。通常情况下，为了确保问题的重要性得到正确识别，且被督导者并非在试图解决其他人的问题，我们有必要一直走回到起始的"状况"台阶。

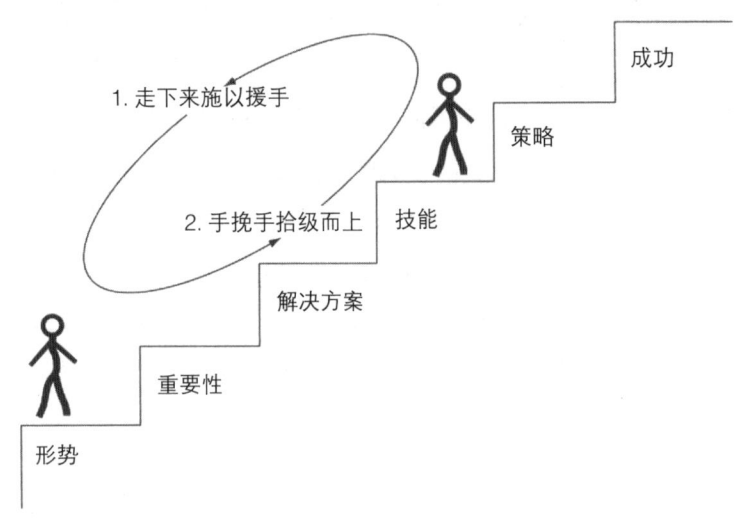

图 11-1　走上成功的台阶

为了用一个例子来说明这一点，让我们走近一位名叫萨罗杰的教练，他在督导中谈到了一位"难搞"的客户。萨罗杰认为这位客户在解决方案层面上有漠视的行为，因为他坚持认为没有办法可以解决和"某个不喜欢的同事一起工作"这个问题。一个在我来看很清楚，但对于萨罗杰而言却并非如此的事实是：此处明显存在一个平行过程在发挥作用——实际上，萨罗杰也不喜欢这位客户。因此，我开始帮助萨罗杰攀爬"成功的台阶"。我们首先回顾了当时的状况，在这个案例中，这意味着与客户的合同、教练计划，以及迄今为止在教练过程中发生的事情。

当我们上升了一步，走到"重要性"台阶时，我问萨罗杰："为什么说这位客户很'难搞',而其他同样'卡住了'的客户则不算?"这促使萨罗杰意识到某种个人的动态正在"挡道":该客户让萨罗杰想起了自己以前的一个同事,萨罗杰曾努力与此人共事,但没有成功。这种洞察使他能够识别出一些本可以与该同事一起尝试的解决方案;而这反过来又促使萨罗杰想到了与这名客户合作的一些方案。其中一个解决方案要求萨罗杰与客户一起走上后者的"成功的台阶";而另一个选择是让客户探索他和萨罗杰以及和不喜欢的那名同事正在玩的心理游戏;第三个选择则是帮助客户确定:他和这位同事通常采用的自我状态如何导致了他们之间的交叉互动。

萨罗杰不需要更多有关技能、策略和"成功的台阶"的督导了,因为一旦处理了发生在下级台阶上的漠视行为,萨罗杰就能够清楚地思考上层台阶的问题,包括如何运用新技能来教练客户,如何促进客户制定策略以改变其指向那名同事的行为,以及如何让客户检查潜在的自我破坏行为,以最终成功地解决这个问题。

案例说明

莱斯利不太懂 TA,但很有兴趣去学习。因此,我们约定,我将在督导中使用 TA 方法,并在必要时向莱斯利解释我的想法,以便他越来越能够独立进行分析。这需要我实施一些小型教学,也意味着我们会频繁地把焦点放在增强莱斯利的意识上,以让他明白个人问题会如何影响其作为一名实践者的胜任力。

例如,我需要就合同进行解说,尤其是心理层面和心理距离的重要意义。一次简短的信息输入,就能使莱斯利识别出那些没有对某些客户说出口的内容;在一个案例中,客户期望由教练来解决问题;而在另一个案例中,组织希望教练行动失败,这样他们就可以"理直气壮"地解雇教练对象。在这两个案例中,莱斯利随后都能以一种不具威胁性的方式提出这些问题,并与组织中的联络人就更现实的成果达成共识。在前一个案例中,教练将帮助客户确定可选择的方案;而在后一个案例中,解雇的威胁将被公开,而不会与教练行动联系在一起。

我们可以将莱斯利与罗宾进行对比,后者是一名经验丰富的教练,曾连续参加了大约两年的 TA 培训和督导工作坊,并在教练实践中广泛使用 TA。因此,

> 罗宾倾向于带着会谈录音的节选和文本转录去接受督导，而且已经使用了一些TA的概念进行了事先分析。我的督导作用不仅仅限于聆听并判断其分析的准确性——我的主要目的是扮演"漠视识别者"，来提醒罗宾注意那些他没有意识到的元素。
>
> 这些漠视的例子往往与罗宾还没有解决的个人问题有关。因为罗宾通常能够自我觉察和自我分析，所以这些问题一般在督导中就能够得到解决，而不需要圈起来留待治疗。罗宾很熟悉自己的工作风格和脚本，这意味着当我指出罗宾漏掉的句子模式时，他很容易就能看到它们之间的联系。有一次，罗宾自己指出了存在于"讨人喜欢"模式与"事情开始感觉良好但随后就会出错"的后续过程脚本之间的联系——教练过程在一开始似乎进行得很顺利，然而客户却抱怨说没有取得真正的进展，并开始挑战罗宾的专业地位。
>
> 如果被督导者不具备这么高水平的自我觉察，那可能需要对其进行仔细的提问，甚至需要把这个问题带到治疗中，以便研究他们的脚本动态。但在这个案例中，罗宾却能够意识到这是一个旧模式的重演，并利用督导会谈剩下的时间弄清楚了这位客户是如何以及为何在那个时候触发自己的那种反应的，以及接下来该怎么应对。

对方法的评价

与本书中的其他理论方法一样，TA 也是一个心理框架，因此有助于理解督导和教练的心理过程。根据被督导者对 TA 概念的了解程度，它的使用将会有所不同。但在某些方面，相对于那些之前已经接触过 TA 并获得了重要见解的人，对 TA 了解较少的被督导者会有更多的收益。

督导不是治疗

一个关键的考虑是，在应用一种植根于心理治疗的方法时，应维持督导和治疗之间的界限。这对于之前是通过治疗或关于治疗的培训接触 TA 的被督导者来说尤其如此。学生往往意识不到存在着不同领域中的应用。他们作为潜在的心理治疗师可能已经完成了两到三年的训练，但却缺乏治疗的客户，相反却能找得到教练的客户，此时要引导他们正确地研究 TA 在不同领域的应用，并认识到自己本可以参与一个更相关的项目。

如果不了解治疗和督导之间的区别，就有可能导致不专业的做法。如果督导者和被督导者都拥有治疗背景，那他们可能在教练和督导方面有共同的期望，从而模糊了两者之间的界限。他们可能会把督导时间花在对被督导者的个人治疗上，而不是专注于发展被督导者的实践。这反过来又增加了教练对客户行为不当的风险。教练可能会鼓励客户"退行"，并通过扮演足够好的父母形象（猜测客户的童年可能会在这方面有所缺失）为客户提供一种补偿性的体验。这可能会导致客户变得越来越依赖于他们的教练，也许会表现为在会谈期间痛哭流涕，以及大谈特谈童年的往事，很少或不再关注教练的原定目标。因此，为提升客户的领导力技能而购买教练服务的组织可能会发现客户在工作场所表现出的领导能力不升反降，因为教练不断地对客户退化到"儿童"自我状态加以强化。

当然，沟通分析并不是适用于这种现象的唯一方法，但 DTA 对于避免此类问题非常重要。与某些形式的治疗督导不同，"帮助被督导者活在当下"被认为是 DTA 督导的一个关键要素。被督导者可以暂时退行——我们其他人有时也难免如此——但需要确认他们是不是已经这样做了，并就以下内容保持对话：刚刚发生了什么事情，这些事情意味着什么，他们需要如何将其纳入自己的专业工作中。他们可以使用脚本，但需要能够返回到自主功能；他们可能已经识别出了某种驱动模式，并且意识到需要放弃这种驱动模式才能通向成功；或者，他们可能会发现自己正在与客户或督导者玩一场心理游戏，需要被鼓励参与分析关系动态，并找出方法在未来采取不同的行动，而不是斥责他们自己或其他人。换句话说，他们必须能够识别有关自己实践的督导过程，而不是期待督导者对此负责；督导者的作用是促进这个过程。

关于 TA 的知识

另一个需要考虑的是督导者和被督导者关于 TA 的知识水平。如果被督导者对 TA 有一定的研究，而督导者对其知之甚少或一无所知，那督导者可能认为这是一个鼓励被督导者在督导过程中发挥带头作用的机会。这可能会成为一个效力强大的许可，以及一个重要的榜样示范机会，示范如何在不必成为专家的情况下保持你的影响力。

如果督导者有 TA 的经验,而被督导者对此一无所知,那督导者可以用 TA 的知识来指导自己的思考,形成假设,如哪种脚本最有用,或运用 TA 的概念来分析行为模式。也可以在不使用 TA 术语的情况下试探性地检查这些想法、假设和分析,这个过程很可能会为被督导者提供有价值的洞察。另一个选择是提供微型教学,重点关注被督导者或客户的活动的某个具体方面,正如我在前文描述过的莱斯利的案例那样。

如果督导者和被督导者都只了解一点点 TA,那么,只要双方没有陷入依赖共生关系,并且共同发现的过程能够有助于工作联盟,那么误解的危险就会很小。如果他们都对 TA 所知甚详,那他们可以使用专业术语来节省时间,并用前后一致的方式标记行为模式,而不再需要冗长地描述谁说了什么和做了什么。

一些常见的批评

多年来,针对 TA 的批评可谓是五花八门,尽管这些批评并非特别针对 TA 式的督导。伯恩本人就被指控为种族主义者和性别歧视者,但指控者却没有意识到,这顶帽子扣在 20 世纪 60 年代任何作家的作品上似乎都能说得通——快速浏览一下大致出版于同一时期的爱德华·德博诺(Edward de Bono)的书,你会发现同样的问题。陷入"分析瘫痪"症是另一种常见的抱怨。就精神分析的传统而言(伯恩本人曾师从弗洛伊德),这种指控倒也正确。但如果就客户的改变或教练的发展已经达成了明确的合同,这种抱怨就不合理了。

另一项批评涉及 TA 缺乏针对其表面效度的研究。然而,尽管到目前为止还没有关于 TA 督导有效性的研究,但从 2010 年夏天开始创刊的《国际沟通分析研究期刊》(*International Journal of Transactional Analysis Research*)的第一期就发表了一篇针对已有研究的全面综述。

后续学习

学习 TA 的一个好的开端就是参加一门 TA 入门级课程。这类课程参照美国大学对入门课程的命名方式，被命名为"TA101"。这类课程通常只持续两到三天，尽管相当短，但却涵盖了主要的 TA 概念。你可以把 TA101 输入搜索引擎中，看看可以搜到哪些信息。虽然有一个国际商定的教学大纲，但在课程中提供的例子会根据培训师经验的不同而有所不同，因此建议读者在预定课程之前检查培训师的资格。只有 101 课程的教师与（临时）教学和督导沟通分析师（Teaching and Supervising Transactional Analysts）才可以讲授 TA101 课程，并且合格的专业人士必须公开他们在组织、教育、咨询或心理治疗方面的专长，并将其作为自己专业头衔的一部分，这也是专业实践的一项要求。

关键教材

有很多有关 TA 的书籍可供选择，但其中直接将理论与教练或督导实践联系起来的并不多，《教练的反思性实践和督导》（Reflective Practice and Supervision for Coaches）一书就是其中之一。这本书是写给教练和他们的督导者的，内容包括但绝不仅限于以下方面：模式和"成功的台阶"、合同、边界、多方合同、道德规范、建议督导小组采用的基本规则，一些与督导特别相关的介绍心理游戏、安抚和工作风格的材料，以及改变和能力曲线。

我在 2011 年所著的《教练和导师的沟通分析》（Transactional Analysis for Coaches and Mentors）一书包含的内容涵盖了组织环境、领导和教练风格、群体中发生的事情，以及本章中提到的许多 TA 概念。

尽管没有直接与教练或督导相关，但芒廷和戴维森在 2011 年合著的《一起工作：使用组织的沟通分析来改善与他人的沟通》（Working Together: Using Organizational Transactional Analysis to Improve Communication with Others）一书将最新的 TA 理论与组织文化和领导力联系在了一起。因此，它为那些与督导者一起工作的教练提供了一个极好的背景说明。另外一本类似但受众更广泛的著作是我本人所著的《在工作中成功：理解态度和建立关系》（Working it Out at Work: Understanding Attitudes and Building Relationships）。

第 12 章　教练督导中的组织心理学模型

卡尔梅利纳·劳顿 – 史密斯（Carmelina Lawton-Smith）

　　教练们来自不同的背景，而且往往具有丰富的经验，并对组织及容纳组织于其中运行的更广泛的环境有着很清晰的了解。然而，这些知识和经验往往会形成一个限制视野范围的参考框架。因此，扩展教练的参考框架对督导者来说就是一项很有价值的技能，因为框架能够起到"提醒"作用，并影响人们看到或看不到的事物。组织心理学提供了元视角来实现这一点。这是一个多样化的领域，旨在了解组织和组织内部的人员是如何运作的。它通过一种多学科的方法来提供各种可供选择的观点和多层次的分析。

　　本章的目的是借鉴组织心理学领域的模型和思想，以督导的方式，为教练带来新的视角。然而，如果要讨论所有可能涉及督导的领域，那仅仅一章的篇幅是远远不够的。因此，我们的目标是在宏观层面上研究组织心理学提供的想法、概念和观点何以能促进有效的督导。

在督导中运用多种视角

　　督导主要有三个功能：发展培育、质量管控和资源获取。能够为督导过程带来新视角（资源获取功能）的督导者，同时还会起到发展培育和质量管控的作用。通过引导被督导者关注组织的另外一种图景，与客户共事的新方法可能会涌现，从而促进被督导者的发展，并使其对情况了解得更透彻。同时，这些不同的观点还可能会提高教练服务的质量，因为在与特定的客户或情况打交道时，被督导者可能会受盲点和个人偏见的影响，从而导致视野受到限制。

最终，督导者对这段关系了解和理解得越多，就越有机会促进教练服务的发展，并提高其质量。此外，从多个视角来理解一个组织，还可以向被督导者传递一个信息，即督导者真正了解被督导者工作于其中的复杂的组织环境。

定义组织心理学

"组织心理学"不是一个可以简单界定的术语，也不是一组可以罗列出来的、离散的话题，它更像一个供各种子学科聚会交流的场所。组织心理学的持续发展分化出了许多子学科，包括工业心理学、工作心理学、商业心理学和组织行为学。每个子学科都反映了来自特定领域的特定兴趣。本章介绍的概念来自不同的领域，但都关注组织环境中的心理学。这些概念适用于所有组织，包括私人的、公共的和第三部门组织。"心理学"一词指的是"对人类行为和经验的研究"，但可以有多种解释。

所有在组织内工作的人都属于心理学意义上的"存在"。每个人都为自己创造了一种个人身份，这些身份可能与自信或自我形象有关。无论个体是否处于组织背景中，这些都是个体心理的方面。组织当中总是会存在各种心理现象，但在这里我们考虑的是更广泛的组织自身的心理学，即，那些由于在组织的背景中运作而受到特定方式影响的心理学方面。

这就意味着个体可能不是唯一的分析单元。例如，在考虑绩效时，从个人学习计划或个人绩效目标的角度考虑也是可以的，但组织心理学却将注意力转向了其他潜在的分析单元。我们可以将任务作为分析单元，查看时间表和优先级，或者工作是如何组织和分配的；也可以将小组当作分析单元，思考如何加强团队工作才能实现更广泛的绩效目标。组织层面的分析单元可以是认可和奖励制度，检查一下它是如何跨部门影响绩效的。甚至组织环境也可能与绩效相关，因为竞争和外部关注会影响和驱动有关绩效的要求。心理学以各种形式渗透进了组织的许多方面。组织心理学以其多样性和跨学科性为我们带来了丰富的视角，这对督导者来说是有价值的。

组织心理学的发展

在整个发展过程中,组织心理学从未有过一个单一的基本理论,它一直保持着多个层次的分析,聚焦于工作场所中对人的有效使用。这个学科的产生历史,可以部分地解释这个领域的多样性和分散性。下面对于组织心理学发展历史的简短描述,将是对这个话题范围的总结。

随着心理学在19世纪后期发展成为一个科学的研究领域,人们越来越多地将其应用于实际问题当中。随着工业化程度的逐步增加,职业不再由出身决定。更大的组织需要一种有效的方法来选择工人,这就引起了人们对心理测验的兴趣,以确定候选人的技能和适宜性水平。机械化也引起了人们对"时间和动作"研究的兴趣,以最大限度地提高生产力。其重点是从工程学中汲取灵感,通过"科学管理"来提高工业效率。科学管理试图通过测量和分析人们在工作环境中如何活动,来量化组织成功的确切的决定因素。

第一次世界大战激起了人们对选择和评估领域的进一步的兴趣和扩张,这是因为对于某些专家和新设立的角色,如电报操作员等,需要鉴别其是否具备特定技能。直到经典的霍桑实验广为人知之后,科学方法才成为规范。这项实验的原意是确定理想的光照条件,以最大限度地提高生产力,但却意外地发现了社会和群体因素对生产力的显著影响。这项研究见证了人类关系运动(Human Relations Movement)的诞生,并使人们的关注点发生了重大转变。动机、领导力和群体过程开始受到密切关注。

第二次世界大战一方面引发了人们对一些新领域的兴趣,如压力、宣传和人机界面等;另一方面进一步推动了针对特定战争角色的个体差异和遴选的深入研究。在战争年代,随着提高生产力的压力越来越大,培训、学习和获得技能成了热门。然而,社会规范已经发生了改变,工作生活质量的重要性开始导致人们关注管理模式、群体动力和社会过程。组织中的权力、控制和沟通等方面成了新的研究领域。马斯洛和赫茨伯格的动机理论,如工作扩大化和工作丰富化等概念,推动了工作的"人性化"趋势。

随着该领域的扩展，它吸引了来自社会学、人类学甚至社会管理等领域的研究人员。人们逐渐看清楚，组织本身就具有一些需要纳入考虑的特点，尤其是需要将之与迅速变化的环境结合起来进行思考。组织发展和关于变革的想法，与诸如企业文化等概念一起，进入了组织心理学的词汇库。

最近，心理学开始关注"积极"的方面，如优势、幸福和乐观，并将其作为最大化人类功能的方法。在"积极组织学术"或"积极组织行为"的新标题下，它们已经在组织中得到了应用。

卡恩对这一领域必备的宽度总结得很到位：

> 那些尝试在不同的抽象层次（个体、群体和组织）上同时处理数据的研究，可以最好地增进知识。这是一项艰巨的任务，其结果并不总是令人满意的。然而，它却是理解人类组织的核心要求。组织固然可以被简化为个体行为，但将其看作集体行为显然更合情合理，而且在某种程度上，只有将其视作集体行为才能获得理解。

因此，组织不仅仅是其组成部分的总和，需要多种层次的分析才能理解它们。如个性、压力、学习和技能增强等话题在个体层面上是最为相关的。相比之下，群体过程、团队工作、招聘和培训实践以及领导力是在管理层面上产生影响的。在组织层面上，诸如文化、权力和变革等话题开始有了关联。正如前面围绕绩效所做的分析显示，这些主题中的每一个都可以在对各个层次的分析中揭示出重要的特征。我们可能需要从各个方面来了解情况。

这个简短的历史叙述在其他地方有更完整的版本。在本章中，我们将回顾两种主要的理解组织的方法。第一个是开放系统模型，它强调了组织内外互动所产生的内在依赖性。第二种方法是通过使用可选的"框架"，在组织内部提供可选的视角。

作为开放系统的组织

组织从来都不是自我封闭的单位。它们是复杂的、不断演化的实体，并对自身运行其中的环境和背景做出回应。长期以来，理论家一直试图定义理想的组织结构，但由于影响组织的情景变量是如此之多，这种定义很难实现。举例来说，随着一个组织的发展，它需要更多的官僚机构和系统，而在员工很少时并不需要这些。技术进步影响了组织的结构，电子邮件和通信技术的出现使得团队和汇报线可以跨全球存在，进而影响了人们之间的关系。开放系统模型突出显示了这些依赖关系，并将组织定义为开放的、与外部环境因素持续交互作用的系统。穆林斯对这一点的重要性总结如下："为了发挥作用并维持自身的生存和发展，组织必须应对外部环境带来的机遇和挑战，以及风险和限制，其自身也是这个环境的一个组成部分。"由于所有的组织教练关系都是在这个组织系统中发生的，因此了解这个系统的影响对于督导而言是很有价值的。在督导背景下，霍金斯和史密斯关于这一点曾有以下论述：

> 对我们来说，超越针对客户及其组织的工作，看到更大的世界，常常会对整个系统造成相当大的冲击。通过这样做，我们开始了解在单次的会谈之外都发生了什么，并看到更大的动态和事件对客户组织的内部运作所造成的影响，以及它们对那些起初我们误以为只是单个客户问题的影响。
>
> 霍金斯和史密斯

举例来说，一位教练陈述了由于某位高管突然无法委派工作而给他制造的难题。他们可能会将此归因于个人信任问题，然而，对更广泛的外部环境的审查可能会揭示出最近发生的一起法律事件，在这起案件中，一名公司董事因过失杀人罪而被起诉。虽然这起法律诉讼可能与本案例无关，但更广泛的环境系统在教练领域是值得考虑的，而督导者的作用之一就是鼓励采用这种更广泛的观点。虽然督导者和被督导者可能无法完全理解每个特定行业或组织所具有的复杂性，但理解潜在的依赖关系和相互关系并采用系统视角仍然是有价值的。

开放系统模型还提供了一些考虑组织内部潜在变量的框架，通常被称为子系统。不同作者强调的子系统各有不同，其中一个例子是考虑任务、技术、结构、人员和管理。教练可能会在督导过程中描述一位在团队沟通中遇到困难的客户，并回顾自己是如何带领客户前进的。使用开放系统模型还可以扩展对话，依次讨论各个子系统，并考虑各区域是如何相互作用和相互影响的。新系统或新结构中可能存在的问题和解决方案与人际交往技能一样多。

引导教练思考这个更广泛的系统和相互关系，可以帮助他们以更全面、更整体的方式与客户合作。督导者可以进行更大范围的询问，以澄清教练在组织系统内的位置。这种模型可以为有关某个问题的讨论提供框架，也可以促进围绕被督导者自身经验和假设的讨论。对于被督导者而言，衡量和评估他们自己关于"组织如何运作"的假设会怎样影响他们处理客户问题，可能会是一个有用的方法。

关于组织的其他观点

"范式"可以被视为一个哲学和理论的透镜，通过它可以观察一个组织，而且它也将会影响通过那个特定的"透镜"所看到的东西。人们通常不太理解范式的概念，简而言之，范式能"告诉我们哪些信息是重要的，以及如何使用这些信息"。打个比方说就是，范式"照亮了某些信息，而将其他信息留在黑暗之中"。对许多人来说，能看到什么是他们的意义建构过程的自动功能，并没有被清晰的意识察觉到。

组织心理学提出了许多关于组织的模型，其中一个特别侧重于范式的模型可能对督导者而言会更有用，这就是鲍曼和迪尔所确定的四种组织框架：

- 结构框架——"工厂"；
- 人力资源框架——"家庭"；
- 权术框架——"丛林"；
- 象征框架——"神殿和狂欢节"。

每个透镜都提供了一个可选的视角，帮助管理者和领导者为问题设计出替代解决方案。在督导中，这个框架也可以帮助被督导者看到理解组织和情况的替代方法。这可以帮助他们摆脱过去经验的束缚，并不再局限于他们在教练过程中走过的历史路线。教练和客户都可能会被困在一个现有的框架中，而了解不同的视角则可以帮助我们进入新的、更有成效的领域。例如，查看一组财务数据可以发现一个组织在员工娱乐方面的花费，这可以根据公司的标准来进行评估。但这并不能揭示出员工是如何得到这些福利的；不管它是被视为有价值、有激励作用的，还是被视为公司少数精英们的挥霍滥用。从财务角度来看固然是一种立场，但如果关注的是人，那我们可能会形成一种截然不同的观点。

结构框架

结构框架由泰勒的科学管理理论演变而来。在这个框架中，效率和效能是由所建立的结构、政策和程序驱动的，协调和控制是实现组织目标的必要条件。其目标是尽可能多地度量、量化和定义，以减少可变性和不可预测性。这意味着对任何组织而言，都要有一种理想的工作流程模式和劳动分工。因此，问题可以通过重组来解决。

在结构框架中，我们考虑的是权威和指挥链如何垂直运作，以及如何实现团队和工作组之间的横向协调。这就产生了具有很强的计划和控制机制的规则、政策和程序。在界定理想的结构和工作流程时，我们需要考虑组织的规模、所用的技术以及外部环境对组织的要求等方面。因此，在一个易变或不确定的环境中，组织的结构必须具有适应性和灵活性，而这可能需要以牺牲效益和简单性为代价。因此，组织的目标和战略会驱动许多这一类的决策。一家大型的牛奶商品供应商的组织结构，与一家精英化的时尚产品供应商的组织结构可能会大不相同。

人力资源框架

人力资源框架是指关注参与组织的个体的需要，并考虑其产生的感受和偏见。在这一框架中，管理活动既可能会导致疏远和敌意，也可能会带来参与和动力。因此，管理者需要创造参与式管理，注重工作的丰富性和自主性，以实现高绩效。这一观点在很大程度上借鉴了赫茨伯格和马斯洛的观点，他们提醒人们注意个体的反应是如何影响组织的。

在人力资源框架内，焦点主要放在人的身上——如何招募合适的人才，以及如何激励、培训和奖励关键员工。关于如何对员工进行授权赋能并鼓励其敬业和参与，目前是有争议的。关注的热点是人际关系动态和团队的理想组成。心理测量学被用来支持个体的发展和管理，其以员工调查的形式向员工寻求反馈，以评估如何改善人们的工作环境。在这种框架内，人被看作将其他问题带入工作环境中的社会动物。因此，组织的成功依赖于管理这些社会人之间的情感和互动。

权术框架

权术框架引入了组织中的权力动态和冲突的概念。其重点在于如何做出决策，以及内部联盟对于组织实现其目标的能力有何影响。这并不是说冲突一定是坏事，很多时候它都是可以推动组织发展和成长的。然而，如何处理冲突和协调权力却会对组织的成果产生重大的影响。

这个框架着眼于权力的其他替代来源，以及如何分配和使用权力。权力结构可以被绘制出来，以获得对情况的理解。结成网络、谈判和讨价还价都是至关重要的组成部分。这里生态系统的发展有时会以买断和接管的形式被打断。正如我们所看到的，这些权力动态和生态系统影响了公共和私营部门之间的领地，在这片领地中，半官方机构和游说是标准的商业实践。

象征框架

象征框架处理的内容包括：组织内存在的意义建构和文化规范；什么样的仪式和行为定义了价值观和主流文化；故事是如何传播的，以及所采取的行动有什么意义。我们常常会以从未有过的方式解读那些在组织历史中起决定性作用的事件，这种意义建构就成了组织的一种表达。

流言、幻象和价值观都很重要。故事围绕着组织的价值观和核心意识形态展开，并且弥漫到了仪式和历史当中。文化包括一套共同的信念、价值观和习俗，它们传达着"我们在这里做事的方式"。印象被成功地管理，以促进共同的理解和文化契合，从而形成一种"局内人/局外人"的心态。

这个简短的总结突出了四个潜在的框架，但通常教练和他们的客户会偏爱其中的一个或多个，这可能是受经验或长期持有的价值观和信念的影响。这就意味着他们会主要通过目前正在使用的透镜来看待问题和解决方案。每个框架都有自己关于现实的幻象或图景。我们发现一些管理者的思维方式限制了他们的视野，阻碍了他们理解和应对组织中日常生活复杂性的能力。因此，一个看重结构和组织的教练可能倾向于结构框架。如果他们的客户希望处理微观管理和授权的问题，并且倾向于类似的框架，那么讨论的焦点就可能会是权威、协调和控制系统。也许会看看客户需要如何重组职责和任务，以更有效地实现部门目标。然而，被锁定在人力资源框架内的教练和客户可能会花更多时间讨论更多的授权可能导致的人际群体动态，或者对动机的影响，以及可能因此而需要的培训或发展。虽然任意一种方法都谈不上正确或错误，但它们各自有其局限性。有可能仅仅通过创建自我管理的工作团队和培训，就可以实现授权。但如果问题是责任扩大的结果，则可能需要改变结构，因为仅靠人力资源框架可能无法解决问题。

督导者能够以多种方式使用这些范式。首先，在与组织合作的时候，对这些框架的理解可以支持有效的工作关系，确保督导满足发起人的需要。其次，这些框架可以通过创建一种与被督导者展开讨论的语言和模型来开启督导过程。它们为辩论提供了一个明确的框架，就每一种方法的相对优点而言，该框架是不具评判性的。最后，该框架可用于扩展七只眼模型中的每一个视角。

- 在模式1中，督导者可以帮助教练意识到客户的框架可能会如何影响他们的描述及其在教练活动中表达出来的反应，并帮助他们理解客户的视角。客户是否被锁定在了某个特定的框架中？从客户的描述中传达出来的是什么框架？
- 在模式2中，督导者可以关注教练能够用来扩大客户视野的干预措施。如果教练习惯使用的干预措施不利于扩大客户的视野，就会引起特别的关注。哪些干预措施能够拓展这些框架的视野？目前使用的干预措施中所隐含的框架是什么？
- 在模式3中，督导者可以关注教练和客户各自使用的范式之间的相似和不同之处。是什么框架在当下决定了客户和教练的视野？教练关系的哪些方面表明了相似或不同的观点？
- 在模式4中，教练自己根深蒂固的信念是否会驱使他们倾向于始终采用一种框架？是什么样的经验和信念塑造了他们当前关于组织及其内部人员的观点？
- 在模式5和6中，督导者审视自己的信念和框架，以确保自己在实践中建立和使用了所有的框架。
- 在模式7中，督导者可以将每一个框架应用于更广泛的开放系统和环境中。

在识别教练看待和解释情况的特定习惯，以及鼓励他们开发其他可替代的参考框架方面，督导者处于一种独特的地位。

以下案例基于发生在督导中的一个真实情景。名字和背景都已经做了修改，以

COACHING AND MENTORING SUPERVISION
第 12 章 教练督导中的组织心理学模型

保护当事人的匿名性，但还是要感谢同意发表这个案例的教练。

罗伯特是一名商业教练，他来接受督导是想知道自己未来将如何与某位客户继续合作。这位客户名叫卡尔。罗伯特和卡尔共事了一段时间，但他觉得自己再也不能引导卡尔产生新的想法或继续前进。下面是罗伯特向他的督导者描述的情况。

案例说明

背景

罗伯特："我现在正在教练一个名叫卡尔的男人，他在两年前被一家工程公司聘为业务开发总监。这家公司有着悠久的传统历史，但一直在努力进入新兴市场，因此卡尔被招进来开发新的商业机会。公司原来预计卡尔至少要花一年时间来熟悉产品和市场，但是现在，在入职两年后，卡尔仍然在努力实现执行董事所制定的战略目标。执行董事迈克尔已经在这家公司工作了六年，他渴望向母公司展示业绩的成长，但却为卡尔感到担心。我是迈克尔邀请来为卡尔提供教练服务的，因为他觉得卡尔很有潜力。我已经和卡尔进行了几次教练会谈，他觉得销售总监西蒙有很大的问题。因此现在有三个关键的参与者：我的客户卡尔、执行董事迈克尔和销售总监西蒙。"

"卡尔声称西蒙一直阻止他实现目标，不去跟进那些卡尔提供给他的潜在机会，并且在董事会议上暗中破坏卡尔的提议。卡尔说，他已经竭尽全力让西蒙站在自己的一边，因为他们处在同一级别，不应该有这种行为。

我们谈了很多关于西蒙的事情，他在公司工作了 30 多年，从车间工人起步，一步步升为销售总监。我和卡尔针对他和西蒙的关系以及如何赢得西蒙的支持谈了很多。我们讨论了卡尔的沟通风格，审视了他对西蒙采取的沟通方法。我们所讨论过的，卡尔似乎都已经做到了，但是很明显，尽管我们做了这么多工作，卡尔还是没能达成目标，我也不知道该如何帮助他。

我似乎不能再为这种情况带来任何新的东西，也不知道现在该重点关注什么。"

从罗伯特描述的干预措施来看，他似乎在从人力资源的角度处理卡尔和他的处境——通过试图让卡尔考虑人际关系，以找到更好的方法激励西蒙更加合作。然而，尽管做了很多工作，却没有取得什么进展。事实上，罗伯特甚至觉得卡尔具备很好的沟通技能，而且似乎已经做到了他们在教练会谈中讨论过的所有事情。

督导者决定从其他备选框架出发向罗伯特提问，以产生新的方法。其目的是为这一局势带来一种新的视角。

督导者："你说卡尔和西蒙属于同一个级别，但卡尔却觉得自己没有被那样对待。卡尔认为西蒙的权力是从何而来的呢？"

罗伯特停下来思考这个问题，因为他意识到自己从来没有和卡尔讨论过这个方面。这就产生了一场非常有用的、有关权力结构的讨论，并使罗伯特产生了如何扩展与卡尔的讨论的想法。在此之后，督导者提出了有关公司文化的问题，以及可能与行动相关的符号和意义。这启发罗伯特产生了另外一些想法，使他想到未来可以基于象征框架与卡尔开展讨论。很明显，该组织的传统性质带来了许多需要讨论的文化规范。

督导者和被督导者依次讨论了其他的框架，罗伯特开始意识到他和卡尔都采用了人力资源框架，所以两人是以类似的方式来处理这个问题的。罗伯特和他的督导者讨论了如何使用每一个备选框架来拓展客户的视角。

故事的结局

在接下来的教练会谈中，罗伯特让卡尔描绘了当前的情况和理想的情况，从而产生了两种潜在的策略。最终的解决方案来自权术框架——通过增加执行董事的参与来削弱西蒙的权力。随着更深入地参与业务开发事务中，执行董事开始对情况有了足够的了解，并能够在需要的时候支持卡尔。卡尔和执行董事进行了沟通，就某项新的业务发展方案获得了他的支持，这使得执行董事有足够的认知来支持卡尔，并有效地降低了西蒙的控制水平。他的新项目是由执行董事在接下来的董事会上提出的，卡尔很惊讶地看到西蒙同意了新的提案。

很明显，从不同备选框架中产生的信息可能会有重叠。为了减少西蒙对新项目的参与，可能需要改变结构和汇报路线。因此，权术框架分析可能会产生一种需要通过结构性改变来实现的想法。无论如何，与被督导者一起使用每个框架，总是可以帮助产生一些关于如何处理客户情况的新想法和洞察。

对方法的评价

组织心理学涵盖了各种各样的主题，它们提供了各种与组织相关的概念和方法。单个主题也可能很有用，但该领域的主要优点之一就是它所提供的视角的丰富多样性。这一章提出了几种备选的视角，当被督导者提出基于组织背景的问题时，督导者可以选择并应用这些不同的视角。它强调了一些可以促进新思考的范式，可以促进被督导者评估和发展他们的实践。扩大被督导者的视野范围，就可以揭示出哪些新的、复杂的方面值得研究，从而实现发展培育和质量管控这两个功能。

后续学习

鲍曼和迪尔于 2008 年出版的著作《重新架构组织：艺术技巧、选择性和领导力》(*Reframing Organizations: Artistry, Choice, and Leadership*) 堪称经典文献，涵盖了这四个框架，细节丰富详实，并给出了相关的、当前的组织案例来说明观点。

德伦特编撰于 1998 年的著作《工作与组织心理学导论》(*Introduction to Work and Organizational Psychology*) 简明扼要，涵盖了历史背景和组织心理学家所起到的作用。

穆林斯出版于 2010 年的著作《管理及组织行为》(*Management and Organisational Behaviour*) 是一本综合性的教科书，全面涵盖了组织心理学中大部分关键的理论思想。

供你反思的问题

- 当你思考组织中的问题时，你能找到自己喜欢的解释框架吗？你能识别出关键的教练对象或督导对象偏好的框架吗？
- 哪个框架对你进一步发展自己的实践最有用？

第13章　督导的系统方法

彼得·霍金斯

> 上帝创造的世界如此丰富多彩，为什么你却选择在这个黑暗的小监狱里沉睡？
>
> 莫拉那·贾拉鲁丁·鲁米（Mevlana Jallaladin Rumi）

在这一章里，我将说明系统性督导如何帮助教练不仅关注个人客户的需求，还能关注组织客户、组织的利益相关者，以及所有各方之间的关系。因此，我将研究系统性督导如何为各方创造出迈克尔·波特（Michael Porter）和马克·克雷默（Mark Kramer）所说的"共同价值"。同时，我也会论证系统性督导是督导团队教练和组织教练的一种基本方法。

系统性督导

我已经写了30年有关督导话题的文章，虽然现在回过头来看，我发现自己几乎所有的著作都受到了系统性视角的影响，但直到写这一章之前，我都从未停下来尝试界定系统性督导的基本原则。在此我将提出以下定义。

系统性教练督导是指对教练或教练团队的督导，它必须满足以下条件：

- 以一种系统的视角看待问题；
- 服务于系统各部分的学习和发展；

- 根据客户的系统背景关注客户；
- 将教练和督导者作为系统场域的一部分包括进来，一起考虑。

我将这四点称为系统性督导的四大支柱，但我们要注意，不要误以为系统性督导包含在"柱子"里面，而要将注意力放在"柱子"所撑起的系统性督导的空间上。牢记这一点后，我现在将依次探讨这四大支柱。

支柱1：以一种系统的视角看待问题

越来越多的人认识到，最重要的组织问题是无法仅通过试图纠正组织内某一部分的问题来解决的，因为组织是一个相互关联的整体。同样，组织面临的许多挑战都超越了组织的界限，涉及更广泛的利益相关者体系，如果没有这些利益相关者，组织就会不复存在或失去存在的意义。这些利益相关者包括客户、供应商、合作的其他组织、员工、投资者、组织运行其中的社区，以及生态环境。

加雷思·摩根（Gareth Morgan）在1997年曾写过一篇文章，描述了占据主导地位的组织隐喻是如何从"把组织看作机器"转变成"把组织看作活的有机体"的。这种主导性隐喻的转变同样带来了处理组织问题的其他观点和方式的转变。表13–1总结了这个系统性转折。

对系统和系统思维界定得最清楚的作家之一是弗里乔夫·卡普拉（Fritjof Capra）。他将系统定义为"一个完整的整体，其本质属性源自其各组成部分之间的关系"。他后来将系统思维定义为"在更大的整体背景下理解一种现象"。卡普拉认为，生命系统可以通过三个不同但相互关联的透镜来观察。这三个透镜分别是：

- **组织模式**。决定系统基本特征的关系的配置。
- **结构**。系统的组织方式的物理体现。
- **生命过程**。系统组织方式的持续体现所涉及的活动。

因此，一个生命系统可以是一棵植物、一个活着的动物或人、一个家庭、一段教练关系，也可以是一个团队或一个完整的组织。

表 13-1　　　　　　　　　　系统性转折

从过去仅仅聚焦于……	转变为同时聚焦于……
部分	整体
事物	关系
内容	模式
定量分析	定性探究
孤立的事件	在更广泛背景下的事件
作为某个时刻的"定格快照"的事件	跨越时间、持续发挥作用的模式
线性思维	过程思维
用于建构的"砖块"	将"砖块"组织起来的原则

卡普拉深受伟大的人类学家、系统思想家格雷戈里·贝特森（Gregory Bateson）的深刻影响，后者写道：

> 根据 19 世纪中期英国的普遍思考氛围，达尔文提出了自然选择和进化理论，在这一理论中，生存的单位要么是家族系，要么是种类或亚种，或其他类似的东西。但今天我们能很清楚地看到，这并不是真正的生物界的生存单位。生存的单位是生物体加上环境。我们从痛苦的经验中得知，生物体破坏环境就是自我毁灭。
>
> *格雷戈里·贝特森*

生存和成功从来都不是独立的，而是相互关联的，然而我们大多数时候都表现得似乎个人、团队或组织能够通过优化他们在更广泛的系统中占据的那部分来获得成功。

彼得·圣吉（Peter Senge）将系统定义为"一个感知到的整体，它的元素'结合在一起'，因为它们能够持续不断地相互影响，并朝着一个共同的目标运作"。他接着说，系统思维是"一门观察整体的学科，一种观察框架：观察的是相互关系而不是线性因果链，是潜在结构而不是事件，是变化模式而不是'定格快照'"。

这一支柱对于督导的意义在于，所有的督导者都不仅需要在教练、个人心理和发展、了解组织和督导等方面接受训练，还需要接受系统思考方面的训练。这主要包括发展个人的认识论，从关注个人、问题和瞬间的"定格快照"，发展成为能在更广泛的环境下、在时间的推移中看到所有议题，识别出模式，并知道如何在更基本的系统层面上创造转变。

支柱2：服务于系统各部分的学习和发展

许多被督导者在谈到自己的客户时，都把客户仅仅视作他们遇到的个体。他们没有意识到客户工作其中的组织（而且通常是这个组织为教练服务买单），以及组织和个人之间的关系，都是他们的重要客户，都拥有正当的权利。

在我的著作《高绩效团队教练》（*Leadership Team Coaching*）一书中，我用了有关帕西法尔的神话来说明这个问题，并称之为"帕西法尔陷阱"。

帕西法尔陷阱是以具有传奇色彩的圆桌骑士帕西法尔爵士来命名的。他很早就离开家，开始了寻找圣杯的冒险之旅。他的勇气和纯真给他帮了很大的忙，使他在很年轻的时候就到达了圣杯城堡，在那里他看到了令人敬畏的圣杯游行队伍，带着人们梦寐以求的圣杯。他陶醉于兴奋之中，为自己的最终抵达感到荣耀和光荣。但在第二天早晨醒来后，他发现自己躺在一片潮湿、寒冷、空旷的田野里，整个城堡、队伍和圣杯都消失在雾中了。他没能问出那个可以让他留下来的问题。帕西法尔又花了许多年的时间去寻找通往圣杯城堡的路，但这一次他凭借自己的智慧和经验，明白了必须提出的问题："圣杯为谁服务？"当督导者视督导或教练本身为最终目的，并因此没能与他们的客户共同探讨"我们正在做的督导和你正在做的教练，究竟服务于谁"这一问题时，他们就会陷入帕西法尔陷阱。

如果没能提出上面那个问题，我们就会像年轻的帕西法尔一样，醒来时发现自己处在一片寒冷、多雾、贫瘠的旷野里，疑惑着为什么我们的梦想消失了，并因此要进行更多年的寻找。我的高管教练至少需要服务于个人客户、他们所在的团队、他们的组织，以及组织所服务的更广泛的系统。此外，我必须服务于所有这些各方之间的连接和相互交织的关系，因为这些实体仅凭自身是不可能成功的，它们的价值是内在地联系在一起的。我需要把注意力集中在所有各方尚未实现的潜力以及它们之间的联系上，并协助实现这一潜力，以便组织能够发挥其潜能，为更广阔的世界做出更大的贡献。

因此，提供系统性督导的督导者需要在一开始与被督导者签订合同时就清楚地表明，督导工作应该被看作一个联合企业，服务于个人和组织客户、个人和组织之间的关系、更广泛的利益相关者系统，以及教练行业。在接下来的章节以及后面的案例说明中，我们将进一步探讨制定合同的方式。

支柱3：根据客户的系统背景关注客户

我在督导教练时使用的是"CLEAR"过程模型。它与"GROW"模型既有相似又有不同。它由五个阶段组成，分别是：合同（Contract）、聆听（Listen）、探索（Explore）、行动（Action）和回顾（Review）。当以系统性的方式实施督导时，与关注个人客户并以绩效为焦点的督导相比，这五个阶段中的每一个都有着与之前不同的、更为广泛的关注点。

在督导会谈开始之时，我通常会要求被督导者谈谈这次会谈能够为他们、他们的个人客户、客户为之工作的组织及其服务的更广泛的系统创造什么价值（合同）。然后，当被督导者讲述他们工作中的情况时，我将用"系统性的耳朵"来聆听，聆听有关教练、个人客户、客户工作的组织，以及组织和个人之间关系的真实情况。客户的故事通常是"有黏性的"，因此教练在来到督导现场时，很有可能已经被困在了客户的故事和框架中。重要的是，督导者要从多个角度聆听，不仅仅聆听那些宣之于口的内容，还要聆听那些没有被说出来的甚至可能被忽视了的内容。

在探索阶段，我可能会要求被督导者具体表达客户、客户的团队、客户的组织或更广泛的利益相关者的观点。比如，我可能会鼓励他们坐在不同的椅子上，以代表不同的方面，或者制作一个图像造型（见下文的案例说明）。

在帮助教练探索他们自己的发展时，我经常会采用我最喜欢的策略问题："你能做到的独特的，同时又是未来世界所需要的事情是什么？"这个问题不仅对教练来说很有价值，而且可以在系统的各个不同层次上提出，个人、团队、部门、业务单元、组织、利益相关者社区、业务部门甚至国家都能有所收获。

在行动阶段，督导的重点是帮助教练具身表现出转型性变化，这种变化是促使客户转变所必需的。如果充分地做到了这点，那教练就可以对他们参与其中的更广泛的系统产生预期的影响。这个阶段通常包括一段"快进式演练"[①]。

在最后的回顾阶段，重要的是要回顾之前商定的合同，我们为系统的所有部分共同创造的价值，以及教练致力于尝试的实验。我们将在下次督导会谈开始时回顾这些内容。

支柱4：将教练和督导者作为系统场域的一部分包括进来，一起考虑

七只眼督导模型从根本上来说就是一个系统性模型，建立在督导系统关注它自己的系统、教练系统，以及这两个系统均嵌入其中的、更广泛的系统背景之上。此模型不仅关注个人客户（模式1）及其与系统背景的关系（模式7），还关注教练关系的系统（模式2、3和4）以及督导关系的系统（模式4、5、6和7）。

在培训督导者的时候，我们几乎总能发现，督导者们在开始培训的时候就已经精通七种模式中的一种或两种了，但他们很少能充分利用各种可能性。他们常常与被督导者即教练合作，来更好地理解他们的个人客户（模式1），以及投射在更广泛的系统背景上的焦点（模式7）。随着培训的深入，督导者常常会报告说他们"收听"到了更多来自更广泛系统的需求（模式7），并发现最有效的干预往往来自那些反思感受和反应的模式（模式5和6）。在这些模式中，他们清楚明白地反映出了自己的内部发生了什么，并且关注当下的关系需要做出哪些改变（模式5），才能促使教练发生转变（模式4）。很容易忘记的一点是，变化唯一能发生的时间和空间，就是此时此地；在更广泛的系统内，督导唯一能创造出的具身转变，也就在教练的身上。

七只眼模型强调，系统性督导不仅仅关注外部系统，也关注督导者和被督导者都参与其中的督导系统本身。这个督导关系的系统也同样嵌入了更广泛的系统背景当中，包括被督导者和督导者为之工作的组织以及这些组织机构的抱负和期望，还有双方所属的专业背景和组织。被督导者也有可能仍在接受专业训练或寻求认证，

[①] 快进式演练是一种方法，指的是助人者将时间快进到未来设想中的某些关键的时刻，要求帮助对象将其预想要做到的变化用仿如身临其境的、具身的方式表现出来，以巩固通过之前对话已经达到的改变效果。——译者注

这些都将成为督导过程中需要关注的场域的重要特征。

督导者的角色与责任

作为督导者，要系统地工作，就必须保持警觉。首先，督导者必须对自己的假设和限制性思维方式保持警惕。作为在20世纪西方的思维方式中长大并接受教育的人，我们的基本认识论和了解世界的方式，本质上都是非系统性的。因为我们从小就被教导要：

- 看到事物而不是关系，看到事件而不是模式；
- 采取二元论的极性思维方式：夜–日、好–坏、对–错；
- 关注外部的世界，就好像它独立于我们的参与而存在；
- 关注问题；
- 把领导力、学习力和发展看作个人现象而不是关系现象。

如果我们不能持续消除自己通过这些框架观察和理解世界的"惯性"，那我们就无法系统性地实施督导。

其次，我们必须警惕被督导者的限制性假设和行为模式。作为督导者，如果我们能帮助被督导者意识到并超越自己的限制性参考框架，而不是一同陷入他们用来呈现话题或"问题"的框架，我们就能创造更多的价值。

最后，我们必须保持警惕，不要以出现在面前的教练个人为中心，而要始终对那个塑造了其行为、个性和产生了所呈现议题的更广泛的系统保持好奇和探究的态度。

此外，督导者必须对系统性保持一种适当的谦卑，这包括认识到自己在任何时候都不可能意识到整个系统的所有视角，以及我们终将受到自己在系统中所处的特定位置和特定时间点的限制。督导者需要记住，督导并不是由督导者独自完成的，而是由督导者和被督导者合力推动的，并服务于教练（辅导）对象及其组织，以及存在于他们之间或他们和更广泛的利益相关者之间的关系。督导者应避免"我懂得更多"或"我理解得更快"之类的想法，而应利用他们与当前问题离得相对较远这一优势，在督导对话中开辟新的系统视角。

最重要的洞察和转变不是来自督导者或被督导者的认知，而是涌现于他们之间的对话式探究。因此，对于系统性督导而言，最重要的不是督导者做了什么，而是他们带来和在督导关系中持有的态度和观点。这种态度需要建立在一个系统性的视角之上，包含上面提到的四个支柱，并探索它们之间的空间。

为了帮助处理这些动态和复杂性，我开发了一个具体的团队教练督导模型。该模型虽然是为在团体环境中督导团队教练而设计的，但也可以改编适用于其他督导环境。这个模型提供了原则和框架，并确定了达到平衡所必需的最低数据量。这里的意思是，一个人至少需要关注这些方面的数据，才能够探索动态的各个层面（个人、人际、团队、组织、更广泛的系统、教练与团队的关系、教练与团队教练发起人的关系），进而迈步向前，针对"团队、教练关系和教练本人需要哪些转变"获取一手的信息。

下面这个案例讲述的是针对一名团队教练的督导。这个案例展示了模型的每个阶段，楷体字部分是被督导者的回应和督导的进展情况。

案例说明

步骤一：签订合同

询问团队教练即被督导者想要及需要从督导中得到什么。要做到这一点，最有效的方法就是在心里想着目标，然后问他们：

"要想让这次督导对你、对团队以及对客户组织来说都是成功的，你希望在督导中实现什么成果？"

从这次督导中，我需要清楚地了解如何解决模糊的边界和冲突的议程，不管是在现在我为一个高级团队提供的团队教练中，还是在我与团队中的个人进行的一对一的教练中。

"作为督导者，你最需要我做什么来帮助你实现这些成果？"

作为督导者，我需要你帮助我厘清正在发生的事情，并向我发起挑

战，帮助我看到前进的道路，这样我才能更好地满足所有相关各方的需求。无论从关于现状和前路的探索中涌现出什么结果，我都需要在接下来的过程中保持注意力的平衡。

步骤二：设定场景

我要求被督导者用一分钟的时间描述自己正在与什么类型的团队合作，以及一些关于团队的简要数据。

> 我正在与一家国际组织的英国子公司的高管团队合作。一开始，我的工作是为团队中某些特定成员提供一对一教练，因为执行董事认为这些成员没有达到他对董事会的期望水准；接下来是一个针对所有九名董事会成员的360度反馈过程；现在的工作是为一个五人团队提供团队教练，这五个人认为自己在两级的董事会中处于较高的等级。我发现自己陷入了一种混乱的局面中：在还不了解被排除在外的个体的情况下，我已经开始教练这个团队的一部分，并继续为那些被排除在外的人提供一对一的教练服务。

步骤三：探索动态

我邀请团队教练在一张大纸上用符号、图像和颜色代表团队的个体成员、他们之间的关系以及团队周围的利益相关者。在每个阶段，被督导者都需要先作画，然后再谈论她所画的东西。这是图像造型的一种方式。

个人："这个团队中的每个人都发生了什么？"

> 执行董事在18个月前聘请了财务总监、商务总监和信息技术总监，给了他们比现有的职能总监更高的级别。实际上董事会的确存在两个层级，尽管团队并没有对此公开议论。这种差别是团队中原有成员不满的来源，同时新团队并不看好这些原有成员的技能。

人际："人与人之间发生了什么？"

> 在执行董事、财务总监和商务总监之间有一种"自己人的爱"。我仿佛看见自己握着执行董事的手，似乎被核心集团捧上了神坛。

团队动态："如果将这个团队比作一首乐曲、一道菜或一个地方，那将会是什么？"

如果这个团队是一首乐曲,那一定是由勋伯格演奏的①,虽然他的演奏风格与其他艺术大师并不一致,但每个管弦乐队的成员都在做他们自己的事情。

团队使命和意图:"团队目前暂时没能实现,但是却想要、需要、渴望达到的目标是什么?"

18个月来,这个团队在自己的领域里埋头苦干,整理他们接手的财务和组织上的混乱,并完成了对业务的品牌换新。现在,他们希望采取更集中的战略焦点来推动业务通过下一个发展阶段,并渴望提高团队的运营水平和挑战水平。

利益相关者参与:"团队需要涉及的关键利益相关者都有哪些?在这些关系中,哪些方面需要改变?"

他们的主要利益相关者是母公司、客户、供应商和员工团队。团队的个别成员和他们的利益相关者之间存在着一些良好的关系,但需要转变为一种更协调的集体联系方式。

更广泛的系统背景:"团队需要、希望、渴望在其更广泛的系统环境中创造什么?他们需要在团队中改变什么,才能实现他们自己想看到的变化?"

该团队已经对品牌进行了重大改进,以提高其盈利能力和市场份额。现在他们认为市场已经饱和,重点是通过改进流程和交付来提高利润率和盈利能力。这将要求团队在合作的方式上更加巧妙,以提高运营效率,并在识别可能的增长机会方面变得更具战略性。

步骤四:澄清三方的合同和意图,决定工作应该聚焦于教练之轴②的哪个位置

我邀请教练扮演团队集体的角色,并以团队的口吻讲述,团队想要和需要

---

① 勋伯格是奥地利裔美国作曲家、音乐教育家和音乐理论家,西方现代主义音乐的代表人物。其创作生涯中期开始采用"无调性"的音乐风格,晚期则更进一步发展为"表现主义"风格。其乐曲往往表现作曲家极为复杂的情感,具有非主题性、节奏与旋律破碎、配器古怪等一系列特点。——译者注

② 教练之轴模型是由霍金斯提出的。此模型根据教练对象的卷入深度不同将教练活动依次分成聚焦技巧(skill)、聚焦绩效(performance)、聚集发展(development)和聚焦转化(tansformation)四类。——译者注

从教练活动和教练本人身上得到什么。

作为团队,我们需要从团队教练那里得到的是一个能够让我们给董事会议带去更大挑战和更多诚实的人。这个人能够挑战我们,让我们能够说出"房间里的大象"(the elephant in the room)[①],并开启一直羞于启齿的对话。

接下来,我要求团队教练变回自己,表达自己作为团队教练与这个团队合作的意图、收益和投入。

作为团队教练,我对这个团队的意图是,他们能够以一种坦率的方式进行艰难的对话,并且成为一个能在战略上聚焦的董事会。所有人都能够独立和共同承担责任,真正专注于为他们的利益相关者提供服务。

然后团队教练被要求扮演团队所在的更广泛的组织或系统的角色。在这个角色中,教练被邀请表达更广泛的组织对团队教练关系的期望和需求。在这一环节,他们有可能会被问到自己关于组织或明或暗所追求的投资回报的看法。

作为更广泛的组织,我们需要团队教练来促使这个团队更有效地展开合作,带领我们在一个充满挑战的市场中实现可持续的增长,并通过协调不同团队之间的流程和解决我们之间的某些不协调,使我们的工作变得更加轻松。

步骤五:开发团队及团队教练所需要的转变

根据团队教练在前面四个步骤中的发现,我鼓励她回答以下问题:

- 团队需要如何转变才能满足各方的期望?
- 她和团队的关系需要发生哪些改变?
- 作为教练,她需要做出哪些转变,才能实现"她想在客户身上看到的变化"?
- 她的具体承诺是什么?

[①] 英文中"房间里的大象"意指所有那些触目惊心地存在却被明目张胆地忽略甚至否定的事实或感受,就是那些"我们知道,同时也清楚地知道自己不该知道"的事。——译者注

第13章 督导的系统方法

在这个过程中,重要的是帮助团队教练超越洞察、意识和良好的意愿,具身体现出学习和承诺。这可能需要教练预先演练下次与团队会面时需要用到的最重要的说辞,或找到并表演出正确的情绪状态以改变自己的内部动态。

- 为满足各方的期望,团队需要的转变是愿意对彼此和其他观点更加开放,愿意提供和接受更多的挑战,形成更有凝聚力的企业,不仅关注自己的领域,还要看到团队之外,看到利益相关者的需要,并以此指导自己的焦点。
- 我与团队的关系需要转变的是,我需要走出"内部圈子",放弃我作为"受青睐者"的地位,为我看到的正在发生或没有发生的事情提供更多具有挑战性的真实写照。这意味着我不会替代他们进行那些艰难的对话!
- 为了使我自己实现'我想在客户身上看到的变化',作为教练,我需要进行更多的坦率对话,并且更清晰地定义团队关系中我的角色,包括我会做什么和不会做什么。
- 我的具体承诺是给执行董事打电话,讨论我如何做才能在团队向前迈进的征途中最好地帮助他们……尤其是帮助他们进行他们自己羞于启齿的艰难对话。在这次交谈中,我将提出我在教练团队个别成员时的不适。这种不适是因为我同时也在教练团队的"高层",而在后一种教练活动中谈到的问题会对被排除在外的团队成员产生影响,但这些人却没有参与进来共同处理问题的机会。

步骤六:回顾

重要的是,督导结束时,你要回到合同上来,与被督导者一起检查其从会谈中得到的最有用的帮助,以及还可以做些什么来更好地对她的工作和学习产生帮助。

> 这次督导实实在在地帮助我清楚地看到了自己所处的情况。尤其有用的是思考系统需要从这个团队中得到什么。我还可以看到,系统已经找到了一种能够让我体验系统动态的方法……即我可以在正面坦率地提出问题之前私下进行会面。

对方法的评价

系统性督导与针对高管的教练和辅导更为相关，因为其中存在对组织效益和学习的期望，而不仅仅是关注个人的学习和意识。它是"以多方客户为中心"的，而不是"以某位客户为中心"，因为它总是假定工作是服务于多方客户的，而不仅仅是教练或辅导的对象。一些教练很难掌握系统性的视角，因为即使是在个体教练的场景下，它也具有高度的复杂性。一些积极的学习者也发现支撑这种方法的某些理论既难学又充满挑战。在这种情况下，通过系统地探索和解决他们在教练过程中出现的实际问题，督导可以有所帮助。

迄今为止，还没有关于督导对于教练成果影响的实质性研究。事实上，关于教练活动对除教练对象以外的更广泛系统的益处，也几乎没有相关的研究。我认为，这一领域需要的是对个人和组织从以下方面获得的收益进行比较研究：

- 没有督导的高管教练活动；
- 有督导的高管教练活动，其中督导聚焦于个体；
- 有督导的高管教练活动，其中督导聚焦于系统。

如果教练活动是为了真正服务于多个利益相关者（包括教练对象及其团队、部门、组织及其更广泛的利益相关者），那教练需要开发一个更大的系统方法来指导他们。许多教练试图通过阅读有关系统、复杂性和混沌理论的文献来做到这一点，但却很难将复杂和抽象的概念应用到他们针对个人和团队的工作中。系统性督导是系统性教练活动过程中的一个关键方法。督导者不仅可以帮助教练在更广泛的系统背景下对教练客户进行反思，还可以帮助教练在系统关系网络中发挥自己的作用。

在我自己作为教练不断发展和学习的漫长旅程中，我一直都需要并经常会接受督导。这帮助我看到了更广阔的视野，并进入了一个比我以前梦想的还要大的领域。如果没有这种系统性督导，我相信我将无法为客户和他们的更广泛的系统提供所需的发展。此外，我坚信，一种系统的思维方式是人类意识和行动实现更广泛转变的基础，这也是世界迫切需要的。

后续学习

要想了解更多关于如何实施系统性督导的知识,一个好的开端是阅读本书中有关七只眼模型的第2章,我和我的同事吉尔·施文克合写了这一章。如果你想深入学习,那你可以阅读《教练、辅导与组织咨询:督导、技能和发展》一书,这本书从系统的角度概述了整个教练督导领域。在《高绩效团队教练》一书中,你可以找到对所有类型的团队教练活动进行系统性督导的具体方法。

对系统思考最好的介绍是弗里乔夫·卡普拉所著的《生命的网络》(The Web of Life)和格雷戈里·贝特森的开创性著作《通往生态思维之路》(Steps to the Ecology of Mind)。后者的思想密度很大,不容易阅读,读者可能会发现我的论文《格雷戈里·贝特森对行动研究和组织发展的贡献》(Gregory Bateson: his contribution to action research and organization development)是一个有用的介绍。

COACHING AND MENTORING SUPERVISION
Theory and Practice

第三部分

督导的场景与模式

COACHING AND MENTORING SUPERVISION
第14章 督导内部教练

艾莉森·麦克斯韦尔（Alison Maxwell）

组织内部的教练服务是一个不断发展的领域，由诸如英国特许人事与发展协会（CIPD）等机构进行的有关教练的调查显示：组织正在越来越多地依赖内部教练服务，尤其是为高管以下层级的人提供的教练服务。因此，对于外部教练的选择变得越来越严格，而且可能会要求其运用其他能力来支持内部资源池，包括提供教练督导。虽然有越来越多的文献在探讨教练督导，但它们针对的主要是独立的职业教练，很少讨论与督导内部教练有关的具体问题。

本章简要回顾了组织中内部教练服务的兴起。然而，在处理内部教练面临的具体挑战之前，我们有必要先来探索一下组织中以"教练"名义进行的各种各样的发展活动。"教练服务"是一个宽泛的术语，组织内部的"教练"们开展工作的方式也是千差万别的，并各自面临不同的风险和问题。因此，他们对督导、发展和支持的需要也相去甚远，少则只需要通过正常的管理渠道得到最低限度的督导，多则需要更多的专家式的支持和帮助。

本章的后半部分更具体地介绍了"内部发展型教练"的工作，并讨论了他们独特的督导需求，以及组织当前选择来支持他们的方式。关于选择内部教练的督导者，以及这个角色的一些更具挑战性的方面，我也进行了一些简要的讨论。

内部教练服务的兴起

虽然许多组织仍然为更高级的管理人员或特别有问题的员工保留了外部教练的

使用，但投资于内部教练现在已经变得越来越普遍。也许不会使人感到奇怪的一点是，在谈及组织为何使用内部教练而非外部教练时，最常被提到的驱动力量是对节省成本的考虑。然而，成本并不是唯一的驱动因素。许多人认为内部教练远不是所谓的"次优选择"，并认为如果内部教练拥有适当的技巧并得到了适当的支持，由于他们对组织的机制、政治和文化有更详细的了解，使用他们才是理想的选择。内部教练所处的位置也让他们能够近距离地观察客户的行动，而不是如外部教练般只能远远观望。无论动机如何，许多大型组织都在积极开发自己的内部教练能力，同时广泛宣传教练技术具有的价值，并将其视为所有管理人员通用的绩效提升工具。

随着组织在购买教练服务时变得越来越精明，越来越多的组织开始要求所有的教练服务提供者——无论是内部的还是外部的——都要更明确地证明他们的实践能力。这就推动了外部教练市场的日趋专业化，以及围绕着胜任力、实践标准、职业道德、持续专业发展、使用合格督导来管理和规范实践等展开的对话与日俱增。正如弗里施所说的，内部教练服务一直处于主流教练的视野当中，但是针对其开展的类似对话却受到了限制，没有充分展开。然而，与内部教练服务的发展同步的是，许多大型组织也在出资提供一些支持角色（包括教练督导），旨在确保组织资源得到了有效的利用。

定义"内部教练"

步入这一领域所遇到的第一个挑战就是界定"内部教练"的含义，因为在许多组织中，这都是一个宽泛的、囊括一切的术语，指的是负责绩效改进、组织变革甚至是一般管理的任何个人。虽然几乎没有硬数据，但英国特许人事与发展协会最近的一份报告指出，尽管90%以上的组织都宣称聘用了教练，但实际上大多数（63%）组织的教练服务是由直线管理者在专门的内部资源或外部资源的支持下提供的。

考虑到本章的目的，我们首先区分了大致属于"内部教练"工作范畴的四类活动（如图14-1所示）。每一类活动的性质都与其他的不同，并可能需要不同形式的督导，具体取决于相关工作的深度和持续时间。因此，对内部教练的督导既可能是一项落在直线管理监督的正常职能范围内的活动，也可能是由专门的专业人士提供的一项专业活动。

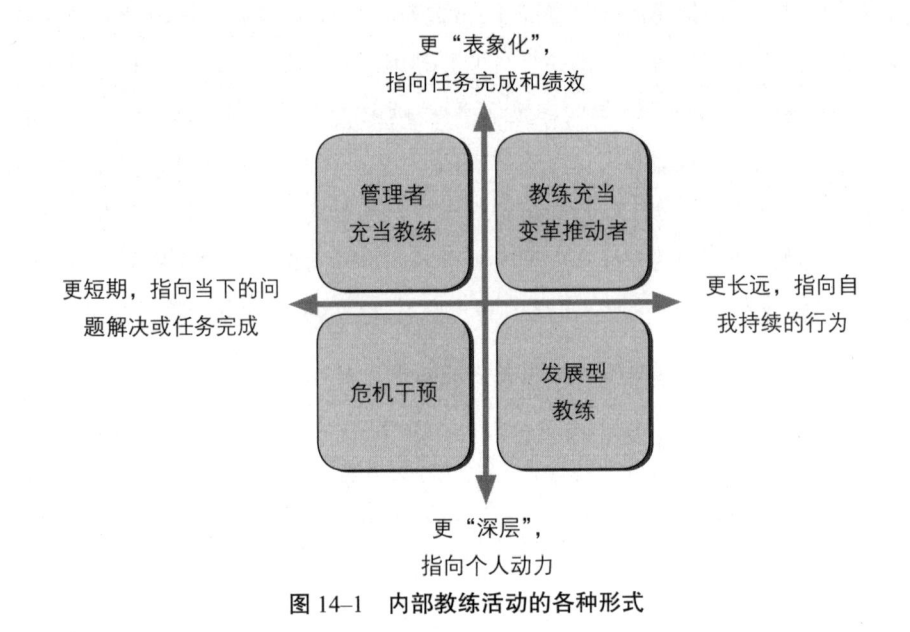

```
                    更"表象化"，
                   指向任务完成和绩效
                         ↑
         ┌─────────┬─────────┐
         │ 管理者   │ 教练充当 │
         │ 充当教练 │ 变革推动者│
更短期，指向当下的问 ├─────────┼─────────┤ 更长远，指向自
题解决或任务完成  ←  │         │         │  → 我持续的行为
         │ 危机干预 │ 发展型   │
         │         │ 教练     │
         └─────────┴─────────┘
                         ↓
                     更"深层"，
                   指向个人动力
```

图 14-1　内部教练活动的各种形式

管理者充当教练

"管理者充当教练"的定义是：直线经理利用教练思维模式和教练技术来提高其直接下属和团队的任务履行和交付能力。可以大体上把这种形式的教练看作战术上的或短期的——专注于眼前的任务表现和问题的解决。许多管理者和团队领导会通过参加短期培训来学习和练习这一类基本技能。在这种背景下，对他们的督导很可能是通过常规的直线管理渠道来提供的（即经理对经理），而且相对于支持和发展这名个体教练而言，会更强调任务的交付。

因此，只要充当教练的管理者不跨出任务的范围，不去试图解决更深入或更复杂的问题，不超越管理者与下属关系的界限，就可以认为目前这种形式的"教练督导"已经是完全够用了。

危机干预

与"管理者充当教练"不同的是"危机干预"。在后一种情况下，员工可能向他们的直线经理或人力资源部门提出了一个以某种个人危机形式爆发出来的问题，比如丧亲、酗酒、药物滥用、抑郁或人际关系问题。因此，在这种背景下，督导的作用是帮助管理者将陷入困境的员工引导到适当的转诊点去，而不是为任何试图解决问题的努力提供支持。

教练充当变革推动者

在许多组织中，"教练"一词都被视为一种简约的表达，用来指那些为变革工作的人。这种变革可能是一个持续数月或数年的战略计划，相应地，教练又可以被称为精益教练、敏捷教练或愿景教练等。在这里，与"管理者充当教练"一样，角色的突出部分也是确保任务的完成，所以督导的重点是工作而不是工作者。因此，针对变革推动者的教练督导可能会由多方分别实施，例如由所涉事务主题方面的专家提供形成性支持（formative support），由直线管理者提供规范性支持（normative support）支持以确保及时、高质量的交付。此外，组织还可以使用实践社区和行动学习集来提供分享最佳实践的机会。这类内部教练面临的风险主要在于他们能否帮助组织实现可持续的变革，而不是边界、保密问题或其他伦理上的考虑。

发展型教练

"发展型教练"的定义是：为同一组织的员工提供发展性或补救性教练服务的个人，并且这些服务是他们本职工作的一部分。因此，内部的发展型教练与许多外部教练提供的服务是类似的，不同的也许只是他们在组织中运作时所处的层级。因此，随之而来的风险也在很大程度上类似于外部教练——涉及实践能力、道德意识、边界管理以及确保投资回报等方面。因此，这可能会要求内部发展型教练至少按照人们对外部教练期望的标准运作，并在遴选、发展和有效性评估方面受到同样严格的要求。

此外，关于督导内部发展型教练的观点也与督导关于外部教练的相同。霍金斯和史密斯认为，督导为教练提供发展和支持，为他们的教练服务提供一定程度的质量保证，以确保终端客户在工作中受益（而不是受损），很难说内部发展型教练只需要更少的监管或支持。事实上，对于组织来说，对外部教练坚持严格的实践标准，而对其内部人员却有所放松，这本身就是自相矛盾的。因此，本章的其余部分将重点讨论这种类型的内部教练及其特殊的督导需求。

组织中的内部发展型教练服务

内部发展型教练服务的提供方式可能有以下几种：将其作为一种兼职的附加活动来提供［如联盟鞋靴公司（Alliance Boots）将发展型教练服务看作人力资源职能的延伸］；将其视为员工正式角色的一部分（如沃达丰电信公司和英国国家医疗服务体系）[①]；安排内部人员全职来做这件事情（如塞恩思伯里超市和普华永道公司）。许多组织的人力资源部门都迅速敏锐地占领了这片领地，将之视作尤里奇所称的"业务合作伙伴"的自然组成部分。而事实上，人们可能仅仅把它看作对现有的非正式角色的正式化和规范化。然而，内部教练的队伍还可能包括直线管理职能部门中有才干的个体，这些人展示出了从事这项工作的能力。甚至有消息表明，半数的内部教练都是由公司运营部门或非人力资源部门的管理人员担任的，他们将教练工作视为"日常工作"的第一要务。

我们不能想当然地认为，内部发展型教练的经验和技能都必然比不上外部教练，事实上，许多内部教练承担的工作量似乎至少与外部教练相当。例如，圣·约翰–布鲁克斯（St John-Brooks）对来自 40 家英国组织的 123 名发展型教练进行了定量研究，结果表明，他们的工作量确实很大（如图 14–2）。同样，我们也可以合理地假定，内部教练接触的客户的多样性与外部教练是相同的，因此他们有同样的机会遇到棘手的客户。

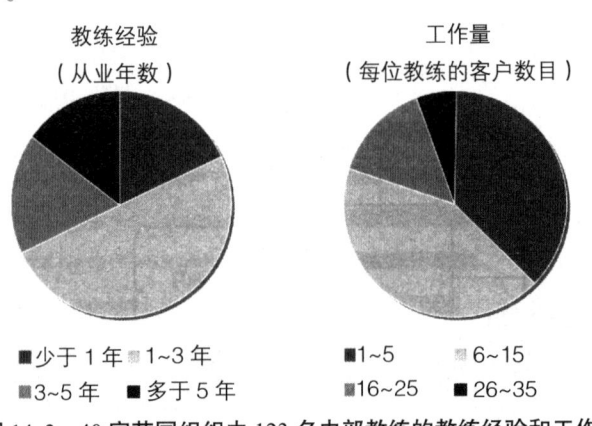

图 14–2　40 家英国组织中 123 名内部教练的教练经验和工作量

---

① 关于英国国家医疗服务体系内部的教练和导师的督导，读者可以参考本书的第 20 章。——译者注

第 14 章 督导内部教练

虽然大多数组织的内部教练发展仍处于初期阶段，但有证据表明，一些组织（如美国国家航空航天局）正围绕其内部教练资源做更多建规立制的工作，并且正在形成严格的选拔、部署和发展方案。这些治理结构由一个新兴的角色来管理，这个角色被称为教练实践经理或总教练，通常由人力资源专业人员担任，来负责协调和部署内部教练资源。虽然这最初可能是一种应对糟糕实践经验的措施，但许多组织现在已经认识到，发展型教练服务可以整合到其他组织举措中去，成为其组成部分和推动因素，特别是文化、行为和领导力发展方面的干预措施，也包括360度反馈。因此，对许多大型组织来说，对教练基础设施的投资都是必要的。

然而，这也意味着内部教练可能比外部教练更容易受到复杂的人际关系网络和权力压力的影响（如图 14-3 所示）。

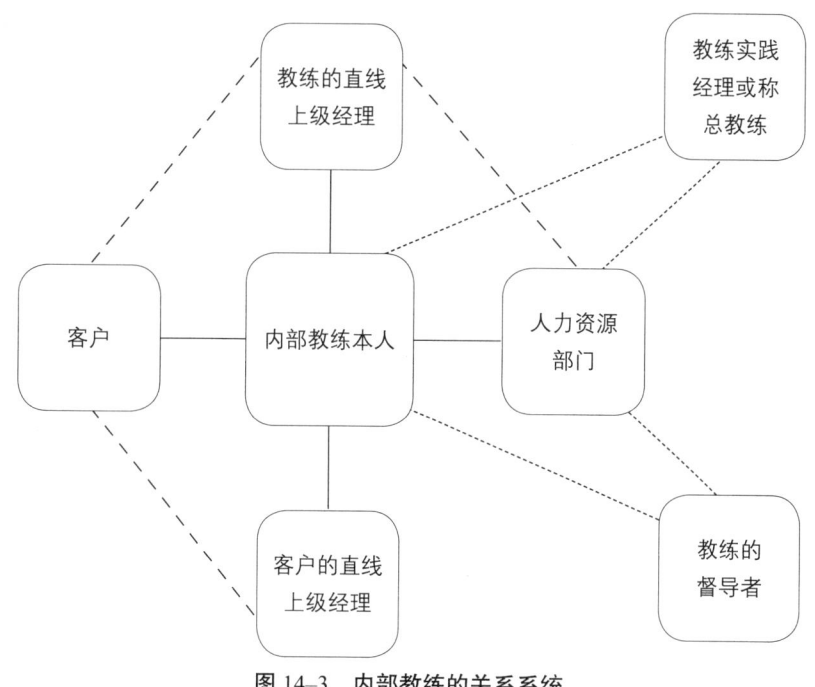

图 14-3　内部教练的关系系统

对于由人力资源专员充当的发展型教练来说，这个问题尤为尖锐；他们可能会被置于这样的尴尬局面中：前一天还在对某个员工就绩效问题进行教练，后一天就要对这个人实施惩罚。因此，企业研究论坛（Corporate Research Forum）指出："信任和保密变得更加重要，因为高管意识到了人力资源主管所知道的信息，以及他私下里会和哪些人谈论薪酬、绩效和晋升的事情。"因此，与外部教练相比，内部教练和客户之间形成必要的保密和信任关系要复杂得多。此外，由于考虑到自己的职业前景，内部教练可能会在需要给予坦诚反馈时感到受限制，也可能会发现很难向更高级别的人员提供教练服务。

有些组织会通过确保教练关系各方不在同一个业务部门内来避免这种困境，一些组织甚至为了避免这些潜在的冲突而将自己的内部教练与非竞争性组织的内部教练交换使用。然而，这种冲突并不是每次都能避开的，而且教练和客户之间很可能事先就存在某种关系。虽然这并不必然意味着内部教练会面临道德困境，但是圣·约翰－布鲁克斯的研究发现，顾虑主要和管理内部边界、关系的私密性，以及分裂或冲突的忠诚等方面有关（如图14-4所示）。对于内部教练而言，这些问题会更加尖锐。

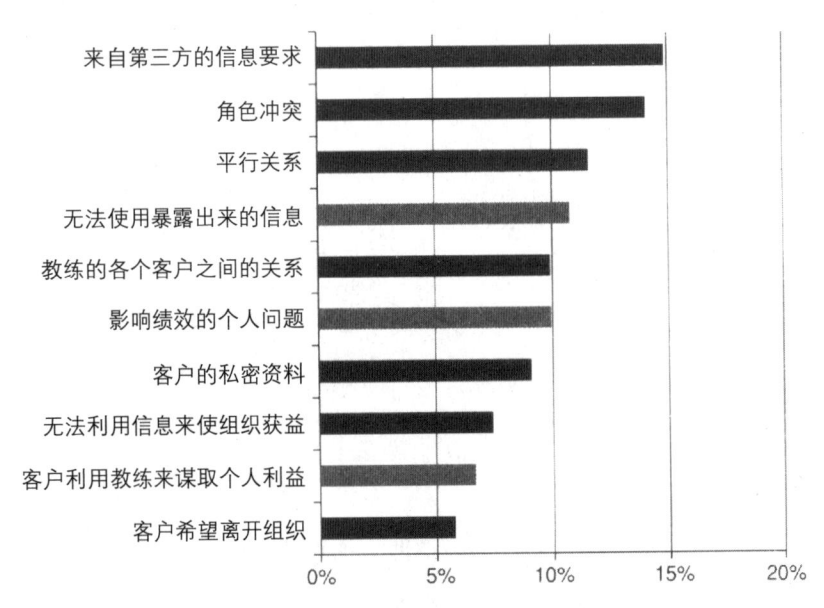

图14-4 内部教练最常遇见的十大道德困境

支持内部发展型教练

一些组织似乎非常重视其内部发展型教练的职责,使用了许多严格的方法来遴选、培养和持续支持内部教练。然而,这种做法并不普遍。让我们再次引用圣·约翰-布鲁克斯的研究报告,它表明,从内部发展型教练的角度来看,他们收到的支持在程度上差别很大(如图14-5所示),整体的趋势是,在最初的培训完成后,收到的支持力度就会减弱。

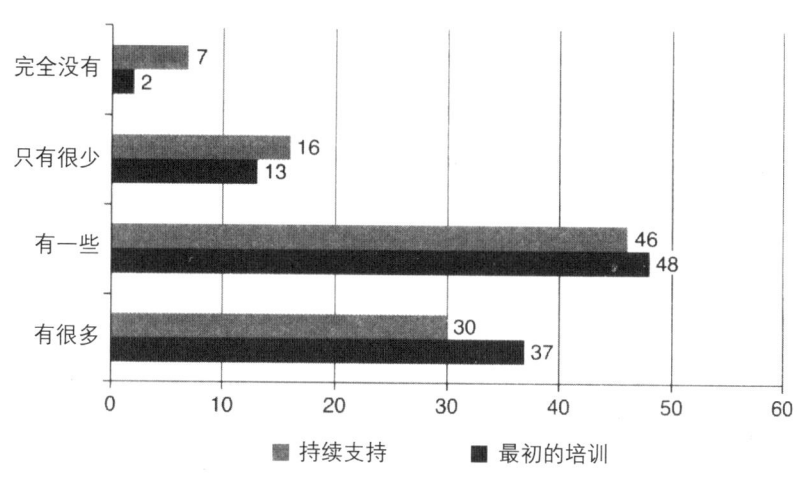

图14-5 对于内部教练的支持:初始培训与持续支持的比较

同一份研究还表明,组织使用了各种各样的手段来提供持续的支持,既有自愿和自我导向的方式,也有更强制性的或规定的方式(如图14-6所示)。就本章的重点而言,值得注意的是,这一特定样本中约有45%的人得到了一对一督导,有约37%的人得到了团体督导。然而,尽管所有的受访者都不是由其直线上级主管来督导的,但督导在更多情况下是由经验更丰富的教练或培训机构提供的,而不是由合格的、经验丰富的教练督导者。

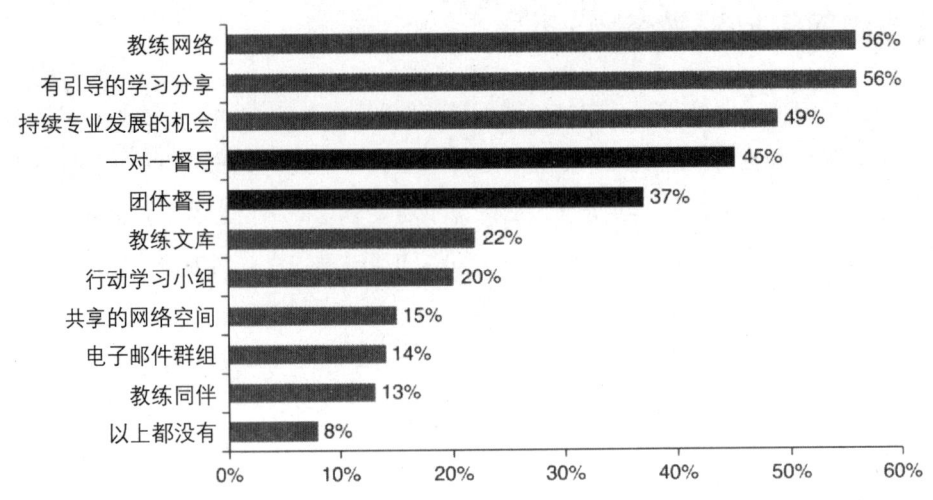

教练网络	56%
有引导的学习分享	56%
持续专业发展的机会	49%
一对一督导	45%
团体督导	37%
教练文库	22%
行动学习小组	20%
共享的网络空间	15%
电子邮件群组	14%
教练同伴	13%
以上都没有	8%

图 14-6　对于 40 家英国组织中 123 名内部教练的发展性支持的不同幅度

督导内部教练

霍金斯和修赫特讨论过"足够好的督导"这一概念，也存在一种有说服力的观点，即组织应该根据正在进行的教练类型来调整督导的性质和形式。我们之前已经提到过，当教练在很大程度上以任务为导向的时候（如"管理者充当教练"或"教练充当变革推动者"），提供深入的、脱离管理隶属线条的专家督导可能是过度且有害的。然而，尽管存在身为"既得利益者"的嫌疑，英国心理学协会的教练心理学特别小组（Special Group in Coaching Psychology，SGCP）还是在他们2007年的《教练心理学督导准则》（*Guidelines for supervision for coaching psychology*）中指出，无论是任务型教练还是发展型教练，其所提供的教练服务总是会潜在地涉及更深的层面。

在工作场景中应用的某些教练方式被描述为主要以绩效为导向的，并旨在实现由管理者的绩效评估预先确定的特定工作目标。这些活动可能不太涉及直接与客户就更深层次的个人动机问题展开工作。然而，即使教练服务不涉及潜在的问题，它们也可能会对客户产生深刻的影响，或者要求教练对深层驱动因素有更细致的了解,以实现"明面上"工作的成功。

> 英国心理学协会

如果我们接受这个观点,那组织就有责任关怀他们的教练和员工,特别是在发展性、个人化的工作当中。如果适用于外部教练的实践标准同样适用于内部(发展型)教练,那么类似的实践和道德规范也必须适用。例如,教练协会宣称"教练应该就其工作得到定期的咨询支持";还有一些权威机构则建议,根据经验,教练每进行8到15个小时的教练活动就应该接受1个小时的督导。

欧洲辅导与教练理事会开展的一项有关教练督导最佳实践的调查表明,虽然组织总是在讨论教练督导的重要性,但其实际行动却很滞后。事实上,有一种说法是,(内部)教练认为督导只有在危机发生时才是必要的,否则就是一种花费大量时间的奢侈享受,而不是一种持续学习、反思和质量管控的必要方式。可能有人会说,企业界对于教练语境中的"督导"理解得并不清楚,一方面将其与管理隶属线条的监督功能相混淆,另一方面将其与团体咨询和治疗实践相混淆。正如霍金斯和修赫特的著作中描述的那样,教练领域的确在很大程度上继承了来自心理治疗领域的督导模式。有些人认为这种模式对于组织内部的教练社区来说不够务实或令人难以接受,相比之下,更熟悉的组织学习形式,如行动学习小组、有引导的反思性实践,可能更容易理解,因此也更能被广泛接受。

教练督导的最佳形式也是一个有争议的话题。从实际的角度来说,提供给内部教练的个案督导有三种主要的形式:一对一督导、同侪督导和团体督导。出于对成本的考虑,第一种方式可能采用得较少。然而,尽管同侪督导有很多值得称道的地方,平德却强烈主张树立角色榜样的必要性(尤其是对新手教练来说),以及使用专家来引导这个过程。此外,团体督导也存在问题,如团体督导中的保密问题就特别令人担心,因为教练们很可能知道彼此的客户都是谁。事实上,巴特维尔也指出,既存的同事关系也可能会限制在组织中有效地使用督导。

尽管组织内部的总教练似乎是一个明显的团队引导者的候选人,施特伦普夫却认为,他们可能会与其他内部教练一样,也受到组织动态或系统动态的影响,从而无法充分发挥自己的效能。因此，许多组织都选择聘用有经验的外部教练来管理和运作它们的教练督导计划。然而，仅仅具备教练方面的专业知识和经验可能并不足以担当这个角色。除了了解督导的过程和目的之外，团队教练的督导者还必须对组织和教练的发展道路有一个整体的理解，并能够为教练提供充分的心理支持。因此，内部教练的督导者必须在教练的需求和客户的需求之间，在团体督导对象的需求和委托方组织的需求之间保持微妙的平衡。

对方法的评价

组织很有可能会继续扩展自己的内部教练能力。这部分是为了降低成本，部分是因为教练服务作为一种发展方式，越来越受人们的重视。内部教练们"口味各异"，对于持续支持和督导的需求也大相径庭。内部发展型教练面临的风险尤其多，他们可能会面临客户的情绪或心理问题，而不是与任务相关的问题。同时，很难有理由说这种类型的内部教练就可以比外部教练在实践和道德上的标准低。同样重要的是，如果没有获得适当水平的培训和持续的支持，其他形式的内部教练也切勿进入内部发展型教练的领地。

虽然达到专业水准的督导相对较少，但组织正在越来越多地为其内部教练提供一系列的支持机制，包括一对一督导和团体督导。然而，人们似乎并没有理解督导在某些方面的潜在收益，而是将其视作一种奢侈品，而不是专业的、有道德的实践的必要条件。团体督导为教练的发展、支持和质量保证提供了一个成本收益比更高的环境，随着内部教练趋势的不断发展，这种形式的支持很可能会继续增加。然而，具备专业资格和经验丰富的教练督导者仍然是稀缺的，这可能会推动对这一领域的需求上涨。

供读者进一步反思的问题

- 内部教练是否应该服从某种道德规范？组织是否应该开发自己的规范？如果是的话，那这些规范与应用于外部专业人员的规范有何不同？

- 谁最适合来督导内部教练？是外部专业人士还是内部的"总教练"？
- 内部教练和外部教练之间的伙伴关系应该是怎样的？如何才能最好地实现这种关系？
- 以行动学习为基础的督导模型是否最适合于内部教练？基于这种方法的督导过程可能会遗漏什么？
- 组织需要什么样的管理结构来保障其教练、客户和自己的投资回报？

发展活动

- 你会如何向一群新的内部教练解释督导的目的和过程？这与其他形式的组织学习有何不同？比如行动学习小组？
- 组织中一个新的督导团体需要在哪些方面签订合同？是双方签订，还是与客户签订，抑或是与组织或人力资源部门签订？
- 关于督导团体内的讨论，其中有哪些是你同意与签订合同的组织分享的呢？组织如何既能从其教练社区中汲取潜在的组织智慧，又能同时保持督导者–教练和教练–客户关系的私密性呢？

后续学习

亨特和温特劳布的《教练型组织：一种发展的策略》(*The Coaching Organization: A Strategy for Development*) 一书很不寻常，因为它关注的是教练型组织的发展，而不是教练的发展。它包含了一些有用的章节，其中谈到了与内部教练和案例研究材料有关的议题。

弗里施在《咨询心理学期刊》(*Consulting Psychology Journal*) 上发表的文章《内部教练：一种新兴的角色》(*The Emerging Role of the Internal Coach*) 是最早讨论内部教练的兴起以及与之相关的机会和问题的文章之一。

第15章 团体督导

凯特·平德（Kate Pinder）

本章依托我从心理咨询团体督导和行动学习小组中获取的经验，探讨团体中的教练督导问题。团体督导对教练来说很有吸引力，尤其是在目前的经济环境下，它可能比一对一的督导更便宜，而且还包括更多的小时数，教练之间也能互相学习到更多不同的经验。许多教练都是自己独立执业的，与专业发展的接触并不多，因此需要专业网络、网络聚会、大型会议，以及其他与同行联系的方法。团体督导满足了以下几项需求：接受来自一名有经验的督导者的督导；通过了解一些群体过程来扩展自己的职业实践；有机会通过同行来学习和体验不同的教练情景。在团体督导中，被督导者能够相互支持，并分享经验；如果督导包括培训的话，还可以解决复杂的任务，并进一步发展人际能力和洞察力。此外，也可以同时开展团体督导和个人督导。

对督导实践背景与模式的描述

霍金斯和史密斯将督导定义为这样一个过程：教练或导师可以在不直接与客户共事的督导者的帮助下，更好地了解作为教练 – 客户系统或导师 – 客户系统组成部分的客户系统和他们自身，进而改变他们的工作。本书中广泛运用了这一定义。对一些人来说，这个定义来自心理治疗学派，而他们想要一些更实用的东西。根据海的观点，督导过程就是帮助你从工作中抽离出来，以更广阔的视野看待你的实践过程。根据这第二个定义，团体督导或同侪督导是否由合格的督导者来引导，就变得没那么重要了。

我们有必要关注一下不同的团体督导模式，并提出如下问题：团体督导中的利益相关者可能会是谁？是什么人构成了这个团体？是否存在一个领导者、引导者或督导者？在没有指定领导者的情况下，这是否属于同侪督导？

与当前的许多教练督导实践一样，团体督导也植根于心理治疗和咨询领域的实践，而支持其应用的文献在很大程度上也来自这些学科。督导者可以从他们自己的实践模式中汲取经验，来督导他们面对的团体。例如，一个掌握个人构念方法并接受过训练的人可能会将其用于督导过程中。

从针对客户的团体治疗向针对治疗师的团体或个案工作的督导的转变是有案可循的，并被纳入了包括英国国家婚姻指导委员会（现在被称为 RELATE[①]）在内的许多学科领域。团体督导通常在更广泛的专业关系的背景下进行，例如，在培训课程中，作为受雇于某个雇主的教练团队其中一分子，或由一家服务于自由执业或受雇教练的机构以定期或临时的方式提供。这可能意味着督导合同是由参与者以外的其他人以某种方式事先规定好的，而且如保密等基本原则在这一背景下也会有所不同。

同侪群体中的团体督导

同侪督导的优势在于参与者之间是平等的，这可能会反映出教练与客户之间的平等关系。它可以是"零成本"的，只要每个人都付出自己的时间并得到了督导；它也可以具备发展性，只要每个人都能欣赏专业同行不同的风格和关注点；它还可以是挑战性的，因为所有的参与者都必须对该团体的保密和安全负责，并就诸如以下问题达成一致：每个人将投入多少时间？如果有人一段时间不出席该怎么办？有哪些基本规则？如果违反了该怎么办？谁来召集会议和安排时间、地点？出席和承

[①] RELATE 是一个在英国各地提供关系支持的慈善机构，每年在英国 600 多个地方服务超过 15 万名客户，服务包括为夫妇、家庭、年轻人和个人提供咨询、性治疗、调解和培训课程，等等。它成立于 1938 年，原名为英国国家婚姻指导委员会，作为对当时英国离婚率不断上升的一种应对措施。在 1988 年情人节改成了现在的名字（英文中"RELATE"意为"关系"）。——译者注

诺必须保持一致，否则每次会议的动态都会因此而不同。这是团体督导的一个常见问题，但根据我的经验，这在同侪督导中会更为普遍。但由零星出席而产生的动态差异并不总是负面的，尽管这意味着每个参与者对其他参与者的熟悉程度会有所不同。我在同侪督导方面的经验表明，一旦成员足够成熟，督导者的角色可以通过自愿报名或轮流协议等机制在团体中轮换，但是日期、地点和时间的安排最好由一位志愿者来专门负责。

同侪团体督导通常是在一个非常小的群体（比如三个人）内进行的，这样可以减少上面提到的一些缺点，也可以强化参加的承诺。即使没有训练有素的督导者，团体也能继续存在和运作，但在所有教练都很有经验的情况下会运作得更好。如果一名教练已经达到了较高的发展阶段，那他对督导者或同事的要求就会较少；此时，一种更平等的关系或工作联盟就发展了起来，只需要最轻微的触动就足以激发学习和思路。在教练的发展过程中过早地导入这种方式，与在督导中使用人本主义的方法有点类似，即相信教练有能力自己找到答案。但由于缺乏来自经验、学习和适当的发展的理解力，这种方式也许不能支持他们迅速地学习和发展。

如果所有教练都属于同一组织，那么在参与者之间分享有关组织和组织背景的信息就会比较方便，因为不需要太多的解释。此时对私密性的维护就成了关键，尤其是当所有教练都同属一个组织时。而且，教练需要在组织中有相似的职位，否则督导活动可能会受到干扰。

由具备资格或经验丰富的督导者开展的团体督导

因斯基普和普罗克特确定了团体督导的四种类型，分别是：权威式——督导者轮流与每个人一起工作，其他人则从旁观察；参与式——督导者承担责任，但会将团体的其余成员发展成联席督导者；合作式——督导者监督并支持团体开发出自己的督导系统和督导技能；同侪督导——大家共同分担责任。伯恩提出的三种分类在表述上更为简单：在团体中做的督导、与团体一起做的督导和通过团体做的督导。这两种分类方法并不是相互排斥的，只要全体成员都熟悉分类方法并了解每一种类型，任何一个团体都可以在督导中使用不同的模式，或随时间的推移从一种类型发展到另一种。

对许多人来说，有关团体督导的最初经验都来自教练课程，因为新手教练会在课程中探索和讨论他们的实践。对其中一些人来说，这可能是一种让他们感到脆弱的困难经历。一些教练将他们应对这种困境的痛苦与团体督导实践联系在一起，并因此拒绝接受这种方式的督导。无论是在学校的早年生活中，还是在专业环境中，个体都可能在群体中有过不好的体验，他们会把这些体验带到新的环境当中。如果教练身处正式的学习项目当中，并且督导者有责任做出"通过或失败"的判断，那双方之间的权力关系确实是不一样的。教练可能会发现，很难与扮演督导者角色的教师分享他们在哪些方面明显缺乏专业知识，无论该教师是与自己的评分密切相关的人，还是仅仅是全体教员中的一员。教练之间也可能存在竞争意识，以及希望自己能够表现良好的内在焦虑。这里还有更多的事情与教育作用有关：教练或导师正在学习；他们可以练习问开放性的问题，展示不同的风格；教练不仅从"理论"中学习，也从彼此的风格中学习；对某个人的问题进行探究后，可能会推荐给他一些参考文献和进一步的理论，以便他们深入学习。在可能的情况下，如果督导者来自其他地方，在参与者能否顺利通过项目的问题上没有或只有很少的奖励或强制力，那就可以真正解放和"打开"教练。

一个实际运用因斯基普和普罗克特提出的四类团体督导模型的例子如下：通过安排一名沟通分析师来对由受训程度不同的人所组成的某个团体实施团体督导，并允许团体成员选择是"接受团体成员提供的督导"还是"在团体面前接受一对一督导"，该团体就已经实现了前两种类型的督导。这个团体中的部分成员刚刚参加了由山脉联合公司（Mountain Associates）就某个特定主题安排的为期两天的培训，他们之间交叉实施了训练，接下来是第三天的督导环节（有些人只参加这个环节）。某些参与者在之前的一些其他场合中已经见过，还有一些人在前两天的培训过程中也已经熟识了，而有些人则在此之前从来没有接触过其他成员，所以参与者之间的信任程度并不相同。督导者必须使他们之间产生信任，同时也必须为自己赢得信任。教练可以选择是由督导者面对着整个团体对自己做一对一督导（两名作者所谓的权威式），还是由督导者引导团体成员对自己进行督导（两名作者所谓的参与式）。如果教练选择的是个体一对一督导，那么督导者需要引导整个在旁观察的团体意识到：（1）他们的内心发生了什么（自我意识和学会聆听内心的自我）；（2）督导者对问题和探索的选择。之后，作为一种过程回顾，将会探讨督导者对于干预措施的选择，而不是重新审视问题或质疑问题的提出者。这就提供了让团体成员探索任何出现的移情和反移情、平行过程、关键问题和后设视角的机会，促使团体反思这个过程，从而深化自己的学习。这种学习有可能是通过讨论他们自己的体验，也有可能通过询问督导者的干预措施和他这样做的原因而实现。这个团体由经验丰富的教练组成，他们在世界各地开展工作，大多数人都能说流利的英语，但不会使用他们各自的母语。这可能会影响到他们对于模式的选择，即想要权威式还是参与式；也会影响督导者支持和评估团体成员的方式，即是通过一对一的督导，还是通过他们自己的培训。

在一个不同的场合中，另一个类似的团体也进行了这种有梯度变化的督导，不过他们的做法里增加了额外的维度：由一名正在接受培训的实习督导者在资深督导者和团体成员的面前实施督导，团体成员在观察完督导之后可能会提问，而资深督导者则提供评价和理论。在这种形式的督导过程中，实习督导者可以暂停过程，并向团体成员或督导者寻求支持或评价，以帮助自己取得进步；资深督导者也可以喊"暂停"来讨论过程中发生的事情。在这种情况下，对于督导者及整个团体而言，一个主要的挑战是弄清楚存在于督导者（同时也扮演着引导者）、这项任务的督导者以及被督导者之间的合同。这样的挑战能够使所有相关人员都获得成长，并能够解决由于参与者的知识和专业能力层次不同而产生的问题。同样，最好在这一过程结束之后进行一次过程回顾。

下面是另一些关于团体督导的创意。

戈登·劳的模型

这是一个有趣的快速团体督导模型：被督导者简要地向团体成员讲故事或提问题，然后团体中的每一位成员都要向被督导者提出一个问题，但不要求其立刻作答；接下来，每个人都要对提问者提出问题的理由做出自己的假设，并将这些假设告诉被督导者，但不进行评论；最后，被督导者在详细检查所有的提问和假设后，说出其中哪个对自己最有用和最没用，并陈述理由。

扇形督导

在这个练习中，所有的团体成员都被分配了特定的督导任务，例如，采用七只眼模型中的某个特定模式，关注问题的某个特定方面，等等。

天使与魔鬼

在"魔鬼代言人"环节中，由一位成员在五分钟内提出一个问题并讲述下一步会发生的事情，包括他们对将要采取的行动的想法和感受。其他成员先用五分钟时间澄清问题，然后扮演"魔鬼代言人"，对下一步将发生的事情表示各种担忧、疑惑或犹豫，如，"我对……感到很不安"或者"我注意到……"。此时，问题提出者会静静地聆听、筛选、分类，然后拿走他想要的，留下其余的。

在"天使代言人"环节中，团队成员会给出正面的反馈，例如，"我喜欢你关于下一步的想法，因为……"或者"你对……的表达，听上去很积极"。接下来由问题提出者做出回应，说出自己目前对于团体反应的思考，以及关于未来行动的更多想法。

督导者的角色与责任

团体督导者需要具备的技能包括：教练用来制定合同的行政管理能力、专业和心理能力；所有督导者可能会用于个人督导中的技能；理解团体过程以及如何运用这种理解使团队发挥作用的能力。团队督导者必须对团体可能如何工作有一些想法，并至少为团体制定出一份合同草案和一种工作方式。团体的形式和随后的成功可能取决于督导者的风格；不同的风格适合不同的群体。

为了建立和保持信任，督导者要确保团队和每个人的安全，使他们可以轻松地进入督导过程，并从中获得最大的收益。督导者将是基本规则的"主要维护者"，并会向任何行为不当的人发起挑战。哈博希强调，督导者必须在参与者需要时为他们的自尊提供支持，并减少他们的焦虑。

为了做到这一点，督导者会以身作则，提供支持，重设框架，在保证团体专注于问题的同时也允许他们自由探索，并充分运用自身的创造力和经验，提前设想好替代的模型和过程以备团队的不时之需。

普罗克特反思了督导者作为团队管理者时所扮演的角色，并对其增加了一项技能要求，即要求他们学习信任自己的感官，亦即通过物理意象来思考。比如，谁在这里把持着缰绳？谁在外面受冻？我认为，虽然这项技能是在团体督导的背景下介绍的，但任何督导者（无论是团体督导者还是个人督导者）都有必要这样去做。

无论是在内部的还是外部的同侪群体中，竞争性（不仅仅是指发言时间）都需要得到管理。教练也可能会害怕在探索问题时表现出自己脆弱的一面。当教练们在竞争激烈的市场中开展工作时，这种焦虑感和破坏性有可能会加剧。团队还需要意识到其他群体问题，比如性别、平行过程、配对，以及"逃跑或战斗"的二元反应，但这些都可以积极地用于加强学习，尤其是当教练本身还提供团队教练服务时。在群体内开展工作，意味着既可以讨论群体中的普遍行为，也可以讨论某些特殊行为，甚至可以讨论客户群体的行为。团体成员也有更多的机会反馈意见、练习倾听和观察。通过听取别人的经验，教练可以建立一个知识"储备库"，从中总结并加强自己的理解和实践。

案例说明

我目前使用的模型基于之前所介绍的内容，以下案例涉及我所督导的一个团体。该团体由参加某个培训项目的成年学员组成。其中，有六名被督导者和我是同一家机构的同事。我可能在这个团队中拥有一些权力，因为经常是由我来选择教练名单供客户最终挑选。然而，对我而言，偏袒任何一名被督导者都是不道德的，所以产生最终候选名单的标准是明确且透明的。地理位置是一个关键的标准，客户的专业经验也很重要。小组成员来自英国北方，但分布得很广泛，因此出现在同一张候选名单上的概率很小。其中两人的专业领域相同，都是法律，但他们之间也相距一百多千米。即便如此，不可避免的是，我对我自己的被督导者比对其他成员了解得更多，并且可以更多地根据他们的特质来挑选他们。这对被督导者来说可能是好事也可能是坏事，所以我的任务也包括建立和维持与被督导者之间的信任，并为他们创造安全感，这样他们就可以利

第15章 团体督导

用这个机会来学习。该团队每年会面三次，每次六个小时，这种会面已经进行了三年多。

我们使用的方式与雷格·瑞文斯（Reg Revans）所说的行动学习小组类似，其中安排了一个"到来"的单元，供每个人评论在上次会议后发生的事情，以及描述自己在上次会议中谈到的事情的任何最新发展。然后，团队会进入议程设置环节，并进行一些关于如何使用时间的谈判。有多个可供选择的模式，例如半小时会谈：开始的5分钟用于提出问题；接下来的5分钟用于提问澄清；再接下来的15分钟用于集体讨论该问题，同时问题提出者保持沉默，但是可以记笔记；最后5分钟用于问题提出者谈谈自己发现了什么有用的东西，以及它们为何有用。七只眼模型可能会被用来思考问题来自模型的哪个区域，以及反思不同的区域是否可能会引发新的想法。

对每一位发言者都要提出下面的问题与其核对合同，即，"如果这次会谈成功了，会发生些什么"，并向整个团队提示时间。引导者可能会扮演一面镜子，照出团体成员的行为（言语和非言语的）、内容、过程（如平行过程）、投射或回避等，通常的方式是向他们提问"你在这里看到了什么"。团体提供的各种各样的见解增进了每个人的学习。随着成员的视野越来越开阔，他们自己也可能会发现平行过程。例如，一位教练提到自己的一位客户总是说"我不知道该做什么……"，这也反映在这位教练自己身上，他也总是说"但是一个好的教练是不会告诉他们该做什么的"，所以（教练在暗示）"请（你们）告诉我，我该做什么"。认识到这一平行过程有助于他们说出："好吧，当你被困住时，你想要我们做些什么呢？"该教练回答道："我希望你们能给我一些选择……"团体的回应则是"那你如何才能把这种方法用在你的客户身上呢"，或者"你还有什么别的想法吗"，等等。这名教练得到了"许可"，开始和她的客户一起探索，共同列出各种选项。整个团体都参与了该教练的学习中，当平行过程不断出现时，成员们经常会借鉴之前的评论进行学习。不仅仅是受训者有所收获，每一个团体成员都把这段经历运用到了自己的实践中。

在成员轮流提问结束后，引导者即督导者会问发言者从这次会谈中得到了什么，并向团体成员反馈哪些内容是有用的，哪些则帮助不大。然后每个人都被要求为发言者提供反馈，如，"当你谈到这位客户感到悲伤的时候，我注意到你的脸色变了；而当她找到解决这个问题的方法时，你又是多么高兴"，或

> "你展示出来的真诚信念和帮助这位客户的热情给我留下了深刻的印象"。
>
> 对边界的管理也会导致问题发生变化。例如，在组织中并不是以教练的身份开展工作，而是被"非正式地"当作教练来使用的；服务某个客户时"陷进去"了，无法取得进展；与客户关系太密切以致问题被掩盖；扮演的是"父母"（沟通分析的术语）而非教练；被卷入客户的无助感之中；在经济衰退的时候找工作，等等。虽然所有的问题都是带给某位个体督导者的，但是要和团队一起理解平行过程。通常情况下，这种理解是在督导者和其他人的帮助和支持下，从对自身问题的学习中获得的。

使用雷格·瑞文斯提出的行动学习意味着团体可能会更多地采用合作模式，正如上面的案例说明一样。尤其是当团体已经形成一段时间，并且督导者从一开始就建立了这种工作方式时。随着团体成员对自己和彼此的信任不断增长，督导会在团体成员之间流动。此时，督导者的任务是利用创造性和不同的方法来保持团队的兴趣，并防止他们陷入过度熟悉的陷阱中，从而不再认真倾听，因为他们可能会认为自己已经知道发言者在说什么或者在做什么。

很显然，无论是有领导的督导还是同侪督导，团体使用的理论基础——比如，瓦伊尼和特鲁尼切科娃所说的个人构念治疗团体——都会影响到群体过程，正如刚才谈到的团体使用沟通分析理论一样。

对模型的评价

教练领域中的团体督导比一对一督导更为罕见，尽管它在心理咨询和心理治疗领域更常见。训练有素且经验丰富的教练督导者数量有限，如果再考虑到必须了解群体过程并有这方面的经验，那人数就更少了。考虑到督导的成本和期望，不管是在经济价值还是在教育价值上，提供和参与这种形式的发展似乎都是合理的。随着越来越多的人试图成为教练和导师并为此接受训练，他们在培训中对于团体督导的体验就成了关键，这决定着他们在经历由霍金斯和修赫特概述的从新手到学徒，再到旅者，最后到大师级工匠的旅程中，何时会使用团体督导，以及会如何使用团体督导。从逻辑上说，教练对象既有一对一督导体验，也有团体督导体验的场所，应该是在培训当中，因为培训的共同经验已经使他们形成了团体。然而，在欧洲辅导与教练理事会的某次会议上，一些人表示他们对团体督导的体验并不愉快，因为他们认为在一群人面前接受督导的方式很令人不适。

团体督导不需要取代个体督导，而是可以成为一揽子计划的一部分，由教练来决定如何在特定的时间点满足他们自己的需要。与个体督导一样，当参与者在过程中不再受到挑战时，就是时候继续前进，去选择不同的督导者或不同的团体了。

后续学习

供你进一步反思的问题

- 关于团体督导和个体督导，需要考虑哪些不同的伦理因素？
- 如何平衡团体中每个成员的需求？在这个过程中，指定的督导者应该承担多少责任？个人又该承担多少责任？
- 当教练面对客户时，或者督导者面对教练时，群体过程在多大程度上反映出了个体的情况？重要的是，要能够通过投射或平行过程，将团队中的真实情况以及专业人士对此的处理方式，转移到教练过程中。

推荐读物

霍金斯和修赫特于2002年出版的著作《助人行业中的督导》。这本书对有用的督导模型，特别是七只眼模型进行了解释和说明。其中关于团体督导的内容有两章，探讨了群体过程的利弊，以及群体过程中的合同和问题。他们把自己的方法称为实习小组（practicum groups），其中影子督导者（即除督导者和被督导者以外的其余成员）会负责监控过程的某些部分。督导者仍然会保留控制权和责任，但是其做法不同于本章描述的行动学习引导的方式。

海出版于2007年的著作《教练的反思性实践和督导》以通俗易懂的语言，对督导做了清晰而有益的阐述，并通过鼓励反思性实践来支持教练水平的提高。它解释了读者可以如何通过一些书中建议的技巧和练习——或与同行或督导者一起——或独自一人发展他们的实践。

　　普罗克特的著作《团体督导》（*Group Supervision*）对心理咨询领域中的团体督导问题进行了清晰而全面的讨论，很容易将之应用于教练领域。通过案例研究和例子，普罗克特研究了督导者和被督导者的角色和职责，以及有关组织中的团体督导的研究成果，并探讨了团体督导中的伦理问题。

COACHING AND MENTORING SUPERVISION

第16章 导师计划中的督导

利斯·梅里克（Lis Merrick）、保罗·斯托克斯（Paul Stokes）

正式导师计划中的督导是一种很少被研究的督导方式，而且几乎没有证据表明在英国实施的导师计划中存在良好的督导实践。两位作者花了大量的时间来开发和设计导师计划。凭借着多年的实践和研究，他们考察了导师制对督导在形式和功能上的要求，以及这些要求与导师的发展经历之间的关系。这一章将讨论在辅导[①]过程中使用督导的基本原理，提供一种新的概念模式，将导师的发展和督导联系起来，并使用这种概念模式检验在某个导师计划中实施的督导。关于导师督导的更广泛的影响也在我们的考虑当中。

导师计划中督导实践的背景与模式

威利斯对欧洲辅导与教练理事会（EMCC）制定的有关辅导和教练的标准进行了一系列研究，结果表明，在实践中，辅导和教练之间存在很多共同点。加维等人在比较辅导与教练时发现，辅导活动存在于社会的所有部门中，既包括有偿活动，也包括自愿活动；此外，它还与打破管理隶属线条开展的合作有着密切的关系。就本章而言，我们将辅导定义为一种脱离隶属线条的、互惠互利的发展型对话，同时也承认它与教练有许多相似之处。

---

① 在本书中，"辅导"和"导师"两词的对应原文都是 mentoring，按照中文的表达习惯，作动词用时将之译作"辅导"，作名词用时将之译作"导师"。——译者注

在我们开展导师计划的过程中，我们面临的挑战是如何支持和教育处于不同发展阶段的导师，以促进他们的实践符合伦理道德，以及作为导师的持续发展。这经常会因为导师们从属于某个更宏大的组织计划而变得复杂起来，因为在那样的宏大计划中，导师的使用权、人力和资金资源，以及在导师计划上投入更多时间的动机可能都非常有限。导师们往往是志愿担任的，他们同时还承担着繁忙紧张的日常工作，只能拿出很小一部分的工作时间用于辅导活动。与专业的全职教练相比，把导师督导的好处"推销"给兼职的志愿导师往往会比较困难。

我们需要先解决一些关键问题：什么是导师督导？它与教练督导有何差异？这些差异对导师的发展有什么影响？我们于2003年进行的初步研究揭示出，督导对象们认为，导师计划中的督导通常具有以下功能：

- 为导师提供导师；
- 帮助探索技术并解决问题；
- 提供了反思自己实践的机会；
- 为那些感到"枯竭"的导师提供支持；
- 标志着良好的专业实践；
- 在道德问题上给予支持；
- 为导师提供情感上的安全阀。

这与巴雷特关于辅导的研究遥相呼应，他提出接受督导的导师会收获如下好处：

- 防止个人倦怠（burn-out）；
- 庆祝"我所做之事"；
- 演示技能与知识；
- 帮助关注自身的盲点；
- 发现自己的行为模式；
- 提高辅导技能；
- 管控辅导过程的质量；
- 对问题提供不同的视角。

除了巴雷特的工作以外，研究文献中对于导师督导的关注相对较少。然而，在其他助人行业中，督导的重要性是显而易见的，关键性的论述多见于精神分析、医学、教育和社会工作等领域。这些关键论述的出现，可能是由于其他助人者理解督导过程的方式发生了变化。然而，通读文献并反思导师这个主题的发展沿革是件很有趣的事情。例如，劳顿在论述心理咨询时认为"最初作为培训要素的督导的概念已经改变，它作为一种为心理咨询师提供监督、支持和教育的手段，已经开始在他们的整个职业生涯中发挥更大的作用"。与提供单纯的培训或建议相比，这表明了一种更全面的观点，即通过督导来提供帮助，从而使其在范围广度上更接近于导师辅导。

在其他职业中，人们关于督导的观念在不断拓展，与此同时，在辅导的实践社区中，人们对于导师如何发展的担忧却在日益加深（可参考加维和阿尔里德在2000年关于教育导师进行的有用讨论）。这些担忧促使我们于2003年开发出一种启发式的教育方法，将接受督导的导师在辅导过程中的需求与他们作为导师的发展联系起来。

克莱姆认为，作为辅导的心理–社会功能的一部分，心理咨询技能是导师辅导中不可或缺的要素，因此，从关于心理咨询发展的文献入手是合理的。

霍金斯和修赫特在2002年提出，心理咨询师的发展可分为以下四个阶段：

- 新手；
- 学徒；
- 上路的旅者；
- 大师级工匠。

我们针对导师发展提出了一些类似的阶段，并将其作为一种工具，帮助辅导实践者反思自己的实践，同时也应用于我们自己的实践当中：

- 新手导师；
- 发展中的导师；
- 反思型导师；
- 自反型导师。

对于每个阶段，我们都提供了一个简短的描述，并总结了导师在其中所获的收益和面临挑战，以及督导者的角色和职责（如图16–1所示）。

导师发展的阶段

自反型导师	反思型导师	发展中的导师	新手导师

导师发展水平的逐步提升 →

- 技能范围的拓宽
- 能够对自己的实践进行反思
- 自我发展和自我改进
- 避免自满情绪

反思型导师
- 留意自己的经历体验
- 将自己的实践与他人的实践联系起来，进行批判性的反思
- 逐步获取所需的技能

发展中的导师
- 具备过程、方法性知识
- 意识到边界的存在
- 三阶段模型
- 意识到需要的技能

新手导师
- 需要了解规则
- 要求具备关于计划本身的知识，以及关于方法、过程的背景知识

导师督导的功能

挑战功能	发展功能	培训功能	质量管控或称审计功能

挑战功能
- 导师的诤友
- 扮演"魔鬼代言人"
- 提供建设性或挑战性的反馈
- 适度辅导（spot mentoring）①

发展功能
- 提供对实践进行反思的机会
- 从其他导师身上学习
- 对技能进行反思

培训功能
- 确定一种辅导方法
- 帮助理解辅导方法/过程中的不同方面和阶段

质量管控或称审计功能
- 所谓审计功能，也就是检查督导师在以下方面的能力
  - 接纳
  - 同理心
  - 一致性
- 质量管控，以展示"专业光环"

督导规范程度的逐步提升 →

图 16-1 导师发展和督导的一种模式

---

① 适度辅导指的是一种强调精准和适度的助人方式，只针对问题本身提供必需的、最少数量的干预，不主动扩大范围和谈及模式等更深层次的东西。——译者注

新手导师

虽然新手导师对于辅导来说是位新人，没有或只有很少的辅导实践经验，但这并不意味着他们没有受过训练或缺乏技能，而只是说他们作为导师的经验相对不多，很少直接参与鲜活的、动态的人类辅导过程。因此，他们很可能与经验更多的导师具有截然不同的发展需求。例如，他们需要首先熟悉自身所属的特定导师计划中的辅导协议，了解计划的目的和目标。因此，他们需要帮助和支持来确定和改进自己的方法，使其符合他们所属的导师计划。显然，在获得渠道以了解现有的、关于辅导的各种理论和模型方面，他们也需要得到帮助。

对于督导的启示——描述其实践

虽然新手导师会在督导过程中提出一些发展需求，但在这个阶段，督导者的重要作用之一是确保辅导工作与导师计划的目标保持一致。这与霍金斯和修赫特提出的督导的管理或规范性功能非常相似。

这种质量管控功能或称审计功能有以下两个主要目的：

- 检查导师是否有能力做好一名导师，即他们是否对辅导对象使用了接纳、同理心和一致性等关键技能？
- 展示那些费尔特姆所说的"专业光环"（aura of professionalism），以确保导师计划在赞助者眼中具有可信度。

当导师的发展处于这一水平时，大多数情况下，督导的实施方式是：在计划运行期间，为导师们定期举办焦点小组活动。比如，一个运行了超过一年的计划，也许会每四个月召集导师们进行一次短期会面，以检查辅导工作的进展，并为其提供继续教育项目。在这些焦点小组中发生的、有人引导的讨论，将围绕着计划目的和目标来检查进度，以确保导师所做的辅导工作符合计划提倡的类型（比如，是发展型的辅导，而不是赞助型的辅导），也会有大量的教育投入，其目的是使导师们做好准备以进入下一个发展阶段。

焦点小组可能采用的问题包括：

- 在你的辅导关系中，哪些事情进展得比较顺利，哪些事情不太顺利？

- 你认为自己在多大程度上对这件事做出了贡献？
- 你认为你们的关系已经达到了哪个阶段？
- 辅导的哪些方面是你觉得最不自信的？
- 有什么进一步的支持会有帮助吗？

发展中的导师

从某种意义上说，可以认为所有导师都是处在发展之中并不断学习的。但在本章的语境中，所谓"发展中的导师"指的是那些摆脱了新手定位的导师，他们有了一定的经验，能够运用自己的判断来进行辅导，并且理解了在自己所属的特定计划或背景下提供辅导的"规则"。这些导师有能力在辅导会面中遵循某种众所周知的辅导模型或方法，也能意识到成为一名有效的导师所必需的一些技能和行为。然而，他们关于这些行为的知识和技能的组合还是很基础的，他们作为导师的舒适区仍然相当有限，只局限于一小部分行为。

对于督导的启示——描述其实践

在这个阶段，发展中的导师需要寻找其他的辅导方法，以拓展他们作为导师的效能。因此，督导者可能需要更多地为他们开发方法的过程提供支持，并帮助他们识别辅导关系中的动态。这与霍金斯和修赫特最早提出的、督导的教育或形成性功能非常相似。为了帮助导师获得这些技能，并在适当的时候对他们进行专门的指导，督导者可能需要对一些涉及的行为进行示范。

督导者需要支持导师确定一种对他们而言行之有效的辅导方法，并与导师通力合作，帮助他们理解方法/过程中的不同方面/阶段以及所需的技能等。

在可行的情况下，有些导师计划会安排计划的组织者本人或外部督导者，来提供一对一的督导。这种层次的督导面临的挑战涉及组织者的能力（特别是在一对一督导中）和导师参与督导的可能性。由于后勤和预算方面的限制，大多数正式的导师计划仍将使用小型的焦点小组活动来督导处于这一阶段的导师，也有可能会在下面这些领域中引入同侪讨论和反思：

- 成果；

- 计划的目标；
- 你自己对这段关系想要实现的目标；
- 过程／方法：
  - 我们会面的频率是否足够？
  - 我们的会面时长是否足够？
  - 我们是否充分地挑战了对方？
  - 我们是否就行动达成了一致意见？
  - 哪些方法效果最好？
- 关系：
  - 我们是否建立了信任？
  - 我们是否打造了一个"安全的、受保护的空间"？
  - 我们能够坦诚地面对彼此吗？
  - 我们会给对方反馈吗？
  - 在我们的关系中，我们做了什么来实现这些目标？

反思型导师

反思型导师有着相当丰富的导师经验，并且已经成功地扩展了自己的技能组合，超越了"发展中的导师"那一层次。

他们可能已经掌握了辅导理论和实践各种不同方法中的大部分，发展出了对背景环境的解读能力，并在辅导社区中培养了对自己导师身份的认同。基于自己提供辅导和接受督导的经验，这些人现在已经达到这样一种境界，即，通过借鉴其他导师、督导者和其他的助人职业，他们开始能够批判性地反思自己的实践，并进一步发展技能，深化对不同的辅导方法的理解。

对于督导的启示——描述其实践

对反思型导师实施有效督导的一个重要方面是，督导者要有能力对导师表现出明显的关注和深刻的反思。

这一发展功能是霍金斯和修赫特所提出的教育或形成性功能与支持性功能的结合，通过反思和探索被督导者的工作，督导者能够专注于培养他们的技能、理解力和能力。因此，这里有两个焦点上的变化：一方面，督导者会更多地关注辅导对象和导师的工作，同时鼓励导师开始意识到，他们自身的经历（包括其作为导师或被督导者的经历）是如何逐渐对他们的辅导工作产生影响的；另一方面，督导者会支持导师发展自己内在的批判性反身思考能力。

自反型导师

自反型导师是指那些具有相当丰富的导师经验的人，这些人甚至可能已经成长为导师的督导者。在督导者的帮助下，他们已经发展出了足够的自我认知，能批判性地反思自己的实践，发现自己有待发展的领域，并能在辅导对话中更好地察觉和利用自己的情感，为自己的实践提供信息。他们已经拥有了足够的智慧去意识到：即使技艺过人，他们仍然有持续发展的需要；同时也明白，在方法的使用上僵化不变，自鸣得意，可能会带来巨大的危险。从这个意义上说，自反型导师需要督导来保障自己助人技巧的质量，以防止自己陷入盲区，或因为傲慢或粗心的干预而造成伤害。

对于督导的启示——描述其实践

要对自反型导师实施有效的督导，督导者自己首先必须是高度称职的、灵活的和有经验的导师。因为这种督导涵盖的需求范围很广，可能会从问题发生时以一种"适度辅导"的方式提供非常温和的支持，一直延伸到其对立面，即采用一种强烈的批判性的方式，来挑战可能陷于自满的导师。也正因如此，督导的频率可能会有所不同，具体取决于被督导者的需要。例如，费尔特姆曾提到过经验丰富的心理治疗师阿诺德·拉扎勒斯（Arnold Lazarus），后者并不会定期参与督导，他的说法是："当我遇到障碍或阻碍时，或者当我感到自己'枯竭'时，我才可能会向其他人寻求帮助或意见。如果事情进展顺利，那么似乎没有必要费神接受督导；但是如果有一些问题让你感到迷茫或困惑，或你觉得自己虽然做得还不错，但还可以做得更好，那为什么不把问题带到别人面前，一起对此展开探讨呢？"

在了解了这四个阶段之后，我们现在将审视一个导师督导计划的案例。

案例说明

NWDA 企业导师计划于 2009 年 9 月启动，其目标是三年内在英格兰西北部向3000名中小企业领导者和管理者提供支持。该计划的目的是建立一个典型的一对一导师计划，展示出可信的质量标准。辅导的重点落在那些有增长潜力的小型企业上，这既是为了提高辅导服务在该地区的可得性和服务标准，也是为了能够做出可靠的、健全的评估。为了确保这些成果的交付，计划的交付模型包含了四个关键要素：基于就业指导计划国际标准（International Standards for Mentoring Programmes in Employment，ISMPE）建立的一套质量框架、一支居中协调的团队、由受过训练并有质量控制措施保障的服务供应商所组成的一张交付网络，以及持续的监控和评估。考虑到该计划的参与人数，我们在导师开发的工作中采用了"培训培训师"（train-the-trainers）的方法，即与一些专业的辅导组织（供应商）签订合同，委托他们向导师们提供发展服务。

目前针对该计划的支持和督导分为两个层面：面向供应商组织的和面向导师的。

面向供应商组织的督导

居中的协调团队每年为供应商网络组织三次活动，以传播知识和分享最佳实践。这些会议提供了机会，使供应商组织可以深入了解有关辅导的、更进一步的主题和理论，进而在他们自己组织的导师焦点小组活动中分享这些主题和理论。在这些会议上，各方人士会分享新的研究和前沿的最佳实践，还可能会分享对计划的评价结果，并讨论其中供应商感兴趣的方面，使他们能够明智地使用这种形成性的评价。在我们的启发式教育方案中，这种对供应商的督导对职业导师也起到了发展作用。在计划开始阶段，供应商会参加一次工作坊，其中详细介绍了计划对他们的期望，并会演练一些督导中可能采用的方法和模型。因此，对于供应商而言，这些工作坊同时具有督导的质量管控功能和培训功能。

面向导师的督导

反过来，供应商也为导师们组织焦点小组活动。这样的活动为导师提供了一个机会，使他们可以讨论自己关心的事情，获得更多的知识，进行更多的技能训练，并与计划中的其他导师进行交流。为了反映计划的整体逻辑，协调团队再一次组织了一些焦点小组活动来进行示范。对导师的督导需求而言，这些活动发挥了质量管控、发展培育和培训的功能。活动使用的方法包括让导师们结对或

> 以小组的方式，围绕他们在辅导过程和实践中的问题展开讨论，以获得：
>
> - 针对自己实践的辅导；
> - 探索技术并帮助解决自己遇到的问题的时间；
> - 反思自己实践的机会；
> - 帮助和支持，当自己感到心力交瘁时；
> - 关于伦理道德问题的支持。
>
> 除了这些焦点小组以外，每位导师还会受邀参加由供应商组织提供的、每次持续2~3个小时的督导会议（通常是团体督导），每年最多可以参加三次。
>
> 虽然该计划是一项自愿的导师计划，但它吸引了大量有经验的专业助人者。当使用简单的启发式教育框架衡量他们的经验水准时，我们发现这些自愿的导师大多处于反思型导师和自反型导师的级别。同时，我们的分析显示，虽然这套已经开发出来的督导方法可能会相对缺乏挑战，但这正是经验丰富的导师所需要的。因为干预的重点是支持参与者分享知识和向他们提供心理社会支持。此外，要想实现导师计划的目标，就必须避免任何一方陷入自满或串谋中，尽管这种挑战可能不是导师或供应商心中迫切需要的。我将在下文中考虑这一点对导师督导的影响。

对方法的评价

尽管贴在"教练"和"辅导"这两种活动上的刻板的区分标签早已模糊不清，但辅导仍然与利用个人经验、完整自我，以及人们的价值观有关。在 NWDA 计划中，个人经验的重要性是显而易见的。与大多数企业对企业的导师计划一样，小型企业的管理者们往往会学得更好，并能够看到来自"曾亲力亲为做过此事"的人的帮助中所蕴含的价值。这一趋势对于导师督导具有重要的意义。

正如许多新手导师所说的那样，他们发现最困难的一件事就是，从一开始就要忍住提建议和将自己所知所学悉数告知学员的冲动。除了提供上述的一般支持性功能以外，我们还发现，这种督导方法能够有效地帮助导师与自己的经验和实践拉开合适的专业距离。这似乎能够使他们作为导师更加足智多谋，并避免"钟摆效应"——要么把自己的经验强加给辅导对象，要么完全拒绝与辅导对象分享自己的经验。同时，我们的经验表明，很多小公司创业者的自尊心都很强，而且，在他们的组织内，不论男女都信奉一种"硬汉或大男子主义"的文化。督导者们还需要特别注意，对导师们所抱持的、关于商业和组织的主要假设发起挑战是非常重要的。因此，这个计划中的导师督导有必要帮助导师达到平衡，即既向辅导对象提供经验，又要防止有意无意地制造自己的克隆品。

导师督导方面的研究滞后于教练督导方面的研究是有原因的。首先，相对于"教练"这一标签，"辅导"可能指向更加非正式的、无报酬的助人关系。这就意味着与教练督导相比，导师督导可能会受到较少的正式关注和认可。其次，由于辅导更多的是一种自愿和无报酬的活动，大多数导师无法得到督导服务或者支持他们参与督导活动的资源或资金。

虽然这种观点也适用于在组织内部担任教练的管理者，但教练在人们心目中更注重绩效的形象（无论这种形象是否正确）意味着这些管理者更可能会凭借着自己为员工提供的绩效教练活动而得到组织的支持和督导，而不是凭借自己的辅导活动。

后续学习

如前所述，关于导师督导的研究相对较少。然而，麦金森等人编辑的辅导实操手册中包含了一些导师计划的案例样板，以及如何支持导师的实践，其案例背景跨越宽度甚广。戈皮所著的专门介绍辅导和督导的书也很有帮助，尽管我们必须小心避免混淆导师督导与 NHS 的临床督导。最后，科利所著的有关在社会合群方面开展辅导的书也值得细读，书中对于辅导的环境背景、导师们所面临的挑战，以及导师的自身发展都有精彩的评述。

综上所述，在导师督导的背景下，还有一些关键问题需要进一步探讨：

- 导师在助人时需要什么样的督导？
- 如何支持导师，使其在使用自有知识帮助辅导对象以及让辅导对象"自强自立"两者之间找到有效的平衡？
- 由于市场、背景和参与者的不同，导师督导与教练督导是否会有所区别？

第 17 章　对组织咨询师的督导

埃里克·德·哈恩（Erik de Haan）、戴维·伯奇（David Birch）

组织发展（Organization Development，OD）咨询师越来越多地从对其咨询和高管教练工作的督导中获益。督导对咨询师的专业发展和质量保证做出了重要贡献，并渐渐成为市场中一个关键的区分因素。伴随着 OD 领域专业水平的不断提高，督导成了组织咨询方面很多正式资质认证的重要组成部分。由于越来越多的咨询师选择独立执业，或是在他们的许多工作任务中以"个体从业者"的身份出现，对于从督导关系中获得反思的时间和空间的需求正在与日俱增。在这一章中，我们将研究各种形式的咨询督导，并对不同方法的优缺点进行反思，最后以 OD 督导者可能会遇到的一些困境作为结束。我们认为，咨询督导本身就足以成为一个独特的领域，然而，它面临的问题也与教练的督导者息息相关。

我们将组织咨询或 OD 咨询看作一个比高管教练或教练督导更广泛的领域，其中包括更大范围的组织层面的干预手段，比如过程咨询、团队和组织发展、战略会议和全系统方法，等等。正是由于这些咨询干预的范围更广，咨询师们才能够与组织的议程、组织内的客户或客户系统更密切地合作。虽然与高管教练类似，督导在大多数情况下都是在线下组织实施，但后者却需要以更广阔的范围和更深入的眼界，将组织当作一个整体来看待。因此，正如下面的例子和模型试图展现的那样，组织督导更加复杂和多层次。也正是由于这个原因，组织督导延伸的范围更广，其中有更多的专业人员角色，更频繁地包含以下两方面内容：（1）在更大范围的任务背景下，咨询师或称被督导者与其他咨询师的互动方式；（2）咨询师或称被督导者的"基地"或所属的咨询机构中，围绕着从客户处获取任务委托和向更高级角色晋升的复杂动态。换句话说，某些好的 OD 咨询督导根本不会关注被督导者对客户的工作，而只关注被督导者与他们的直接同事和上级管理者之间的关系。但无论如何，督导总是服务于他们身为咨询师的学习和效能的。

咨询督导的多样性

有三种不同的模式或协议，OD 咨询的督导者和被督导者可以从中选择一种，以此来开展合作。

个体咨询督导

这种督导完全聚焦于个体咨询师及其实践。它的优点在于督导者并不属于组织系统，并且对于咨询发生的环境也没有直接的体验，主要通过被督导者对工作的描述来形成认知和印象，因此能够很好地观察和处理督导关系中移情和反移情的相互作用。通过向被督导者反馈自己的观察和感受，督导者能够帮助他们深度挖掘自己对客户、自身的咨询实践和自己的假设、偏见及联想。

> **案例说明**
>
> 罗杰是一家利基（niche）① 咨询公司的咨询师，参与组织发展工作和定制的高管教育。该公司有 5 名合伙人（公司所有者）和 15 名高级咨询师。罗杰被认为有望在大约五年内成为合伙人，尽管还没有人明确地这么告诉他。公司出资让他至少每个季度去见一次督导者（一位临床心理学家），如果他觉得有必要的话，偶尔增加会面是也可以的。尽管他们谈论的是他对客户的工作，但罗杰却总是关注公司内部的动态——合伙人之间的意见分歧被高级咨询师掩盖着，并会在不知不觉中表露出来，然而，他们给人的印象却总是意见一致。合伙人每个月开一次会，虽然整个公司都知道这些会议什么时候召开，但对会议内容却所知甚少。公司主图书馆的大门是个"信号"——通常是开着的，只有在合伙人开会期间才会关闭。罗杰觉得自己常常受一名合伙人的批评，与此同

---

① 利基一词指只关注某个细分的市场，如某个行业、某种产品或服务，或者某种类型的客户。——译者注

> 时，另一名合伙人则会向他递出友好的橄榄枝。他还感觉到，自己与另外一两名有志成为合伙人的高级咨询师正处于竞争之中。客户工作固然紧张，但不得不面对公司内的这些难堪和竞争，对罗杰来说则更加困难。作为组织的外部人员，督导者用"照镜子"的方法帮助罗杰更清楚地认识到了自己在这种动态中扮演的角色。从罗杰自己的家庭动态，以及虽然他在公司中感到不受保护和脆弱，但在和客户共事时却比较有影响力和自信心来看，他的一些反应其实是可以理解的。通过在督导中所做的工作，罗杰成功地稳住了局面，不让任何紧张的关系升级，最终他终于收到了邀请，成了合伙人。直到那时，他才体验到了合伙人之间更加公开的权力斗争。毫不意外的是，他认为与督导者以大致相同的频率继续保持沟通将会很有帮助。

影子顾问

这种模式指的是扮演一个或一群咨询师的影子顾问；换句话说，以一个"幕后"督导者的身份来支持某个咨询项目。就好像个体督导一样，客户不会直接与督导者打交道，可能也就是在合同或发票上见过其名字。在这种督导模式中，督导者远离客户的视线，在咨询团队的幕后开展工作，关注团队在处理工作中产生的共鸣。与客户系统拉开的这段距离，再加上咨询师之间呈现的动态，使督导者能够注意到更多移情或反移情的模式，即通常所说的平行过程。

在影子顾问督导模式中，督导者通常隶属于为特定项目工作的咨询师团队。但这种模式也可以在咨询师的混合小组或咨询组合中应用。

> **案例说明**
>
> 一名影子顾问刚刚开始督导为某家金融服务机构工作的一个变革咨询师团队。第一次团体会议进行时，她注意到项目负责人一讲话自己就会走神。即使她强迫自己去听，最多也只能听懂几分钟的内容。而当团队中的其他人发言时，她却发现自己很容易集中注意力，但由于她没有完全听懂项目负责人的发言内容，她很担心自己的督导质量。当同样的事情在第二次会议上再次发生时，她决定以一种避免批评项目负责人的方式与团体成员分享她的体验。于

是，她询问其他人是否也有同样的体验，以及这是否在某种程度上反映了他们与客户组织一起工作的某些方面。令她惊讶的是，好几名团队成员都承认自己很难跟得上项目负责人的思路。一开始，这位负责人感到很尴尬，但在团体的帮助下，他意识到，原来他们的主要客户（即CEO）与他的同事之间的关系是疏离的，同事们对他想表达的意思似乎也是一知半解。督导者指出，团队成员对项目负责人的感受实际上就是一种典型的平行过程，换句话说，映照出了在客户系统中发生的真实状况。

然后，督导者帮助团队思考项目负责人可以采取什么不一样的做法，以及这种洞察与客户的CEO有何关联。这使得团队的效能发生了深刻的变化，因为他们学会了以一种相互询问而不是批评的精神，来分享那些本来可能会被理解为负面反馈的内容。当项目负责人分享他们的观察时，CEO一开始也表现出和项目负责人一样的防御心理。但当他向自己最亲密的同事寻求反馈时，咨询师团队观察的准确性却令他大为吃惊。在这里，我们再次看到，组织督导者虽然只针对咨询师团队及其互动开展工作，但却可以对咨询干预在客户组织端的输出成果产生深远的影响，这一点和教练督导者是不一样的。

同侪督导

这指的是在一个咨询团队中以同侪督导者的身份主动开展工作。有时候团队成员可以轮流扮演督导者的角色，这样一来，每位团队成员都会经历在咨询师和督导者两个角色之间的切换。这种方法的优点是，同侪督导者对于客户的组织有着直接的体验，这意味着他们可以检验某些直觉，并在自己实际体验到的现实中为其找到根据。然而，这也可能会损害他们觉察平行过程的能力；同时，根据我们的经验，同侪督导者需要接受更多的个体督导，以协助他们处理存在于督导、咨询，以及参与客户组织的不同行为之间界限的冲突。

在我们看来，最有效的同侪督导方式是让同侪督导者与被督导者的工作保持一定的距离，留出时间和空间，让督导会谈的进行远离客户。如果咨询师团队能够就督导的目的和角色达成明确的协议，那他们就能表现出最佳的工作状态。

> **案例说明**
>
> 一个由 15 名咨询师组成的团队正在为某个政府部门实施文化变革的项目，他们组成了五个同侪督导小组，他们将之称作"三重唱组合"。每个三人小组每两周会面一次，每次一小时，同事们轮流担任督导者的角色。在其中某一组内，一位同事提出了对客户组织中某位高层职员管理风格的担忧，他们认为此人过于好斗和盛气凌人。在同侪督导者和小组另一名成员的帮助下，他们探讨了自己的感受和反应，其中也包括他们之前没有意识到的、与此人的教育背景相关的偏见。这有助于他们对这名高管产生同理心，并重新评估他们的批判性立场。小组决定尝试与这个人建立更密切的关系，如果必要的话，还可能会通过支持和尊重的方式施加影响，但不会采取原本打算的对抗方式。

咨询督导的特别之处

正如上面的例子所示，与教练督导相比，咨询督导的特征是咨询师与其同事和管理者的内部关系变得更为突出，同时这些关系也提供了独特的素材，能够帮助被督导者和督导者理解客户组织内部的关系和动态。虽然平行进程对于所有督导来说都是显著特征，但咨询督导所具备的这种将系统性带回到系统中的能力却是独特且强大的。

由于越来越多的人认识到从业者需要关注那些影响他们反应和关系模式的动态，因此针对组织咨询师的督导得到了迅速的发展。如前所述，督导者在觉察、探索和评估组织动态方面处于一个极佳的位置。将这些反应和关系模式与勒温著名的"力场"（force fields）理论以及赫希霍恩的一些督导案例进行比较是一件非常有意思的事情。

督导者选取的模式被放大或缩小的程度取决于咨询师和督导者人格特质中被称

为个人"力价"（valency）①的方面。一个人在选取模式时无意识地呈现出的"力价"与其个性和个人生活经历密切相关。我们有意识地选取的只能是那些我们有能力体验和观察到的模式。而我们在无意识中倾向的则是那些以某种方式"刺激"我们触发情绪的模式。它们让我们想起了其他早期的模式，而那些模式是我们无法（允许自己）体验到的，因此也就不能有意识地去处理。

通过这种方式，个体督导者可以选择那些通常潜伏于认知觉察水平之下的、重要的、决定性的模式（如对于变革的障碍或带来新变化的机会），但是他们只能在某种特定的、有限的"力价"范围内才能做到这一点。这一现象可以比作物理学中的"共振"现象，后者指的是一个物体只能接收和放大某些频率的波（如声波），而对其他的频率则不予反应。

咨询督导的三种模式在选取组织模式方面各有所长。咨询师即被督导者扮演"透镜"的角色，收集组织中的模式和议题。在此过程中，督导者也会发现透镜本身的问题。在教练督导过程中（如图17–1所示），情况是最简单的，因为督导者只有一面透镜，无法直接接触正在讨论的客户组织。这就为了解教练关系及其背后的组织动态提供了一个轮廓鲜明的窗口。留给放大或共振的空间相对较小，教练的"力价"在探讨过程中始终保持在一个适度的位置上。

---

① 力价是20世纪英国精神分析学家、群体动力学的先驱之一威尔弗雷德·鲁普莱希特·拜昂（Wilfred Ruprecht Bion）提出的概念。他认为团体可以分为工作团体和基本假设团体两个层面。工作团体以现实为基础，团体成员有意识地去追求一致的目标，并且审慎地朝着目标方向努力。然而，团体并非总是理性地或有效地起作用，团体成员的共同秘密构成了团体生活的潜在方面，即基本假设团体。基本假设团体不同于理性的、目标定向的工作团体，它是由无意识的愿望、恐惧、防御、幻想、冲动和投射构成的，是一种无意识的行为模式。拜昂提出有三种基本假设团体，分别是依赖团体、攻击和逃跑团体以及配对团体。力价描述的则是个体虽然带着上述的基本假设，想要从不舒适的情绪中逃离或者防御，但却仍然想要进入团体生活的强度。每个人对以上这三种基本假设都有不同的力价，力价越强，越能够承受焦虑。——译者注

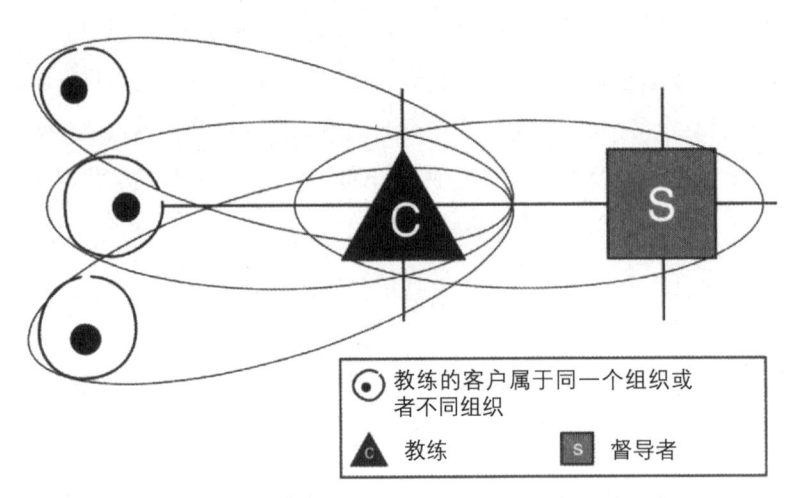

图 17-1　对于从事高管教练的一位教练实施督导的示意图

注释：竖线表示咨询师和督导者与其他客户的关系。督导者右边的横线连接的是他们的督导者。

在个体咨询督导模式（如图 17-2 所示）中，因为咨询师直接接触那些为组织工作的人之间的动态，所以选取模式的空间更大了。我们可以看到，咨询师在组织中扮演的角色比起图 17-1 中的教练更为广泛，并且能够从直接接触中获得更多的组织动态，甚至可能会变成"自己人"或"沉浸"于组织内部。

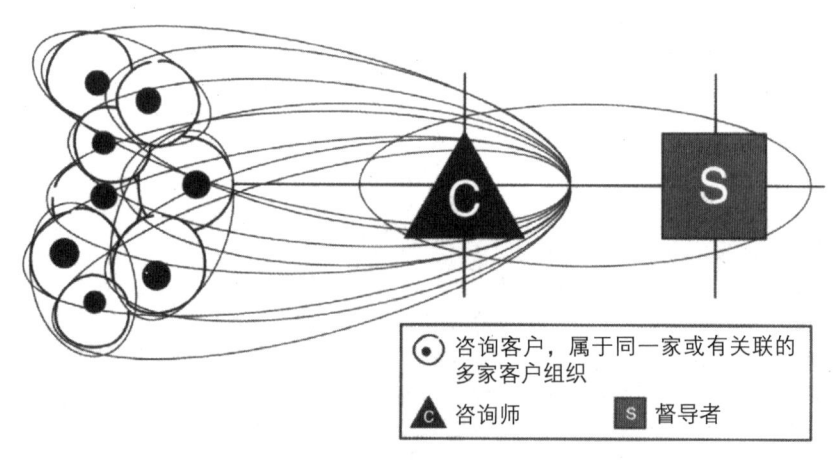

图 17-2　对于处理某项单一任务的一位咨询师实施 OD 督导的示意图

注释：竖线表示咨询师和督导者与其他客户的关系。督导者右边的横线连接的是他们的督导者。

在影子顾问模式（如图17-3所示）中，督导者会接触到咨询师之间更丰富的动态，对组织模式有着更多的接收"天线"。根据我们的经验，在团队中一起工作的咨询师之间的动态可以直接反映（或镜像）出强烈的、无意识的组织动态。上面的一些例子和赫希霍恩下面的这个督导案例都能表明这一点。在赫希霍恩的案例中，一位承受着巨大压力的副总监和两位咨询师在一起工作，而这两位咨询师则逐一接受我们的督导。

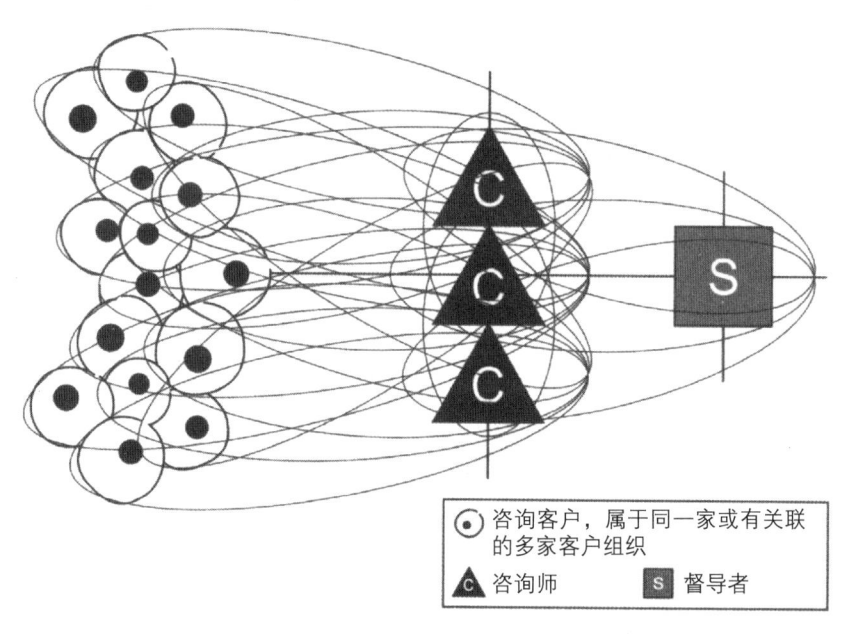

图17-3 对于处理某项单一任务的一个OD咨询师团队实施影子顾问督导的示意图
注释：竖线表示咨询师和督导者与其他客户的关系。督导者右边的横线连接的是他们的督导者。

最后，在同侪督导模式（如图17-4所示）中，督导者拥有的途径包括自身直接体验，可以获知更广泛的动态模式。情况更加多样，但也更加复杂，因为督导者更加不清楚自己应该根据什么去选择模式。由同侪督导者实施的督导在以下两个方面尤其重要：一是为确信的想法和观察寻找根据，二是使那些已经无法再接触到的模式被意识到。

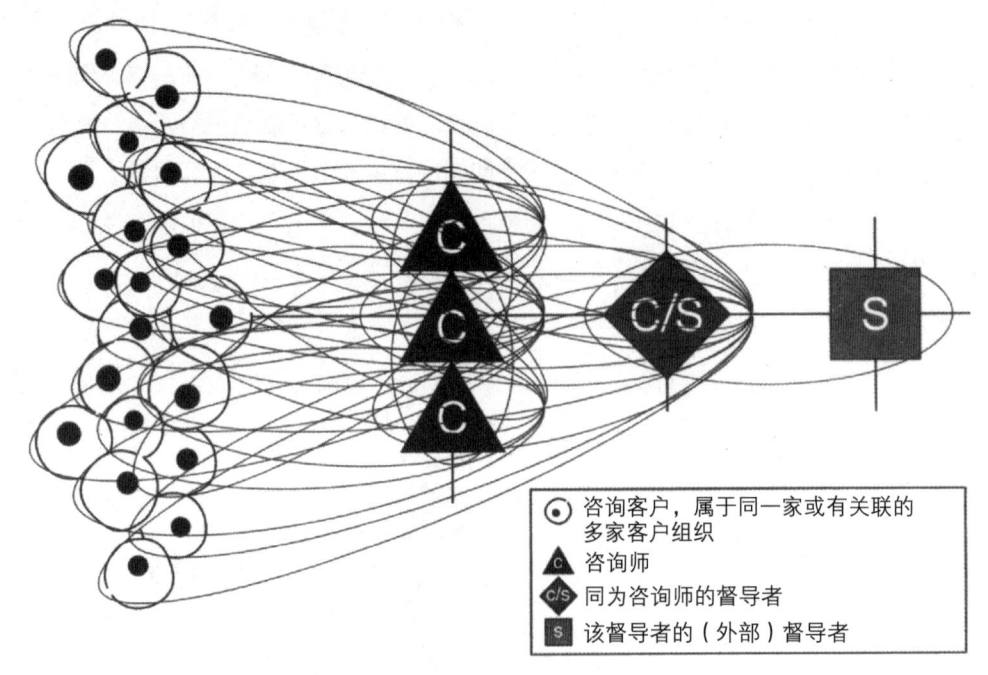

图 17-4　针对处理某项单一任务的一个 OD 咨询师团队实施同侪督导的示意图

注释：竖线表示咨询师和督导者与其他客户的关系。督导者右边的横线连接的是他们的督导者。

同侪督导者选取的模式有时可达四层之深。首先，组织的模式会在单个客户的行为中表现出来，这会影响咨询师和客户之间的关系，进而变成同侪督导者"此时此地"的体验。只有到了那个时候，咨询师才可能有意识地处理这些模式。正是由于督导者自身的"力价"驱动了我们原以为的"自由回应"，这些模式才会在第一时间被选取。所选取的模式固然有其价值，但是在意识将它们识别出来之前，它们早已在个人体验中游历了一番，并因偏见或"滤色"而蒙尘。

在研究了咨询督导的三种模式，还有我们自己以客户和督导者的不同身份曾参与过的合同类型后，我们现在将回顾一个近期的案例说明。案例中涉及的所有个人信息都经过了匿名处理。这是一个一次性的影子顾问项目，展示了咨询督导的某些复杂性，其中包括咨询系统和客户系统会如何以意想不到的方式相互影响。

第 17 章 对组织咨询师的督导

> **案例说明**
>
> ### 影子顾问
>
> 格雷厄姆是一所著名大学聘请的一个咨询师团队的一员,该团队的任务是帮助重振大学并让教授群体参与到研究战略的制定中来。随着任务的进展,他开始意识到自己在回避与一位名叫海伦的咨询师打交道,这让他感到很困惑,因为他们通常合作得很好。他觉得海伦对他本人和他的想法都不感兴趣,似乎抱定决心要让客户按照她的议程来开展工作。与此同时,海伦与该大学的一位资深教授建立了密切的关系,这位教授是一名研究带头人,功勋累累,扬名国际,这让格雷厄姆感到情况更加糟糕。
>
> 格雷厄姆知道他应该向海伦表达自己的担忧,但他却对这样做的后果感到莫名焦虑。他深信如果自己提起这个话题,海伦就会嘲笑或羞辱他,于是他选择谨慎行事,不与同事分享他日益增长的怨恨情绪。他不仅感觉自己被排除在外,还察觉到自己心中不断滋长的焦虑,担心自己在海伦眼中是否会变成一名失败者,甚至还担心海伦是否暗地里知晓了一些客户关于他对项目无所贡献的批评性反馈。
>
> 最后,反而是海伦主动向格雷厄姆提出了这个话题,因为她也发现她的同事在最近几个星期里与自己很疏远。格雷厄姆仍然不愿与她接洽,但他同意将这个话题带到下次与团队的影子顾问的会议上进行探讨。
>
> 作为影子顾问的督导者帮助格雷厄姆和海伦发现了他们是如何与该大学中各自接触的客户产生共鸣的。海伦与一位资深教授关系融洽,这位教授对大学研究议程的制定有很大影响。与此同时,格雷厄姆则与一位相对不太知名的学者建立了联系,而前面那位教授常常希望这位学者承担一些不那么有趣的行政性任务。格雷厄姆已经习惯了听他抱怨说教授是如何对他们的想法和贡献不感兴趣,以及大家如何普遍感到被利用和被虐待。督导者提出,他们两人有可能陷入了一个平行过程,在这个平行过程中,两名客户之间的关系动态在海伦和格雷厄姆之间重现了。
>
> 督导者提议对平行过程展开探索,因为这样做可能会产生一些有用的线索,指引海伦和格雷厄姆在客户系统中更有效地一起工作。在影子顾问的帮助

下，他们各自扮演了自己最亲近的客户，并用客户的经验和直觉去探询他们是如何看待彼此，以及如何看待战略制定过程的。令格雷厄姆感到意外的是，海伦坚持认为，"她的"教授如果知道他的同事对他如此生气，会感到非常震惊。这就引发了一场讨论——他们如何才能帮助两位教授更清楚地意识到自己的无意识行为模式。他们决定在即将进行的一次引导工作坊上处理这个话题，鼓励客户们积极地倾听和探询对方的想法。在过程回顾之后，教授们同意，这种深挖细究、强健有力的对话过程应该成为他们战略制定过程中的一个常规特色。

与此同时，格雷厄姆为他与海伦的亲密关系得到修复而感到宽慰。此外他还敏锐地意识到，在督导过程中对于他的个人感受进行的一次探索，竟然出乎意料地提供了如此强有力的洞见，让他明白了在未来如何才能最好地服务客户。

这个案例研究表明，扮演影子顾问的督导者能够发挥重要作用。他们可以帮助咨询师从任务的"剧情"中"抽离"出来，深入探索那些假设、偏见和无意识的过程，这些因素可能会干扰他们的思考能力，使其无法看清客户甚至自己的团队工作。扮演影子顾问的督导者需要仔细聆听客户的叙述，但不能真的相信他们说出了"完整的真相"。在聆听过程中，督导者需要反思"咨询师的叙述"与"咨询师和客户共同沉浸于其中的组织过程"两者之间有哪些潜在的关联。督导者的作用就是帮助咨询师转换框架来重新看待这些叙述；而只有当咨询师了解到自己在客户系统中的参与是如何扭曲了他们自己做出清楚且适当的思考和反应的能力以后，他们才能产生"换框"重构的能力。

OD 咨询督导者面临的困境

尽管不同的督导模式之间有很大差别，但无论模式或客户情境如何变化，督导者可以使用的潜在方法大体上都是相似的。尤其是其中某些进退两难的困境是督导者经常遇到的，在与被督导者打交道时，它们总是反复出现。在这一节中，我们希望能够捕捉到其中几个困境，并向读者传达一些身为 OD 咨询督导者的感受。

第一，作为人类，也作为督导者，我们可以相当准确地感受到我们的"力价"

加诸我们的局限，当然还有隐藏其中的希望。即使我们不知道自己的反移情因何而起，我们也能意识到它们的存在——我们会有不安、不适、心烦意乱、不明来由的愤怒、厌倦或其他种种感受，它们是如此真实，但所有这些感受都可能只是面前接受督导的咨询师所体会到的客户 – 咨询师动态的表现而已。换句话说，在我们开始解读"信号"之前，我们的"天线"已经接收到了感觉。如果我们关注这种感觉，就会意识到自己在这个领域的测量装置是不够用的，因为这些测量装置与我们自己未能解决好的问题和移情模式盘根错节，紧密交织。这种进退两难的局面一开始会让我们感到不舒服，随后演化成是否应该对其加以关注的一种抉择，还有可能会带来一个巨大的疑问，即我们的感觉是否对我们的被督导者有任何用处。

第二，如果我们进一步反思和交流某些观察所得，就会面临一个两难困境：我们应该施加多少影响，或者说进行多少试探。通常来说，对被督导者最有利的是两者兼顾。

- 影响：意味着简洁、敏锐、具有挑战性、新颖、原创、聚焦；
- 试探：意味着邀请被督导者进行进一步反思，而不是对他们带来的任何问题进行总结陈词。

第三，在处理或展示新的客户资料时，我们将会遇到另外一些两难困境，比如，设定什么样的"基调"。哪种方式对我们的客户并最终对其组织会更有帮助呢？我应该以类似于高管教练或 OD 咨询师①的典型方式（即随时处理身边自然涌现的问题）来开展工作吗？还是说更重要的是指引方向并主动描绘出"案例"的所有方面，即以更类似于专家咨询师的方式来开展工作？

第四，类似地，我们还可能会遇到工作方式上的两难问题，即，何时该使用反思性的谈话，何时又应该以一种"好玩"的方式来开展工作，比如，运用角色扮演、"双椅子"练习、心理剧和组织系统排列等方式来重建组织的动态。这些突现的、好玩的工作方式可以提供更强大的视角，来探察客户组织里的无意识困境，因为在这

---

① 此处值得提醒的是，高管教练也可以被视为"督导者"，即其客户所管理的团队的督导者。——译者注

些干预措施中，被督导者相对更难"删减"他们提供的资料。

第五，我们还会体验到我们该为客户组织扮演什么角色的两难和顾虑。归根结底，客户组织应该是我们工作的主要受益者和最终客户，但通常而言客户组织离督导关系会更远。我们注意到，我们有时很难意识到自己与该组织的关系。一方面，我们明白需要保持一定的距离，以便探察那些没有被咨询师留意到的组织模式；另一方面，我们又力求在咨询师的客户组织中发挥影响力。作为一名组织的督导者，你会发现自己处于类似于野生动物纪录片摄制者们的尴尬处境中。在某些时候，摄制组的观察性存在，会以他们不自知的方式，对所观察的生态系统产生影响。咨询师和督导者的细致审视并不仅仅是被动的观察，他们同时也是组织雇员视野中的对象，因此这种审视就有可能成为在组织范畴内衡量进展的一种标准。教练督导者通常与他们的客户组织保持一定的距离，因此不会遇到这样的困境。

第六，我们还会遇到关于督导的规范性功能的困境。如果咨询师的管理者只是对收入或可计费的工作天数感兴趣，并将其作为"成功的衡量标准"，那咨询督导者的工作会容易得多——只需要和咨询师们开展有意义的绩效谈话而已。然而，这样的谈话却蕴含一种内在的风险，即督导者会变成咨询师们的代理"绩效经理"。

一些咨询公司会安排内部的导师和外部的督导者一同工作，导师们的任务是开展绩效谈话，话题包括但不限于可计费的工作天数，并直接向咨询师的直线管理者进行汇报。

对这种督导模式的评价

总的来说，OD咨询师们必须要在组织中开展工作，同时坚持他们作为局外人的视角。在和组织打交道的过程中，他们必须运用自己的知识、经验和直觉，随着接触的深入，逐步获得对问题的"局内人"视角。这种作为"局内的局外人"的立场根本无法简单明了，而且还会伴随着各种诱惑、风险和限制。一方面，过度分析或"超脱"是有风险的，会导致观察、想法和解决方案更与咨询师自身及其之前的客户相关，而不是针对当下的情况。另一方面，如果咨询师们对组织的议程和议题有过分强烈的认同感，就会有过度卷入的风险。可以将这种两难境地称为"要冷漠还是要串谋"。

然而，督导对于组织咨询师来说是大有裨益的，因为它有助于咨询师在这些对立的风险和诱惑之间保持平衡。督导者会尽力保持自己的"客户局外人"状态，并可以更自由地评论，在客户端以及在客户与咨询师的关系中，可能正在发生的事情是什么。督导者可以对咨询师们产生巨大的形成性影响，就更不用说他们在规范性和复原性上的价值了。由于组织咨询师们总是试图在他们对客户和同事所肩负的多项责任之间保持平衡（这些责任往往还互相冲突），因此他们会经常感受到焦虑和压力。通过帮助咨询师反思和理解他们自己的反应和回应，督导可以减轻他们肩上的压力。督导者占据了一个理想的位置，可以在尊重和理解咨询师面临的复杂性和挑战的基础上，针对他们的实践提供一些"规范性"的反馈。督导者的理解往往比咨询师的直线管理者甚至比咨询师本人都要好。我们为咨询督导的进一步发展和专业化的前景而感到兴奋，这样咨询督导就能够占据其应有的地位，对组织咨询师也包括专家咨询师[①]起到支持和质量保障的作用。

后续学习

下面这些活动将有助于进一步思考咨询督导这个丰富多彩的行业。

在接下来的几周内，邀请两个在同一个组织中工作的客户或朋友进行简短的对话，主要谈论他们目前正面临的挑战。不仅要注意他们选择了什么样的挑战，还要注意他们是如何谈论这些挑战的。通常情况下，他们谈话的方式就会告诉你一些与挑战本身有关的事情。在简短的交谈之后，你可以问问他们，他们的回应在何种意

---

① 本章所说的组织咨询师也就是组织发展咨询师，按照埃德加·沙因在其经典著作《过程咨询》中对于咨询模式的区分，组织咨询师多数采取的是第三种咨询模式，即过程咨询模式。在这种模式中，咨询师往往并非内容专家，而是更多地关注于过程和模式。沙因认为，传统的咨询常常是第一种模式，即客户就其问题向咨询师寻求明确的答案，这种模式下所交付的服务主要是信息。而第二种模式医生-患者模式在传统咨询和OD咨询中都有不少实践。沙因的咨询模式划分和对于传统咨询的看法为之后大部分学者所接受，因此作者在这里会有专家咨询师和组织咨询师的区分。——译者注

义上反映出了组织的"典型"文化。然后，你可以分享自己的观察——关于他们如何交谈，以及他们之间这些明显的动态如何与他们讨论的问题相关。

将你曾为之工作过的雇主画在一条时间线上，如果你是独立执业的，那么请将你自己也包括在时间线上。试着找出所有这些组织至少在一个方面的共同之处。然后问问自己，你对雇主的选择可能会向我们传递出与你有关的什么信息。鉴于你之前为组织工作的经验，你在与客户打交道时可能会很快选取的主题或模式是什么？

在下一次督导会谈结束之后，花些时间描绘出是哪些动态在发挥作用。可以从四个层次来描述督导会谈中的互动：客户组织内部的互动；被督导者和组织内的客户之间的互动；被督导者和你之间的互动；以及当你从会谈中走出来的时候，你与自己的互动（也就是你头脑中的所思所感）。看看你能否在这些互动模式之间找到共通之处，并试着去理解这一关键的共通模式究竟出自四个层次中的哪一层？换句话说，哪里是它的源头？

下面三份资料值得进一步阅读。

拉里·赫希霍恩（Larry Hirschhorn）的著作《内心职场：组织生活的心理动力》(*The Workplace Within: Psychodynamics of Organizational Life*)。我们对亚马逊网站的一篇匿名书评中的观点深表认同，那篇书评说："不要被这本非常棒的书的标题吓到。"对于那些想要深入理解当前组织中所发生之事的高管来说，赫希霍恩的《内心职场：组织生活的心理动力》是其能够找到的最好的工具之一。如果你仔细、彻底、批判性地阅读这本书，那它会成为你在职场中发展社交敏感度的绝妙工具。

马里安·施罗德（Marjan Schroder）1974 年的论文《影子顾问》（*The Shadow Consultant*）。这篇文章是最早认识到（内部）组织督导者的一些具体任务的文章之一。凭借着敏锐的观察力和有力的例子，施罗德向我们展示了，即使是 OD 咨询师也可以很好地督导他们的咨询师同行。

彼得·霍金斯和尼克·史密斯的著作《教练、辅导与组织咨询：督导、技能和发展》。这是一本实用的资源手册，它回顾了支撑组织咨询的价值观和假设，并探讨了督导在使实践符合道德规范方面的重要性。

第 18 章　教练和辅导领域的同侪督导

塔蒂阿娜·巴赫基罗瓦、彼得·杰克逊

在教练社区中，同侪督导或同侪团体督导正在成为一种流行的督导模式。正如我们在本书的导言中所说的那样，这标志着教练们越来越意识到持续专业发展的价值和重要性，以及督导在其中的作用。虽然督导的地位越来越突出，但它显然不如教练业务发展得那么快速，从而影响了督导者的可得性。在这种情况下，对于教练们而言，一个显而易见的解决方案就是结对或组建同侪督导小组来互相帮助，以确保自己的实践质量。我们遇到的一个普遍观点是，这种类型的督导在教练社区中始终是可获得的和负担得起的。无论这个用意有多么自然和积极，同侪督导模式表面上的简单都可能会掩盖其内在的挑战和实践其所需的额外技能。在这一章中，我们会从多个角度来看待同侪督导，以确定其潜在的好处，但也会引出一些严峻的挑战，后者是对这种模式感兴趣的教练和督导者们都需要考虑的。

同侪帮助概念的出现可以追溯到教练活动兴起之前，并且可以从其他领域的历史中获得有价值的经验。一个早期的例子出现在心理咨询领域，是20世纪50年代初"共同咨询"（co-counselling）运动的一种补充。先驱者哈维·杰金斯（Harvey Jackins）在美国率先创立了一个志愿者社区，这些志愿者互相帮助以解决彼此的问题。其核心思想是一种同侪互惠咨询：同伴们轮流担任咨询师的角色，使用良好的倾听技巧，给予彼此充分的关怀。所有参与者都接受了一些基础的培训，学习了如何协助同伴探索问题并摆脱痛苦的情绪。一段时间以后，约翰·赫伦（John Heron）进一步发展了这项工作。他在1974年创立了一个类似的社区，名为"联合咨询国际"（Co-counselling International），后者更坚定地秉持在同侪工作中让"客户"自主决策的原则。

随着1978年尤金·简德林（Eugene Gendlin）[①]的《聚焦心理》(*Focusing*)一书首次出版发行，另一种方法"聚焦伙伴关系"（Focusing Partnership）出现了。所谓"聚焦"（Focusing），遵循的是简德林开创性的"关于内隐的哲学"（Philosophy of the Implicit），以及把有机体作为一个整体来理解和沟通的方法论。人们并不把"聚焦"看作一种心理咨询的方式，而是看作一种向聚焦的"伙伴"提供不显眼的陪伴和关注的互惠形式。聚焦过程利用"身体的意义感"（a body-sense of meaning）来处理当前的经历。这个过程也可能涉及简德林提出的"边缘性思考"（Thinking at the Edge，TAE），这指的是一系列有助于人们阐明工作领域新事物的步骤。

莱迪谢斯基描述了一个与同侪教练相关的类似过程。作为澳大利亚教师发展的一部分，这种做法从20世纪80年代初开始广为流传。面授教师能够就自己的教学有效性以及自己尝试实施的教学新发展从同事那里获得非评价性的反馈。之后，在商业和组织场景中出现了类似的运动，作为管理者发展计划的一种调整，以促进"培训的迁移"。这些运动似乎是志愿的、本地化的并且无人监管，或只受到那些对早期培训成果感兴趣的人的监管。

就目前而言，鉴于教练之间有许多类似同侪督导的非正式的安排，这一领域似乎有很多东西要向前辈学习。当然，我们可以观察到，那些具有坚实和公认的理论基础的运动能够吸引更多的参与者。由一个相当正式的机构支持和组织的运动更具有可持续性，可以为那些希望成为其中一分子的人创造机会。然而，督导工作的质量和成效却在很大程度上取决于这些社区中的个体成员。尽管监管机构努力提供相关培训，但却很难确保工作的安全性和有效性，并管理相关人员的期望。那些有兴趣大范围推广同侪督导模式的专业机构、教练公司或其他组织可能会对这些前辈们的经验教训尤其感兴趣。

[①] 简德林是美国具有开创意义的哲学家和心理学家、芝加哥大学前任教授，以及人本主义心理学大师卡尔·罗杰斯的研究同事。他基于自己对现象学和诠释学的研究和思考，提出了心理咨询和治疗中的聚焦取向疗法，因为对发展心理咨询和治疗实践所做出的贡献，他曾三次荣膺由美国心理学会（APA）授予的荣誉称号。——译者注

对同侪督导模式的描述

之所以有必要开展教练督导，首要的原因在于这个事实：教练们无意识中对教练过程的影响，并不少于他们有意施加的影响。督导旨在确保"教练对于自己在表面层次和'深层次'对客户造成的影响能够保持适度的觉察和严格的评估"。在这个首要焦点上，同侪督导也是一样的。提升教练的长期专业发展只是督导的次要功能。同侪督导能否满足这些优先事项，以及如果可以，该怎么做，这两个问题是本章讨论的基础。

同侪督导的形式

在方法或过程方面，似乎许多正式和非正式的安排都可以纳入同侪督导的范畴。显而易见的选择是一对一同侪督导和同侪团体督导，此外还有链条式同侪督导：比如，四位教练中A督导B，B督导C，C督导D，D反过来督导A。同侪督导在每位教练的整体督导安排中扮演什么角色也因人而异。有些教练选择同侪督导作为主要甚至唯一的督导方式。相比之下，其他许多人尽管选择了有资质的督导者，但仍然很珍惜将同侪督导加入其中的机会。对他们而言，同侪督导提供了额外的价值。

一对一同侪督导指的是两名同侪之间相互督导，轮流扮演督导者的角色，并分配给每个角色相同的时间。我们认为，在这种情况下，很重要的一点是两人都应该是成熟的教练，并且都能胜任教练督导者角色。虽然一对一同侪督导可能对那些仍在建立业务、经验较少的教练来说特别具有吸引力，但有些问题却会因同侪关系而变得更加复杂。例如，合同、相互承诺以及关系中"串谋"动态的诱惑。

对于有经验的教练来说，同侪团体督导也是一种选择，他们可以选择定期见面，并在互惠的基础上互相督导。这种模式与团体督导的区别在于，后者中的团体需要由一名指定的督导者来带领。除了已经隐含在督导和团体中的合同组成要素以外，这种同侪团体的背景还需要对另外一些安排达成共识，比如说成员资格的标准、团体督导将如何开展，等等。这些共识同样需要定期回顾。类似地，团体成员所需的能力组合也同样扩展到需要将团体引导技能（group facilitation skills）包括在内。

链条式同侪督导需要在后勤安排上下更多的工夫，才能让整个督导链条启动起来，但一旦安排就绪，就会类似于一对一同侪督导的关系。有时候，为了受益于与不同的人一起工作，会重新安排链条顺序。如果链条中的所有成员无论是作为教练还是督导者，都是经验丰富、知识渊博的，那成功的概率就会大得多。

督导的胜任力

在上述所有的同侪督导形式中，我们都建议所有参与者应该是已经有经验的教练。在职业生涯的初期，教练之间的同侪督导价值是很有限的，还有可能存在严重的缺陷。比如，使参与者产生一种已经接受了督导的错误安全感，并因此错过发展培育和质量管控的机会，而后面这些机会都是经验不足的教练或督导者无力提供的。尽管这种形式的督导对成长中的教练很有吸引力，但如果只参与这种形式的督导将会特别危险。

此外，我们认为，有效的督导需要超出教练经验的技能和观点。虽然从一个专业同侪所能带来的全新视角来看待我们的实践总是会有好处，但仅仅这样做本身并不能确保对实践进行充分的监督。仍然还是会存在串谋的风险，还可能会遗漏有关质量问题的宝贵见解。许多教练服务的买家也意识到了这一点。基于我们所支持的评估方法，买家们已经倾向于检查他们所雇教练的督导安排，且对那些仅仅依靠同侪督导的教练似乎并不满意。

同侪督导者需要具备什么样的督导能力呢？为了有效地督导教练，下面所有领域都被认为是重要且有针对性的，因此都需要他们熟练掌握：

- 能够在各种背景下订立合同，并处理与教练有关的法务和伦理道德问题；
- 掌握具有潜在理论背景的督导模型；
- 明白督导背景下一对一关系的本质、模式和动态，包括教练和督导过程中的权力问题；
- 掌握不同背景下个体发展的模型和理论，也包括教练的发展；
- 根据教练服务的背景和性质，掌握一系列评估和测量教练流程的方法；
- 能够对复杂的教练情境进行督导，包括伦理道德、心理健康以及与多样性相关的问题。

在这个相当通用的清单上，我们只能增加一点，那就是同侪督导者需要特别关注合同以及督导过程中的关系动态，因为这些都是由于同侪关系的性质而会遭遇挑战的领域。对同侪督导者而言，很重要的一点是，如果他们遇到了一些自己没有信心去处理的问题，就应该坦诚面对自己能力上的局限，并对彼此保持开放。他们应该定期讨论他们自己作为督导者的发展，并参与针对教练技能和督导技能的持续专业发展培训。

从整体上看，对于某些教练而言，在同侪督导中投入如此多的精力可能明显是不堪重负的。在这个问题上，有些人可能禁不住会想，为什么要承受这种麻烦呢？在任何情况下都使用"常规"的督导安排不是会更方便一些吗？但是，我们有充分的理由相信不该放弃同侪督导。比如，如果想要在我们的实践中融入更多的观点，使专业输入的导向和理论基础都能够多样化，那同侪督导就是一种很好的方式。此外，这也是一个很好的锻炼机会，使我们能够磨炼自己的督导风格和技能。

同侪督导者的角色与功能

教练的同侪督导者的主要作用与其他任何督导者一样。两个主要的功能是重点：一是确保以最有效和最适当的方式满足教练客户的需求；二是确保教练作为一名专业人士正在进一步发展。这种方法提供了一个结构和环境，供教练们反思自己满足客户需求的方式，以及他们作为实践者持续发展的方式。

问题与机会

在开展同侪督导时，需要考虑许多不同的问题。在以下方面进行思考可能会有帮助："在团体中"及"针对团体"进行同侪督导的问题、内部教练之间的同侪督导，以及一对一同侪督导中的心理问题。

"在团体中"及"针对团体"进行同侪督导的问题

在团体场景中也可以实现一对一督导所有的典型功能。此外，它还可以帮助发展领导力、直言不讳、理解力等人际互动技能。但是，如果我们认同督导的一个主要功能是"帮助教练看到比他们目前在工作中所见的更多的东西"，那与团体共事就会变得更加复杂。因为在团体的情况下有更多的事物需要"去看到"。同侪督导小组中的所有引导者都不仅仅需要促进团体探索教练案例的技巧，还需要将理解和管理群体动态的技巧结合进来。处理群体过程可能非常具有挑战性，但忽视这些群体过程则有可能会削弱团体在特定教练案例中所做的工作。

内部教练之间的同侪督导

许多组织都对发展教练文化感兴趣，并选择培养自己的内部教练。在某些情况下，内部教练之间的同侪督导是一个自然而然的过程。然而，巴赫基罗瓦认为，在这种情况下，更好的选择是由一位独立的督导者来带领一个同侪督导团体。这样做，一方面可以帮助教练看透组织文化的细节，并且保持一种比仅仅看到组织当下需求更广泛的视角；另一方面，通过与同侪一起工作，自己那些组织背景方面的非常有价值的知识就可以得到应用和持续积累。

一对一同侪督导中的心理问题

同侪督导关系的特殊性可能会带来许多巨大的优势。同侪之间很可能已经相互了解，并在已有信任和亲和的基础上选择了彼此来进行同侪督导。我们还认为，通过扮演这两个角色（督导者/被督导者），教练们能够将注意力聚焦于过程和动态上，从而得到相当大的发展。正如康格兰在本书第9章中所说的那样，在督导中，督导者与教练以"我－你"的对话方式接触得越多，学习的可能性就越大。毋庸置疑，这些有利条件同样也会有其不利的一面。因此，我们提醒同侪督导者应注意下面一些问题。

首先，同侪督导中的伙伴很可能会对彼此及督导过程有自己的前提预设。比如，我们可能对伙伴的技能或权威持有较高的评价，而且可能自相矛盾的是，如果这个人在督导关系中担任督导者，那我们可能会感觉很难"处理人际问题"。不知不觉地，其中一名伙伴就可能会由于这种权力差异而受到阻碍。与之类似，一位自觉"技不如人"的同侪督导者可能会由于"表现焦虑"而在督导实践中受限。教练实践中的表现焦虑通常会成为督导的话题。这绝对是有可能发生的，但与同侪督导者讨论这个问题可能会很难，因为他们本身就是"问题的一部分"，而且也可能会耗费很多时间。

如果同侪督导的参与者之间存在多重关系，也可能会出现问题（这种情况在其他模式中可以避免，但在同侪督导中，我们很可能会与早已认识的某人一起工作）。

COACHING AND MENTORING SUPERVISION
第 18 章 教练和辅导领域的同侪督导

举例来说，担任督导者的伙伴可能很难用一种灵活流动的方式管理自己的"督导立场"，即，在不同的关系策略之间适当切换以适应当下的需要。在某种程度上，如果关系融洽，这个问题会自然而然地解决，但也可能会困难重重，具体取决于关系的特定动态。不管是切换到一个更加直言、更具有挑战性的立场，还是一个充满深切同理心的立场，都有可能出现困难，因为这些立场可能会与伙伴们彼此之间其他的持续关系无法保持一致。谈判磋商的结果也会以类似的方式受到影响。

由此看来，双方在这些问题上的有意识参与应该成为合同过程的一部分，而且他们之间的成功谈判可能会需要更多的时间、精力和心理灵活性。

案例说明

从我们的论证中可以看出，同侪督导和其他模式的关键区别集中在对合同和正在进行的关系的谈判上。与其他模式相比，不管是在内容方面还是在过程方面，同侪督导都没有系统性的差异。因此，对于督导本身的描述并不能展示出同侪督导的特性。然而，值得说明的是对话的类型，因为与其他模式相比，这些对话类型可能需要在同侪督导关系中投入更多的关注。在这里，我们收集整理了来自我们自己和使用同侪督导的同事们的反思。

> 在角色转换中，我感受到的一个尴尬的局面是，身为督导对象时我或多或少会感到自己被"放弃"（换个好听的说法，即对督导过程会将我带到何处保持开放心态），但身为督导者时我又感受到了某种"责任"（即我说些什么或做些什么才能有所帮助）。我觉得这可能会有点令人困惑，而且可能会受到我们的相对地位和权力的预设期待所产生的干扰。与平常相比，我有更强烈的冲动想要分享类似的经历，但我不知为何，这会是我试图破坏权威的迹象吗？

> 如果你发自内心地认为你的同侪督导者作为督导者或从业者不够"好"，不能与你共事，会发生什么？我知道有些人认为他们需要的是一个有着一手经验、能够真正了解他们执业水平和背景的人，即一个更"高级"的从业者。有这种想法的人怎么能做好同侪督导呢？

> 对我来说，最困难的问题之一就是阻止自己过分"乐于助人"。面对

> 教练客户时，退后一步并保持客观的距离是相对容易的。但面对教练同伴时，我觉得有更大的压力要通过提供想法或新观点去帮助他们，而不是让这些想法和新观点在我们之间自然浮现。从积极的方面来说，我发现自己更能容忍向教练同伴发起挑战。我们甚至期待对方提出令人不舒服的问题，并欢迎它们的出现。
>
> 就组织中的同侪督导而言，我目前的经验表明，虽然人们开始时的良好意图是聚在一起保持和练习他们的教练技术，但实际上这种情况绝少发生。要想让这种事情发生，必须有一个强大的框架结构对他们明确提出要求，或者一群个体在意向相投的文化中付出持续的努力。今天的人们往往没有时间，而组织总是忙于"救火"，这些紧急事务占据了比"在行动中思考"更优先的位置，就更不用说"对行动进行思考"了。我目前的观点是，同侪督导需要以某种方式"体制化"，否则它很难会发生。
>
> 如果我们和同侪处在同一个意义建构阶段，那我们可能会受限于同样的观察视角，广义地说，虽然我们会由于不同的经验而产生一些不同的观点，为我们共同的意义建构系统带来一些冲击，帮助我们共同测试这些系统的极限，并带来发展性的转变，但我们可能会也可能完全不会将这种转变视为意义建构上的改变——它们有可能仅仅是身为教练在隐性知识和行为上的发展。

对同侪督导模式的评价

如前所述，同侪督导作为一种督导模式的实施，将在很大程度上取决于参与者的特点、才能和选择——比如，合作伙伴们对于理论传统的偏好。督导的质量不大可能优于同伴中每名个体的执业水平。但是，对问题的改善同样掌握在他们自己的手中。如果同侪督导者对其他学派感兴趣，或决定要对其他理论传统有更多的知识和体验，那他们可以选择使用这些教练或督导理论传统。只要他们了解或是准备好了学习和尝试，就可以在本书讨论的范围内选择使用任何督导模型。对这种实验的唯一限制可能来自同伴之间的相互契约，以及模型对具体的教练案例、情况和背景的适用性。此外，结对的双方或团体还应该审慎地综合考虑同侪督导安排所带来的收益和挑战。

同侪督导的潜在收益和挑战

作为一种督导模式，同侪督导可以带来特别的好处。一般情况下，教练们会选择那些他们熟悉的、作为专业人士赢得了他们的尊敬的、在深层次上信任的人，来对自己实施督导。由于了解彼此的风格和盲点，这种关系能够提供具有特殊优势的洞察力，这对于整体发展和学习而言非常宝贵。由于这种已经建立起来的信任，每个参与者都可能会对同伴的批评性建议更加开放。与正式和有偿的督导相比，同侪督导的另一个可能的优势就是，目前正式的督导者经常会被要求提供有关他们的被督导者的参考资料。这可能会使被督导者有意无意地对最困难的情况或特殊问题不那么开放，以避免督导者对他们产生不好的看法。

另一方面，同侪督导的过程可能会造成"同侪督导很简单"的虚假印象，导致人们低估那些可能会破坏同侪督导有效性的严峻挑战。我们已经提到了串谋的可能性，因为同侪之间可能会存在一种"在你身边"互相支持的动力，更希望的是提供帮助而不是发起挑战。同侪督导本质上也是一种"双重关系"。同侪督导者本身既是督导者又是被督导者。他们常常还是同事、朋友，甚至是非常亲密的朋友。这不可避免地隐含着可能会使工作关系复杂化的问题。其中之一就是简单地跳过合同中一些重要的要素和过程，仅仅是因为假设"我们都知道游戏规则"。在忙碌的时候，同侪督导还有可能变得不那么重要，被从日程安排中划掉，因为同侪之间有可能会过分"体谅"对方。然而，必须指出的是，只要我们真正努力注意这些因素，并以开放坦诚的方式定期讨论这些问题，就可以尽量减少这些不利因素。

后续学习

在同侪督导模式下，每位教练都可以学习成为更好的同伴。如果你想提高这项能力，就可以从诚实地评估自己作为同侪督导者的长处和短板开始。我们建议你用这个评估练习来开启你的同侪督导之旅，以最好的教练传统来帮助你的伙伴，找到一个最优的方式来发展同侪督导技巧，并将其作为你们合同的一部分。在这个过程中，你们可以通过互相寻求和提供关于同侪督导做得如何的真诚反馈来帮助彼此。在此过程中经常会问对方的一些很好的问题如下所示：

- 作为你的同侪督导者，你察觉到我有什么变化？
- 在工作中，这些变化对你有什么影响？
- 你还希望我参与同侪督导的方式发生哪些其他变化？

目前还没有专门针对同侪督导的文献。但是阅读下面这两本书可能会对你有所帮助，它们分别提出了同侪督导功能的两个不同方面。

如果你想成为一名更好的被督导者，卡罗尔和吉尔伯特的著作《论成为一名被督导者：创造学习伙伴关系》(*On Being a Supervisee: Creating Learning Partnerships*)会很有帮助。

霍金斯和史密斯合著的《教练、辅导与组织咨询：督导、技能和发展》一书讨论了作为督导者的各种议题。

这两本书合在一起，可以为同侪督导者提供有用的信息和问题，以供进一步思考和发展。

COACHING AND MENTORING SUPERVISION

第 19 章　电子化督导：应用、收益和考量因素

茉莉·海

当我提到电子化督导（e-supervision）时，我指的是任何使用技术来传播声音的督导，包括将声音转换成数字信号的网络电话（Voice over Internet Protocol，VOIP），以及过去将声音转换成电子信号，现在转换为数字信号的电话，还有对被督导者实践或督导者反馈进行的数字或模拟录音。随着摄像机成了计算机的低成本附加设备甚至是标准配备，VOIP 通常还伴随着视觉图像的传输。

通过如交换电子邮件、音频或视频记录等方式来实现异步电子通信的做法，毫无疑问已经存在了很多年。克拉特巴克和侯赛因在自己的著作中对其优缺点已经进行了完整的论述，所以本章将聚焦于同步通讯的电子化督导。

下面我将介绍同步电子化督导的重要性及其前身的发展简史，并简要回顾它所提供的机会，包括可能对教练标准产生的整体影响，以及避免出差的实际好处。我认为物理上的距离所带来的挑战也可能会带来好处，只要督导者能够调整他们对于如何处理来自被督导者的刺激的期望。本章最后以几个简短的例子来说明电子化督导在实践中的作用，然后以推荐一些背景阅读作为结束，并提出建议：要取得进步，最好的方法就是着手去实践。

电子化督导的重要性

在治疗的背景下，我仍然感受到人们对于电子化督导这个概念有着褒贬不一的反应；但是在教练社区中，长期以来都有电子化教练的存在，所以前进一步使用电

子化督导并不显得那么怪异。之所以有人对此表示怀疑，通常是因为他们对于技术交流当前能够实现的功能缺乏了解。这是可以理解的，因为要跟上技术的快速发展并不容易。我们已经有了电子邮件、互联网和内部网、维基、博客、推特、网络研讨会、社交网络等等，并且这份名单还在不断拉长。我们甚至不再需要电脑，因为许多手机也已经具备了这些功能。我们付不起忽视技术进步的代价，我们需要努力确保技术服务于我们。令人欣慰的是，李和贝诺夫将他们关于互联网风潮兴起的著作命名为《公众风潮：互联网海啸》(Groundswell: Winning in a World Transformed by Social Technologies)，以突出强调发展由用户来推动的论点。他们还写道："技术并非重点……专注于关系，而不是技术。"

我们可以把面对面督导和电子化督导的区别看作环境和动态的不同，而不是脉络或方法上的差异。换句话说，督导的功能和过程是一样的，脉络仍然还是从督导者、被督导者和客户的语境交叉中所浮现出的事物，而理论方法也不需要改变。很显然，环境中的某些元素是不同的，因为双方不在同一个位置，而且从视觉渠道转换到听觉渠道也可能会导致动态发生改变。

在我看来，电子化督导只是一种环境的改变，而不是模式的改变，因此同样可以适用于组织教练督导、团体教练督导、导师督导和同侪教练督导。只要电子化督导仍然使用对话的方式，它也可以使用本书第一部分中探讨的模型和第二部分中探讨的理论方法。

电子化督导的发展简史

教练的电子化督导汇集了督导、教练和互联网的"历史"。临床督导可以追溯到20世纪20年代，它与经典的精神分析有关，并且已经跨越了助人职业的范围，将教练也包括在内。尽管教练这一职业本身毫无疑问可以追溯到远古时代，但是就它目前的含义而言，也是起源于20世纪。我们现在所了解的互联网则相对而言是一个"新丁"，巴西加卢普指出，2001年时社交网络还不存在，那时的互联网更多的只是一个信息的集合；而在短短10年内，它就变成了一个虚拟世界和可访问的社交网络平台。巴西加卢普也许忽略了汤玛斯·J.伦纳德（Thomas J. Leonard）在教练领域的工作。这位在 1964 年创办了国际教练联合会的先驱者在 1992 年创办了教练大学（现在仍然存在，名字改为了 Coach U 2010），并于 1998 年创办了网站 teleclass.com（现在已不复存在，也许是因为伦纳德本人于 2003 年去世了）。

如果没有互联网的发展，电子化教练和电子化督导似乎不太可能经历它们目前的高速发展。虽然电话教练得到了颇为广泛的使用，但如果是长途电话的话，费用还是很高的。Skype 之类的服务的出现，使我们能够在听觉和视觉上接触到对方。除了原已发生的接入互联网的成本以外，不会新增任何成本，这就使得电子化这种形式广受青睐。

电子化督导实践方面的考虑因素

我不打算描述各种技术，主要是因为它们变化得太快，以至于我写的任何东西到了本书出版面世的时候都可能已经过时了。关键的区别在于，电子化督导是通过技术交流系统远程实现的，而不是通过传统的面对面直接交流。在使用已有的互联网连接时，某些技术交流系统是免费的，比如 Skype 就将自己描述为"支持世界对话的软件"。对于团体督导而言，可以使用电话会议。许多这些系统也会提供视觉传输，所以尽管我们仍然会受到屏幕上可以显示多少东西的限制，但我们已经可以看到被督导者，甚至可以观察现场实践。我们还可以利用软件将会谈记录下来（声音和视觉图像都可以），以便参与者能够再次收听——而督导者也可以将记录带到他们自己所接受的督导会谈当中。

电子化督导的另一种延伸方式则是可以让被督导者提前递交材料。比方说，他们可以将与客户的一次会谈记录下来，选择某个包含了看似具有重要意义的互动的片段，然后将其附上文本记录以及自己的分析后发送给督导者。督导者可以在开展督导讨论之前先对此片段进行审查，也可以将反馈意见发送给被督导者，当然其也可以使用录音录像的方式，而不是打字输入他们的评论和意见。

机会和问题

电子化督导的长距离延伸提供了一个重要的机会，那就是可以提高世界某些地区的教练服务专业标准，而在这些地区，教练们本来可能是很难获得专业发展机会的。例如，在一些国家中，我注意到了一个趋势，那就是人们以计费小时数来衡量教练的地位——计费小时数越多，客户和教练的地位就越高。而督导意味着教练合同要与客户及其组织的成果有关，这就激励了被督导者挑战文化规范，并引入更专业的方法来评估他们所提供的服务。

与此相关的是，我们现在具备了在全球层面上"有所作为"的可能性。我们看到越来越多的例子表明，世界范围内的电子通信是如何向权力结构发起挑战的。一些政府试图阻止他们的公民上网。比如美国政府试图阻止维基解密发布机密文档，而维基解密的支持者们则通过使用软件来对某些特定的网站发起轰炸式的访问请求，迫使这些网站不得不关闭（尽管只是临时性的）。无论我们认为这些事件的本质是独裁政府压制电子异见者，还是叛乱分子制造政治混乱，我们都必须承认互联网的这些运用对于所谓的"世界秩序"产生了重大影响。将这些带入教练和教练督导的世界中，就能明白我们可以做的不仅仅是提高教练的专业标准，还包括通过提高教练的自主性来提高其客户的自主性，进而改变国家的政治文化。无疑，伴随这一机会而来的重大责任是确保我们正在培养的是真正的自主性，而不仅仅是传递我们自己的政治观点。

与面对面的工作所要求的差旅相比，电子化接触来得更为容易，因此电子化督导确实为我们提供了许多重要的、实实在在的好处。就在我写这一章的时候，英国经历了多年来最大的降雪，许多出差因此变得不再可能。虽然我所居住的地方情况不算最糟，但我也无法再赴约前往英国各地，而我飞往东欧的航班则直接被取消了。然而，我的远程接触却没有受到影响，反而还多了几次约谈，都是来自那些通常要亲自上门来见我的被督导者。我也仍然能够从一位身在法国的督导者那里接受督导，但要和另外一名执业地与我住处仅有 30 分钟车程的督导者见面却相当困难（因为坐火车要足足两个小时）。此外，在减少出行对生态的影响方面，电子化督导也是有其好处的。

如果督导者和被督导者在同一个地方，就不需要这样的旅行。然而，当双方身处相同或相关的背景环境下，而且具有相似的观点时，就会产生潜在的问题。电子

第 19 章　电子化督导：应用、收益和考量因素

化督导让我们能够触及全世界。不需要在差旅上花费额外的成本和时间，督导者就可以督导身在不同组织、不同地区、甚至是不同国家的教练。我们可以接触到许多从业者，他们本来生活在无法轻易获得督导的国家里，甚至他们的国家根本就没有督导者，或者教练的专业社群很小，成员们都是同事，甚至还常常是朋友。而且许多这样的国家经济都不发达，因此，即使从业者有时间出差，他们也付不起差旅费。

收益和挑战

通常人们认为，缺乏面对面的交流是电子化督导所面临的主要挑战，在我看来，正是这种动态带来了最重要的好处——这种缺乏面对面的接触会促使督导者和被督导者都"活在当下"，而不是在移情和反移情中"全面沦陷"。当我们身处不同的地方而不是坐在同一个房间时，产生的感觉是不一样的。因为肌肉运动知觉的联结受到了技术的改变或过滤，这种由距离产生的影响因此得到了加强。被督导者相对更难产生强烈的情绪反应，也没那么希望督导者"包办"自己的问题。相反，他们更有可能脚踏实地，即使在经历情绪化的洞察时也能够继续思考和说话，并为自己对督导过程的投入以及拿出来接受督导的那一段工作承担责任。督导者也相对更不容易感受到自己被卷入"拯救/迫害被督导者"或"遭到被督导者迫害"的剧本中，"拖拽"他们进入"父母-孩子"模式或共同依赖模式的力量也会相对要小一些。

对这一现象的另一种解释是把电子化督导的场景看作一种可以更容易进行正念的环境。帕斯莫尔和马里亚内蒂提出，如果教练使用正念作为一种准备工具，那他们的教练实践就会得到加强。这种"与我们生活的即时体验同在的做法"可以在电子化督导过程中得到促进，同时，由于它可以降低被督导者无意识地将督导者视为父母角色的可能性，它也能改善督导过程本身。

另一个主要的挑战是，督导者可能需要改变他们的沟通渠道或"主要表征系统"（lead representational system）。我们中的许多人习惯于主要通过视觉来获取信息，很少会有人将听觉作为主要渠道。然而，除非我们有生理上的缺陷，否则我们总是会同时处理视觉和听觉的刺激——当然，也包括肌肉运动知觉。如果按照简化了的神经语言程式学（neuro-linguistic programming，NLP）理论，后者本身就涵盖了我们所有的其他感官，包括身体感觉、生理反应、情绪和心理反应。以电子化方式开展

工作，意味着我们将更多地关注我们所听到的内容，包括话语及其可能代表的意思；声音的语调；任何的犹豫、叹息、笑声、"话外之音"以及没有说出口的内容。面对面的工作则可能会让我们更多地关注我们所看到的——包括察觉到的面部表情、气色、肢体语言、手势、身体动作——以及这些观察到的因素可能代表什么含义，如果没有观察到这些又可能意味着什么。

因此，如果我们的主要表征系统是听觉的，就可以在每一次的电子化督导会谈中正常发挥作用，就像面对面时那样；如果我们的主要表征系统是视觉的，那我们可能就需要时间和练习来更多地关注听觉通道。幸运的是，神经学研究成果让我们知道自己拥有多余的大脑能力来建立必要的、新的神经通路。在上述任何一种情况下，我们都仍然可以通过肌肉运动知觉渠道来获取信息。不过，我们当中的某些人会发现其肌肉运动知觉通常是由视觉或听觉来激发的，而且在自己适应所需的转换之前，它可能派不上太大的用场。

督导者的功能和责任

在此，我仅仅简单地述及督导者的功能和责任，因为在这些方面，电子化督导与其他形式的督导并没有太大的区别。无论我们更喜欢哪种定义或描述，这些功能也无非就是规范性、形成性和支持性的结合，而责任则包括了对督导动态的管理。电子化督导所增加的责任是要考虑到电子化督导这种方式对被督导者的潜在影响，这些人可能在通过技术与督导者建立联系方面会遇到困难，或者直接就不懂得使用技术。

督导者也可能需要更谨慎地关注那些基于价值观的对被督导者的影响。通过互联网的接入，我们与生活在相去甚远的国家文化中的被督导者交流起来也变得更为容易，这就要求我们要特别注意那些涉及社会问题的内容，因为我们可能会将这些内容纳入我们对专业规范的关注当中。

实践中的电子化督导

以下案例中涉及的人名和地名已经做了更改，以保护隐私。这些内容详细阐明了在识别潜在问题和分析督导过程等方面,电子化督导如何可以发挥与面对面督导相同的作用。

> **案例说明**
>
> 莉迪亚是一名心理治疗师和外部教练。在开始电子化督导之前,莉迪亚参加了本国举办的一些沟通分析(TA)的培训课程;我们曾见过两次面,一次是莉迪亚参加了由我主持的研讨会,一次是我在小组中为她提供了面对面的督导。电子化督导的目标是莉迪亚作为一名教练的持续专业发展;我们同意由她来为每一次会谈确定具体议题,而我则负责监控,提醒她注意任何明显浮现出来的主题。由于莉迪亚想要获得TA的正式资格,我们也澄清了(事实上存在的)一个包括欧洲TA协会在内的多边合同。换句话说,作为该协会的一名教师,我有责任监督莉迪亚以一种符合道德的方式来实践TA。
>
> 到目前为止,在我们的会谈过程中,我们使用了一些TA的概念来增进莉迪亚对于客户自身动态和背景脉络的认识,并检查了可能出现的平行过程。我们也使用了霍金斯和修赫特的七只眼模型来回顾我们两人在会谈中的动态,以及我们身处其中的不同文化。逐渐出现的一个督导主题是角色的混淆。莉迪亚强烈地感到她想要和客户保持一种温暖、亲密的关系,但这似乎表明,存在于教练和治疗之间的界限正在变得模糊。当客户开始分享关于当前人际关系的私密信息时,莉迪亚感到不知所措,她没有去谈论童年经历对于客户当前的行为技能的影响,更没有专注于培养这些技能。
>
> 随着这个主题逐渐浮现,我意识到它其实是一个平行过程——莉迪亚在教练–客户关系中重现了与我在督导过程中发生的事情。一方面我们没有足够清晰地谈到我究竟是在提供教练还是在提供督导,另一方面这也与我自己作为心理治疗师的另一个角色有关。于是,我采用了一种"关系性的督导风格"(relational supervisory style),成功地让莉迪亚意识到了这一点。这使我们之间的合同变得清晰多了,并且对于教练、督导和治疗之间的区别也有了共识。这也意味着督导的内容得到了扩展——莉迪亚有了评估她提供的教练服务和治疗服务之间的总体平衡性的机会,以及这种比例如何能够满足她自己对关系的需求,因为后面这个话题是在治疗背景下讨论的。

> 亚历克斯的情况相对简单。他在一个最近才引入教练的国家做内部教练。与莉迪亚一样，我们的合同聚焦于他作为教练的专业发展。因为亚历克斯自己为督导付费，所以这是一份简单的双方合同。话虽如此，我们很快就发现，雇佣关系所处的环境在其中也起着重要的作用，因为亚历克斯正试图对他自己的下属进行教练，但却丝毫没有意识到组织文化和等级制度的影响。这种情况要求我更多地使用一种"认知性的督导风格"（cognitive supervisory style），来促使亚历克斯意识到组织的高层管理者很专制，而且这也是这个国家的普遍现象。所以他手下的初级经理们并不愿意采用亚历克斯偏爱的、更加民主的风格，这对他们来说其实是一种明智的做法。我还鼓励亚历克斯重新审视现有的雇佣合同，搞清楚这份合同是如何让他陷入两难境地的——初级经理们既不能让亚历克斯满意，也不能让高层管理者满意，而后者却手握对前者进行绩效评估和薪酬调整的大权。

莉迪亚和亚历克斯的英语都说得很好，但我也经常会与那些依靠口译员的教练一起工作。口译员有可能和教练同在一处，但通常情况下他们都在各自的地方，那时我们就会使用网络进行会谈。一个更复杂的例子是，一群教练被分成了两个不在同一地点的小组，而口译员则在第三个地方。在这种情况下，我们会给每个人分配时间，教练们轮流接受督导，与此同时其他人旁听。口译员会将被督导者说的话翻译给我听，然后将我说的话翻译给大家听。口译员在翻译过程中有时也会提醒说话的人暂停一下，这一点和面对面督导是一样的。

与面对面督导相比，被督导者能够更有效地利用这类督导，因为他们更不容易有下意识的言语反应，而且也看不到参与督导的其他人的身体反应。在每个一对一督导结束之后，我们都会留出时间进行过程回顾，在这个时间内，参与者可以发表评论，或者就我提供督导的具体方式提问。这也提供了一个机会，让他们可以分享自己的反应，并思考这些反应是否可能是一种移情，以及如果是的话，他们可能需要采取什么进一步的行动。

最后，我们通过一个例子来说明选择的多样性。在这个例子中，正在学习督导、接受培训的督导者在一个国家，接受督导的教练同行置身于另一个国家，而我则在第三个国家。因此就有了三种国家文化和法律背景、三种不同的教练经历和教练背景、三个国家性的协会、三个区域性的协会（在这个案例中是欧洲、太平洋地区和北美）——以及一个绝佳的机会，让我们每个人都能体验到身为全球教练行业中的一员究竟意味着什么。

对方法的评价

2010年年底，我在互联网上进行搜索时发现，与电子化督导相关的研究文献只有教练以外的其他助人行业的，如护理和心理治疗。显然这是未来可以关注的领域。到目前为止，我们只有一些案例研究，比如这一章里的，以及由克拉特巴克和侯赛因所整理的案例。芬恩和巴拉克对电子化心理咨询业务增长所做的综述似乎也算得上，因为心理咨询和教练有许多相似之处。芬恩和巴拉克引用了其他人的话来说明各种各样的心理治疗方法是如何被应用的；我们可以谨慎地进行一个推论，即，在电子化督导中也能这样做。他们二人还参考了一些研究成果，这些研究证明了在线的治疗关系和工作联盟是可以成功地建立的，并说明了消费者对电子化心理咨询的满意度与对面对面咨询是相同的。同样，我们可以谨慎地预期这也将适用于电子化督导关系。最后，芬恩和巴拉克自己的研究调查了以电子化方式开展工作的心理咨询师，发现他们对于电子化执业实践总体上是满意的。这可以算作另一项可能与电子化督导相关的研究发现，尽管这样的结果有可能只是另外一个事实的反映，即他们的调查对象仅仅是那些选择参与调查的人[①]。

对于那些对电子化督导的"虚拟现实"本质持怀疑态度的人来说，戈夫曼关于框架和存在的论述资料可以帮助他们理解这一过程。戈夫曼提出，我们使用的解释框架或图式是与社会成员共享并具有特定文化属性的。即使是不熟悉互联网交流的教练和督导者，也会有对电话互动的理解框架。在电话互动的框架中，即使各方身处不同的地点，他们的存在也是"真实"的。关键是要在这种组合中加入我们对督

---

① 那些参与了有关电子化心理咨询调查的人，本身也许就是对这一新生事物更有认知度和接受度的人，故作者有此语。——译者注

导的理解框架，这样我们就能全神贯注于督导过程，并对允许我们联系的技术和软件"熟视无睹"。万一当技术问题导致连接中断时，我们将被迫"切换"到有关连接过程的理解框架中，并且一旦重新连线，可能需要一些时间才能将注意力重新放到督导上。因此，能否有效地利用电子化督导，有可能取决于我们在构建框架上的灵活性。

后续学习

如果你已经在参与电子化督导，不管是作为督导者还是被督导者，我都希望以上内容能够激发你的新想法。如果你还没有参与这个过程，那我希望这一章能在某种程度上让你安心，并激励你去探索你的选择。随着时间的推移，技术正在变得更加方便实用，与那些你无法面对面交流的同事一起参与专业发展活动的机会也不再遥不可及。你也可以成为世界社区中的一员，在吸收国际多元化好处的同时，也有能力提高专业标准。

正如我们不是通过读书来学会教练技术的一样，在电子化督导的问题上，没有任何东西可以代替实践。如果你希望在参与电子化督导之前先学习，那你大可选择与朋友和同事在社交网络中交流，直到你熟悉技术为止。但是，只要督导双方中有一个人对电子化接触驾轻就熟——无论这个人是督导者还是被督导者——我的建议都是"你们可以开始了"。督导是同行之间发生的一个过程；尽管人们常常认为督导者在教练技术方面应该比被督导者更有经验，但实际上督导者并不需要在这段关系的所有方面都是专家。就像被督导者可能会安排会议室一样，他们也可以在必要时处理技术事项。

作为背景阅读，我推荐前面提到的由李和贝诺夫所著的《公众风潮：互联网海啸》。虽然书中的一些材料，比如他们所写的如何发展业务，可能看起来与我们这些身为教练和督导者而不是商业人士的人无关；但是两位作者对于互联网和相关过程是如何运作的提供了一个非常清楚的解释说明。他们将社会化技术描述为一种不可阻挡的力量，并且随着其传播和发展，我们需要理解这种力量以及它将如何影响我们的职业。

第19章 电子化督导：应用、收益和考量因素

另一份有用的文献是戴维·克拉特巴克和祖尔菲·侯赛因编著的《虚拟教练，虚拟导师》(*Virtual Coach, Virtual Mentor*)。关于使用电子媒介来丰富教练和辅导，此书提供了广泛的观点，以及组织案例和个人案例的研究。虽然这本书并没有与电子化督导直接相关，但在这方面也有两章的篇幅，更重要的是，还有很多其他的章节能够在他人经验的基础上激发你的思考。

COACHING AND MENTORING SUPERVISION
Theory and Practice

第四部分

有关督导的实践案例研究

COACHING AND MENTORING SUPERVISION
第 20 章　NHS 的导师督导

丽贝卡·维尼（Rebecca Viney），丹尼斯·哈里斯（Denise Harris）

引言与背景

英国国家医疗服务体系（NHS）处于持续变动中，新的国家政策、机构重组和健保资金的缩减，导致在 NHS 工作充满挑战。为身处其中的人员提供教练与辅导，对于提升他们的履职能力将有明显作用。然而，尽管教练发展及教练督导已越来越为卫生部所重视，但在 NHS 内部，此类支持相对而言还属于新生事物。NHS 的国家领导委员会为教练发展持续提供资金支持就是一个例子，其中尤以临床领导项目为重。

所有医生都遇到过特定的职业挑战。近年来，由于医疗生涯现代化（Modernising Medical Careers，MMC）的引入、为执业资格重审做准备的需求以及 NHS 的变革，医生们面临着职业结构的不确定性。此外，由于医疗培训的结构发生了改变，受训者身处更加流动的团队中，没有明确的支持结构，他们感觉自己得到的支持比原来少了。为此，负责研究生阶段医生和牙医发展与培训事务的伦敦辖区于 2008 年 5 月启动了一项辅导服务，为在伦敦工作的医生和牙医提供支持。

自引入以来，不少医生都在具体推荐下使用了这项辅导服务，这充分说明了这种支持的重要性。约翰·邓普尔（John Temple）爵士指出"新任接诊医生需要辅导和支持"以及"对于受训者的辅导和支持的质量必须提升"。英国卫生部也指出，在推动女医生的发展及保护医生健康等方面，导师制发挥了重要的支持作用。

第20章　NHS 的导师督导

本章将回顾针对伦敦辖区导师制服务的督导的发展，并探讨其中的挑战。

伦敦辖区的教练与辅导服务

当医生和牙医在角色、专业、职位、健康状况或工作地点方面经历转变时，伦敦辖区会出资为他们提供导师辅导。

一个训练有素的导师网络就此发展了起来，所有的导师本身都是医生或牙医，都有着教育上的责任。辖区负责训练、评估、支持这些导师，将导师和辅导对象进行一一配对，并为符合条件的导师工作支付费用。辖区还承诺，对于其他不属于资助群体的伦敦医生，如果他们可以从初级或中级保健信托中获得资助，或者自筹资金，辖区也可以为其提供辅导服务。

一直以来，在医生和牙医的圈子内，"辅导"一词都比"教练"更常用，而且通常被认为属于一种矫正性的干预。然而从技术和原则上来说，这两种活动是高度重叠的，欧洲辅导与教练理事会也推荐使用"教练/辅导"这样的并行表述；因此，与之相应，2010 年年初，"辅导服务"改称为"教练与辅导服务"，从而也确认了导师所学的就是教练技术。

"伦敦辖区教练与辅导服务"是由一名全科医生教育家建立并管理的。其所有的导师均为医生或牙医，同时又承担教职，这是不同寻常的。其原理在于，除了为学员提供支持以外，导师们还能够在他们的教育和临床诊疗角色上充分发挥自己的技能。辅导技能有助于导师们发展他们在诊疗和管理方面的领导能力，也可以运用于他们的学生和团队。此外，这些技能还可以用来帮助患者更好地管理自己的健康。

导师队伍的征募旨在涵盖每个专业和来自伦敦所有初级和中级保健信托基金的代表。这有助于在整个伦敦地区的 NHS 系统内培育教练与辅导文化。

导师督导与发展

在筹备和成立这个服务项目时，伦敦辖区曾向一些正在运行中的、比较成功的医疗和牙医项目中的专家征询建议，以建立最佳实践模式。同时，福斯特－特纳（Foster-Turner）在 2006 年也强调指出，为导师们提供督导和持续专业发展非常重要，是使其有效执业的基本要素。因此，除了为教练培训和导师的工作时数支付费用以外，辖区还有必要组织和资助导师的持续专业发展和督导服务。

发展活动包括导师们以小组为单位组织的、半天的"技能提升"活动，他们根据实践中发现的问题来设定议程。导师们还可以通过"导师论坛"获得新的技巧和方法。论坛提供了更新和学习新技能、接触同行网络并就自身实践接受督导的机会。同时，他们还有机会在学习管理学院（Institute of Learning Management，ILM）进修，以获取领导力教练与辅导方面的证书或文凭，这种进修包括了来自一位同侪导师和一位通过电话提供督导的私人督导者的服务。导师们对这些深造发展的机会反应热烈，并且积极参与工作坊研讨。

在确定最有效的督导方法时，我们考虑了一些因素。导师们代表了不同的文化和学习风格，其中某些医生群体不熟悉督导的概念，需要让他们参与进来并提出有关督导的建议，以求使他们认为督导方便可行，并具有主人翁意识。因此，我们征求了导师们的意见，他们提供的反馈和评价反过来影响了为他们提供的督导服务的开发与架构。这有助于确保导师的持续参与，并将之视为优先事项，即使面临时间安排等压力也不会轻易缺席。

那些服务于"身处困境中"的医生的导师们可以通过"医疗网络"（Mednet）提供的电话获得督导和支持。后者是一个服务网络，专门为面临情绪问题的医生和牙医提供私密的自我转诊服务。然而，对于大多数导师来说，团体督导被认为是首选的模式。这一决定借鉴了一项现存的导师督导计划的经验，该计划采用了一种行动学习小组的模式来进行督导。此外，通过在团体中提供督导，督导会谈同时还起到了发展伦敦辖区内的导师社区的作用。

已经明确的督导成果包括为新导师提供支持，促进他们的反思，为行动学习提供机会，并就相关服务向辖区提供反馈。

督导案例描述

导师们对于督导需求的理解在不断深化，督导小组的组织架构也在相应地演化和改变。这种演变可以分为三个阶段。

在第一阶段，作为一家现有的医生和牙医的督导培训服务提供者，塔维斯托克诊所利用晚间在城区中心的场所为团体督导提供方便。四个督导小组每 8 到 10 周开展一次工作，由具备心理治疗师资质的引导者使用心理动力学模型来督导。导师按地理区域被分配到各小组当中。根据导师们的要求，下午时段也开设了一个额外的督导小组。然而，由于到会情况参差不齐，这一组的工作并没有持续下去。

第二个阶段是在大约六个月后，导师们提出要求，希望在离家更近的地方会面。于是，塔维斯托克诊所继续服务伦敦北部的两个小组。来自伦敦南部莫兹利医院的导师则在一名医疗行业以外的专业教练和一名技术娴熟的医疗主管的帮助下，服务于伦敦南部的两个小组。

尽管由于资金的限制只能同时支持六位导师，但是在这个阶段，伦敦的 NHS 仍然提供了电话督导服务。然而使用这项服务的导师却寥寥可数，可能是由于那些参加了 ILM 研究生证书项目的人本身已经从项目中获得了电话督导的服务。此外，由于大多数导师已经身处督导小组之中，他们可能因此认为自己不再需要"瓜分"这项有限的资源。

导师项目负责人会持续定期审查督导情况，与引导者会面并听取导师们的反馈。在进入第二阶段的 18 个月后，他们对模式实施了一次重要的评审。导师们被邀请参加一次核心的督导晚课。在第一个小时内，每个小组都被安排了一名引导者，此人并非他们平时的督导者。这名引导者邀请参与者共同确定哪些是他们认为最有用的东西，哪些方面进展顺利，哪些还不够好。正如预期的那样，出现了各种各样的反应，其中某些观点得以涌现。在各个地方举行的督导小组会议取得的成果参差不齐。参加过两次小组活动的人数非常少，小组成员每个月都有变化，这意味着他们很难形成固定的学习小组。这些小组中的大多数导师认为，他们没有足够多的辅导对象值得他们在一天的工作之后再离开家人一个晚上。此外，预订合适的会谈场地也是一项挑战。

另外两组则比较成功。良好的团队凝聚力、在安全环境中试验技能的机会，以及获得关于使用这些技能的反馈，都使他们获益良多。其中一个小组的引导者虽然不是导师，但却是一位经验丰富的督导者和心理治疗师。小组成员在团体中运用了自己的督导技巧和专业特长，以此来保证参与者对会议收益的认可。大多数小组成员都发现心理动力学的方法是有用的，并且这个小组的出勤率也是最高的。然而，这一方法并不适合所有人，人们也认识到，应该考虑在不同小组中尝试不同的督导模式，比如七只眼模型。此外，在接下来的会议中，小组使用了"鱼缸"技术——督导者在"缸"内，导师则在"缸"外——来探究督导背后的思想，并进一步考虑如何在未来提供督导。

作为对评审的回应，第三阶段中包含了一些元素。比如，大家同意再次集中开会，尝试不同的督导模型，尝试督导小组的组织方式以及新的技术，并对胜任力加以考虑。导师们利用这段时间建立起了关系网络，相互分享新闻，传播关于辅导服务的信息，运营了一个教练和辅导的读书俱乐部，并在每次会议上都就欧洲辅导与教练理事会和国际教练联盟提出的胜任力模型中的一个领域展开评议。

从经验中学习

在两年半的时间里，"伦敦辖区教练与辅导服务"已经发展到拥有86名导师，并支持超过750名辅导对象的服务申请。之所以能够如此快速地成长，其中一个可能的原因是项目由特定的人群运营，也朝向特定的人群提供服务。一份关于项目头两年服务的报告中包含了以下来自辅导对象的评论："其真实客观性令我印象深刻，而且使我认识到解决方案经常藏在所谓的问题当中"以及"辅导刷新了我为自己的医疗生涯所制定的目标"。

然而，为导师们提供发展和督导也带来了一些挑战和学习点。

在模式和模型上为督导提供多种选择是很重要的。对所提供的内容进行不断审查和修改也很重要。这能够帮助组织者调整督导安排，以满足导师们提出的各种需要。此外，它还提供了机会，使所提供的支持可以随着导师们对辅导和督导的理解不断加深而与时俱进。

导师们对于发展机遇普遍反应热烈，并热衷于参加那些培养他们新技能的活动。然而，很少有医学专业人士曾有过督导的经验，当我们努力为他们提供有效的、方便的督导机会时，这一点就带来了一些挑战。还有一些导师对督导持有负面的看法；他们认为接受督导就意味着自己的辅导工作没有做好，因此才需要改进。此外，文化背景也影响着他们对于督导的感知和使用。医生和牙医通常不习惯在公众场合或一群人面前承认或检视自身的弱点；他们习惯了扮演知道答案的专家角色。

除了这些障碍以外，懂得如何利用督导时间也是极具挑战性的课题。督导者提供的反馈表明，导师应持续学习如何使用督导，并不断深入理解督导的目的。对他们而言，教练督导是一种陌生的学习方式，需要专家的支持才能有效地使用。医疗和牙科干预的本质意味着导师可能很难适当地利用督导时间：

> 教练和导师与医生和牙医共事的环境通常非常活跃、强调实践和讲究证据。在这种情况下，进行反思（特别是当将全系统自反性作为方法时）可能看起来有点像"什么都不做"。因此，在教练场景中，围绕着为被督导者的反思留出时间，委实有不少的挑战。
>
> 督导者 A

对于身为医生或牙医的教练或导师来说，在督导过程中保持对教练（辅导）过程和技能的关注是一个挑战。由来已久的倾向是关注客户的问题，而不是帮助他们发展技能和专业知识。他们有可能会落入谈论"病例"的陷阱，因为在他们的培训和医疗生涯中，他们都是通过病例来练习和发展自己的临床专业知识的。此外，作为临床诊治者，他们倾向于用"哪儿不好了"的模式来看待事物，并希望为客户确定解决方案。他们有可能会忘记客户（辅导对象）其实并没有"生病"或失能，相反是足智多谋的，有潜能解决自己的问题和困境。督导者 B 的说法是"他们可能会过于关注解决问题，而不是倾听和帮助辅导对象制定他们自己的解决方案"。而督导者 C 则说："在一个常规身份就是'专家'的行业环境中，要放下这样的执念，确实是一个持续的挑战。"

　　另一个挑战是，讨论"病例"会有泄露隐私的风险。伦敦的医务人员社区规模相对较小，人们有可能被其他人认出来。这也意味着，小组可能会更倾向于解决问题和为导师提供建议，而不是专注于辅导过程。引导者需要留意这一点，并使用不同的督导模型，以确保督导过程的有效性。这样做的另一个好处是，导师会有更多的安全感去探索和发展他们的辅导技能，也更愿意公开他们在发展辅导技能方面的学习需求。

　　对于大多数导师而言，教练和辅导的技能都是一片新天地。因此，他们带到督导中的问题集中在督导这种服务的"发展培育"功能上。医生习惯于知道正确答案是什么，因此，在没有正确答案的辅导场景中，他们很纠结。考虑到之前提到的医疗模式的积极和循证的本质，这是可以理解的。他们在督导中谈到的担忧还包括自己作为导师是否胜任，以及自己的辅导技能是否有效。其他议题大致上都是围绕着存在于辅导、教练、督导以及临床干预措施之间的异同展开，希望对此加以澄清。

　　如果使用电话进行督导的话，本来是有可能确保所有导师从一开始就能够享受督导服务的。然而，"伦敦辖区教练与辅导服务"在2008年刚刚推出时，并没有做这方面的考虑，因为当时电话督导被视为一种奢侈品。如果将来再推出类似的服务，我们会建议纳入电话督导与论坛，让导师们可以建立起网络和发展技能。此外，（通过电话的）一对一督导也有助于解决为客户保密的难题。

　　强调为伦敦辖区的导师们提供高质量的发展和督导一直是这项服务的核心。然而，教练的专业化正在加速发展，在过去三年中，专门针对教练的各种不同的督导形式如雨后春笋般涌现，经历了指数级的增长。因此，至关重要的是，辖区应该定期审核督导的形式和组织。这种审核应该与督导中的引导者共同进行，并对导师们的反馈做出回应。此外，其他信息——包括福斯特－特纳的论文，以及NHS研究所的教练框架——也将对督导服务的持续发展产生影响。

第 21 章　为丹麦律师和经济学家协会的导师提供督导

埃尔斯·艾弗森（Else Iversen）

丹麦律师和经济学家协会（Djoef）作为一家工会，其成员主要是社会科学方向的毕业生。2010 年其会员人数达到了 7 万人，其中包括 1.9 万名在校生。对于许多读者来说，可能从未听过哪家工会会为其成员提供辅导。然而 Djoef 自 2002 年起就开始这么做了。

Djoef 认为，无论是专业发展还是个人发展，对于增进劳动者在劳动力市场上的权利和增加工资都有着同样的重要性。我们认为，无论是对于导师还是对于辅导对象来说，辅导都是一种实现专业和个人发展的有效工具，这就是我们要向管理者和领导者提供辅导的原因。2010 年，我们的领导力导师计划拥有 175 名导师，他们可以支持 220 名辅导对象。

要跻身我们的领导力计划中成为导师，首先必须在公共或私营部门具有相当丰富的、担当高级管理者或领导者的经验。我们会为新的导师和辅导对象提供短期的联合培训。我们的研究部门会定期对该计划进行评估，并由训练有素的工作人员进行配对工作，这些人对我们的成员和他们所处的劳动力市场都有充分的了解。这些活动的目的是不断地发展这个计划，并尽最大努力使每一个"配对"的工作都能成功。

督导倡议的背景及目的

为了确保计划的进一步发展，并保持其质量，2008 年，我们决定为我们的导师提供督导服务。那时，我们的导师项目已经运行了五年，为了支持导师们的进一步发展，我们主动提供了督导。提供督导的灵感来自 2007 年我们参加的在斯德哥尔摩举行的 EMCC 的会议，会上讨论了当参与者的数量逐年增加时，应如何确保辅导的质量。为了留住导师，并提高他们对自己的任务和个人发展的意识，我们决定设立一个试点项目，为一个由 10 位导师组成的团体提供督导。

督导者

试点项目的设立是负责配对和导师培训的辅导团队与我们职业中心的一位职业心理学家进行的一次内部的通力合作。我们认为，重要的是，督导者应该了解入会资格及会员们面临的挑战，并且其自身与导师计划没有关联。我们很清楚，在导师和督导者之间的谈话中，严格的保密是至关重要的。

拥有一名身为职业心理学家的工作人员可以提供专业督导，使我们具备了试点的条件。我们相信，督导应该是以工作为导向的。我们想要建立的督导类似于"为导师做导师"。我们想适时地创造一种环境和一个空间，邀请导师反思自己作为导师时的角色和任务，并将之作为自己个人和专业发展的一部分来进行反思。当我们的心理学家在 2010 年春天离开 Djoef 时，一位同事接管了她的这项任务，新的督导者虽然不是心理学家，但却是一位经验丰富的教练。

对于导师会将哪些主题提上督导议程，我们事前并没有明确的想法。这项倡议主要是为了提高导师和辅导对象之间的对话质量，但这并不是说我们对辅导对话的现有质量水平有所顾虑或怀疑。这更像一种主动而为，让我们的导师有机会"退后一步"……从而可以从元视角或更广阔的视角来看待自己的实践。

督导者采用的方法

在这个项目中，两位督导者都将自己的督导方式描述为兼收并蓄的，其所用的方法主要来自系统的、叙事的、以解决方案为焦点的教练技术，在某种程度上，也来自"劝勉"(protreptic)①。后者在处理价值观和概念理解方面有其长处。在"劝勉"领域,这意味着督导者专注于挖掘导师对价值观的深刻理解,及其如何用概念进行表达。因此,在辅导的元层面上开展工作是很有用的,而且,当导师们与辅导对象建立起良好关系并且树立了足够信心时,他们本身就是这样做的。

前后两名督导者都以一种非常类似于教练的方式开始会谈:设置议程、在时间框架上达成一致,并设定界限。

第一次会谈中至少会包括一个被称为"设定场景"的议题,这说明督导并非心理属性的,也不是为了查漏补缺,而只是为了创建一个反思的空间,在其中可以创建一种关系——这种关系即使不是对称的,至少也是尽可能接近的。当他们达到这一目标时,两位督导者就会强调,这为会谈提供了一个成为双方的探索性学习过程的机会。

对于两位督导者来说,一个非常重要的方法是改变导师的立场或观点——当然,这主要指的是导师在其与辅导对象之间的关系中所持的立场。对于被督导者而言,在督导会谈期间改变自己的观点委实是一种高度紧张的学习情景,这也可能会成为导师在他们自己的辅导会谈中使用的一种模式。其中一名督导者强调,她做督导时从不避讳,力求在自己和被督导者之间建立透明度,以便向后者展示,什么才是在情感上与被督导者同在。在最好的情况下,它能帮助接受督导的导师诚实地面对自己,并针对自设的藩篱获得更深刻的洞察。督导者也为导师在情感上与辅导对象同在树立了一个行为榜样。

正如在辅导会谈中一样,督导者有时会与被督导者"并肩同行",有时又会走在前面引路。他会通过跟随与被督导者的谈话来决定何时改变。督导者可能会问自己:"谈话连贯一致吗?在我们的谈话中,被督导者是否充分地开展了探索?"如果答案是肯定的,那督导者就会继续"前方带路",而如果不是的话,则会和被督导者"并

---

① 劝勉这一概念起源于希腊哲学,由公元四世纪的古希腊人首先提出。劝勉对话是一种直接规劝的方式,通过谈论善、义、真、美等核心价值观来追求一种公正的生活,因此也会涉及诸如慷慨、正派、诚实和同理心等态度。——译者注

肩同行"，让对方再次跟上自己的脚步。

两名督导者强调指出，他们所督导的导师在日常工作中都非常注重结果。他们的印象是，虽然被督导者认为自己是以发展为导向的，但在实际的督导对话中，发展似乎只被视为工具性的，而不是一个涉及自我意识和个人成长的议题。在督导会谈中，导师们似乎很少会抓住机会谈论自己的弱点，甚至不愿意暴露它们。除非与督导者和其他被督导者都建立了高度的信任，并且自己也具备了充足的信心，这些导师才可能会敞开心扉，而这往往需要很长时间才能实现。

我们在督导中所做之事

一开始，这是一个以报名者先到先得方式为 10 位导师提供督导的试点项目。我们希望为导师们提供一个思考和发展个人和专业能力的机会，并更好地理解自己作为导师及管理者或领导者的角色。个人督导的目的是让导师有机会反思他们的实践和挑战，整合和发展个人和专业能力，并创造新的行动方针。

这一提案是在一年一度的导师会议上宣布的。会议的目的是支持导师之间的网络，提高他们对这个过程以及他们如何才能生成好的辅导对话的认识。我们会向潜在的辅导对象介绍导师，通常还会邀请一位专家就某个特定的议题发表演讲或进行一次简短的授课。2009 年的专家是来自谢菲尔德哈勒姆大学的里斯·梅里克（Lis Merrick），他谈到了导师督导，并参与了我们关于督导试点项目的案例研究。这在下文的学习结果一节中将有进一步的描述。

我们为那些选择接受督导的导师提供三次一对一督导会谈。会谈的议程和时间完全由被督导者与督导者在会面时商定。

督导会谈的结果

我们所提供的督导服务反响如何呢？尽管感到好奇的导师很多，但真正接受督导的人却很少。也许正如许多高层管理人员和经理一样，他们很忙，以至于很难找到时间致力于自己的个人和专业发展。在为期两年的计划中，只有 20 名导师接受了督导。

那些接受了督导也参与了调查的人给了我们非常有趣的反馈。一般来说，他们选择接受督导的主题大致有以下几类：

- 作为一名导师（而非一名圣人）的任务是什么；
- 如何以一种建设性的方式利用自己的丰富阅历，同时又将辅导对象的利益放在心上；
- 如何保持和发展自己作为一名导师的快乐；
- 如何在支持和挑战之间保持平衡。

这些主题显示了他们对导师角色和任务的逐步深入的认识。然而，在推动导师参与计划这件事情上，我们并非孤身奋战。导师们对自己并非顾问这个事实并不能完全舒服地接纳。我们对此表示理解，并把他们更多地描述为反思过程中的伙伴，而这个反思过程则是由辅导对象们来启动的。这一点特别重要，因为我们的计划侧重于发展，即辅导对象自身的个人发展。与此同时，这些谈话表明，这些导师正走在正确的轨道上。

从数据中，我们可以看到，导师从督导中获得的好处主要体现在以下两个方面：

- 导师在个体层面（自我意识）上的发展："我对自己有了更多的认识——这是自我发展的一个进步"；
- 导师在实务与过程层面上的发展："我拥有了更多不同的手段和方法，来提供更好的辅导服务。"

自我意识

在案例研究中，与自我意识相关的主题通常是通过下面的陈述强调的：

- "我变得更积极主动、更有动力了。"
- "我对自己有了更好的了解。"
- "我不得不反思自己的做法。"
- "这是一种获得更好的自我洞察的方法——就像给自己照镜子。"
- "我对自己在管理中的问题获得了一些有益的见解。"
- "督导是一个与自身作为导师的发展同步的发展过程。"
- "我开始用新的眼光看待自己。"

- "我意识到，辅导对象如何才能向我提供更多有益的信息，因此，这个项目对我来说是非常有用的。"

对于我们这些项目经理和开发人员来说，最重要的是，他们的回答显示了更深层次的自我理解和发展——既在个人和专业层面上，也和导师的角色有关。他们同时反思自己作为导师和个体的发展，并将两者联系起来，这一事实强化了我们的信念，即一位好的导师同时也是一个具有高度自我意识和自尊的人。

实务与过程层面

至于导师在实务和过程层面上的发展，我们从他们那里摘录的话语显示出以下结果：

- **对这个计划的了解**："我对导师项目的意义有了更深层次的理解"。
- **学会了不包办辅导对象的问题**："我学会了不包办辅导对象的问题，我不是来替他解决问题的""我的作用是引导他自己找到解决方案"。
- **得到了实用的帮助**："这个项目帮助我解决了实际问题——使我找到一个实用的角度来帮助辅导对象""我已经能够运用所学到的知识，比如，就一定次数的会谈签订合同。"
- **学会了如何管理结束和理解依赖性**："我学会了让过程停止，这意味着我更清楚、更明智地知道该如何结束""在参与督导之前，我发现自己很难结束与辅导对象之间的关系""不让我的辅导对象依赖我一直是件难事"。
- **边界设置的完善**："我已经能够运用所学到的知识……从一开始我就明确表示，这是一个由一系列会谈组成的过程，有始也有终。"
- **保持自己作为导师的"新鲜感"**："我尝试了一些新的角度来改变程序，以免感到厌倦。"
- **双向学习**："我意识到辅导对象如何能给我更多的有益输入。"
- **作为导师的发展**："督导是支持一个人成为导师的过程""我得到了帮助，变得更'具体'了""我变得更善于自我提升了"。
- **提供反馈**："这是一种获得反馈的方式。"

对我们这些项目经理来说，所得到的一个重要收获是：即使这些人在导师角色上很有经验，也依然需要鼓舞和安慰。虽然我们会提供培训，但并不是每个人都参加。即使他们确实参加了培训和我们后续召开的会议，也不能取代从督导者和被督导者之间一对一的关系中获取的直接的、个性化的反馈。在一对一督导那样的环境中提出个人议题的合理性，永远无法被那种有许多导师参与的培训所取代。

这里提到的主题例子显示了导师们的自我意识水平和他们的准备度，这是非常值得观察的。发展这件事就像一头永不知足的猎食者——当你从别人那里获得灵感时，你就会变得更强大。我们拥有的导师越多，他们就越有动力利用这个角色来推动自己的发展，相应地，辅导对象就会越满意，我们项目的效果和声誉也会越好。

不愿使用督导的原因

在为导师们提供了两年的督导之后，我们当然会思考为什么其他一些导师不愿意使用这项服务。一方面，我们很清楚导师们面临的时间压力，也明白对于他们繁忙的日程而言，花时间充当导师本身已经是一种挑战；但另一方面，那些挤时间来接受督导的人也未必就"很闲暇"。有一种假设是，如果我们能找到正确的方式来沟通这个提案，说明它能为被督导者带来的发展，那我们可能会吸引更多的导师前来。

下一步行动

我们一直在考虑为我们的导师提供团体督导。当我们进行案例研究时，我们在一次焦点小组访谈中讨论了这个问题，并收到了下面这些意见：

- 这可能是一种获得其他导师的经验的快捷方式；
- 这样做将涉及更综合的主题和问题；
- 你会从别人身上学到很多东西；
- 这更像是一种经验交流；
- 这是一种范围更广的论坛，也将集中讨论其他问题；
- 与个体督导相比，它没那么个人化和紧张。

但至少到目前为止，我们已经决定不这样做了。从我们与大约500名导师一起工作的经验来看，我们知道他们都是很忙、很有竞争力的人，所以集体设定议程的团体会议可能很难实现。而且他们对彼此的了解也是有限的，因此就目前而言，我们并不认为他们之间有足够的信任和信心可以从团体督导中获益。

我们采取了另一项措施。我们每年会邀请导师们参加六次"晨会",讨论与辅导相关的话题。其中一些例子包括:辅导关系的良好开端和结束、如何在辅导过程中实施能力反馈教练,以及如何在辅导过程中使用个人档案分析。渐渐地,我们把提出建议的责任交给了导师们。由一两名导师就某个案例进行发言,来说明如何处理这些问题。效果非常理想,出席人数一直在增加。我们认为,就目前而言,这是比团体督导更好的选择。

我们所进行的案例研究表明,我们应该继续提供督导。虽然这个案例研究的样本量很小,但我们深信,为我们的会员提供督导,不管是对我们的计划还是对我们的导师都起到了作用,为导师们的发展提供了宝贵的帮助。根据我们的经验,我们知道需要用不止一种方法来留住导师,并帮助他们发展自己的辅导技能。当然,作为项目经理,我们的收益是可以持续使用辅导作为一种联系会员的手段,同时也使他们在个人和专业上有所发展。我们认为,好的辅导和好的领导力是密切相关的。

我们也学会了利用导师们在督导中的体验来建立口碑,以帮助招募更多的导师。我们还知道了需要与导师进行更频繁的沟通,并利用多种不同的沟通渠道。

我们还了解到,有些时候应将督导会谈增加到三次以上。在这一点上我们可以依靠督导者的判断,如果督导者认为继续督导下去对被督导者有利,那我们就会让她来做决定。

第22章　交互督导：EMCC 瑞士分会实施的一个团体同侪督导项目

克里斯托夫·埃普雷希特（Christoph Epprecht）

> 在对话中，人们必须能够直面他们的分歧而不对抗，并且愿意探索他们不赞同的观点。如果他们能够在不逃避或不愤怒的情况下进行这样的对话，他们就会发现，没有任何一个固定的立场是如此重要，值得以破坏对话本身为代价来坚持。这往往会导致多元的统一，正如我们在其他地方已经讨论过的那样。
>
> 戴维·玻姆[①]（David Bohm）

所谓交互督导（Intervision）指的是这样一种督导过程，一群具有相同专业焦点的同行，在一个目标驱动的过程中合作，在一个共享的结构设计中寻找解决方案。这些志愿者共担责任，在没有报酬的情况下相互既教且学。交互督导的源头有很多，包括自助小组、行动学习小组、督导发展小组等，也包括同侪督导。

欧洲辅导与教练理事会（EMCC）瑞士分会成立于 2006 年，是瑞士德语地区三

---

① 戴维·玻姆（1917—1992），出生于美国，是饮誉当代的犹太裔量子物理学家和科学思想家，他不仅在量子物理主流研究中做出了独特的贡献，更重要的是他以反潮流的大无畏精神和严谨求实的科学态度，对于玻尔创立的量子力学正统观点提出了挑战。作为一位伟大的科学思想家，他和爱因斯坦一样，坚持科学的任务不仅在于描述自然，而且在于理解自然，所以玻姆没有止步于物理学，而是进入了哲学的本体论和认识论领域。他与印度哲学家克里希那穆提进行了多次对话，从中吸收了东方哲学思想的养分，出版了著名的对话集《时间的终结》。——译者注

大专业教练与辅导机构之一。EMCC 于 2008 年秋季向其会员推出了这个交互督导项目。11 名成员——或者说大约 25% 的人——报名参加了交互督导小组，第一次会议于 2008 年 11 月 4 日召开。11 人中包括六名女性和五名男性，他们的年龄在 45 岁至 68 岁之间，平均年龄为 50 岁。其中八名组员为独立执业的教练，另外三人在公司内部担任内部教练。

本章描述了支持交互督导过程的理念，并提供了一个实际的例子。

案例研究的背景

瑞士分会董事会搭建一个"反思空间"来为会员服务，乃是出于下面几个原因：

- 成员们需要回顾具有挑战性的客户议题；
- 提供一个安全的地方，探索从业者的个人和专业发展；
- 成员们希望探讨职业道德行为方面的问题；
- 全面提升 EMCC 旗下教练的市场声誉；
- 吸引新成员；
- 使得 EMCC 有别于其他专业机构。

该试点项目持续了一年，共召开了六次会议，每次有 6 到 10 人参加。EMCC 会员的参与是免费的；来宾也不收取费用，但会对其有入会的期望。所有参与者都承诺严格保密。案例、主题均匿名呈现（例如个人信息、情况、公司、背景都是虚构的）。通常情况下，在三小时的会议中会讨论两个案例。

每次交互督导会议的目标是：

- 通过对实际解决方案提出各种不同的观点和方法，来突出重点案例；
- 为发言的教练或案主提供有关其个案的新视角；
- 为在案例中采取有效行动提供切实可行的选择；
- 评审有效的教练方法；
- 探讨切实可行的解决方案。

预期的成果是：

第 22 章 交互督导：EMCC 瑞士分会实施的一个团体同侪督导项目

- 对个人的教练风格进行批判性的自我评价；
- 通过他人的反馈获得对自我的精细感知；
- 对自己的教练范式进行批判性反思；
- 强化自己的专业身份；
- 提高专业能力；
- 解决教练给小组带来的其他具体问题。

瑞士分会的大部分成员都是高级管理人员的教练，主要针对绩效和行为等方面的问题开展工作。因此，董事会决定，如果由一名董事会成员以引导者的身份来引导这个学习过程，那么交互督导将更加有效。这将展现出 EMCC 在高管教练（例如合同、评估）方面的权威性及其对质量保证的承诺。另一个支持使用引导（facilitation）的观点是，我们的董事会并没有期望所有参与者都能够参加这六次会议。由于没有预算可以聘请一位收费的督导者，董事会邀请我来设计一项对会员免费的交互督导服务。

引导者的工作是确保既定规则在所有的会议上都得到了严格遵循——尽管每次会议的参与者组合都在不断变化。这一点尤其重要，由于参与者的不断变化，每次会议都必须重新缔结相互之间的交互督导关系。引导者（有时被称为主持人）是二级观察者（他们既观察案主，又观察团体）。没有人期望引导者能够客观地看待群体过程和案例。他们也会像其他组员一样对情况进行解读。为了推动案主和团体的学习，引导者肩负起了在每一个案例中激发起"百花齐放、百家争鸣"局面的责任。

交互督导的合同与霍金斯所定义的"督导合同"非常相似。缔约过程要考虑：

- 实际问题（时间、频率、地点）；
- 边界；
- 工作联盟；
- 会谈形式；
- 组织和专业的背景，即交互督导过程的服务对象还有谁，包括雇用教练的组织，他们的教练以及他们的组织；
- 作为参与者所属专业机构的 EMCC。

一般来说，我们假定每次会议至少可以处理两个案例，这会使每个成员每年有机会提出两个案例。考虑到这些成员大多是独立执业的，时间只能安排在工作日的下午6点到晚上9点之间。

由于交互督导会议的目的明确地指向为案主探讨解决方案，因此会议重点就落在了"为何做、做什么和怎么做"上。然而，当教练的情感领域成为讨论的主题时，仍然会有时间来容纳"内心的停歇"。这种情况大概每三个案例就会出现一次。在这样的时刻，我们总是能够体验到来自团体成员的欣赏、尊重和体贴，及其对案主情感状态的思考。我们可以公正地说，在这样的时刻，毫无例外地，群体的注意力自发地转向了潜在的情感体验。除此之外，我们也懂得了更多的发言时间未必就能带来更多的洞察。

与督导类似，"交互督导"这个概念的主要支柱可以追溯到人本主义心理学、包括建构主义认识论立场在内的反思主体的心理学，甚至与精神分析、沟通分析、沟通理论和系统理论也有些关联。瑞士分会的交互督导计划采用的结构与"CLEAR"五阶段（合同、聆听、探索、行动、回顾）教练模型非常相似，也能够应用于督导或"对教练的教练"。

交互督导的作用机制

交互督导的功能是用新的方式从远处观察自己的真实状况。通过针对特定案例交换不同的观点，交互督导可以帮助案主更有效地为特定情况建构意义。它也有助于团队在寻求潜在的解决方案时，体验到共同意义建构的有效性。

交互督导几乎没有任何压力。另一方面，人们普遍期望，在任何情况下，任何问题都应该至少有一个解决方案。通常情况下，所呈现案例中出现的情况都是"偶然的"。没有任何事情是"不可能"的，也没有任何事情是"必然如此"的。

与教练过程一样，交互督导的过程也始于描述一种情况，用语言表达出迄今为止未宣之于口的内容，使非语言的信息明示出来。通过使用言语，可以做出区分。通过做出区分，"差异"就有可能浮现。从那些有影响的差异中，学习就有可能产生。提出困难的问题而不是做出"陈述"，有助于案主去探索新的认知领域。

通过使用寻求解决方案的语言，群体过程的模式如下：

- 表达某些事物（用言语表述）；
- 探索或解释这些事物的意思（构建主观现实）；
- 评估或评价"意义"对他人而言是否有意义（背景）；
- 重新构建意义和/或观念（同化/顺应）。

对于案主而言，交互督导是一个受保护的空间，可以在同行的尊重和支持下拓展自己的认识。交互督导是一个结构化的群体过程。其核心是依次迭代的意义建构。对于意想不到的成果，由每个案主自行决定是要"同化"还是"顺应"。当一种情况用言语来理解的时候，它就成了一个通向行动的跳板。

交互督导的一个实例

下面的例子是一个带到小组面前的真实议题。

罗杰是一名高管教练。他的客户艾伦是企业国际部门的新领导。艾伦是一个精明的思考者、一位雄辩的演说家，他的措辞始终与论证完美地吻合。在上一次教练中，艾伦表达了对下属弗雷德的担心，称弗雷德不接受自己做他的新老板，并认为弗雷德对于自己安排的任务只是在口头上敷衍塞责。此外，当艾伦邀请弗雷德的团队参加一个户外活动时，弗雷德推托说他要参加一个重要的海外会议。尽管艾伦原来的意图是召集所有的团队成员讨论他的新愿景，但他找不到理由来拒绝弗雷德的借口，不得不"哑巴吃黄连"。这就是艾伦感到沮丧的原因。罗杰问艾伦："这是否意味着你没能说服弗雷德取消他的出国旅行，来参加你的团队活动？这难道不是在回避与下属的冲突，而不是冒险做一名直言不讳的领导者吗？"艾伦解释说，作为这个部门的新来者，他不想与下属发生直接冲突，而是更愿意令他们信服。在弗雷德的例子中，这种做法显然是失败的。

罗杰向小组提出的问题是："我怎么才能支持艾伦在面对弗雷德时更敢直言？"

小组首先就艾伦和他的实际情况交流了一些假设，与此同时罗杰在旁倾听。他们提出的问题包括："在对新愿景了解足够多的细节之前，客户团队中是否存在对

'如果说出太多专业诀窍会导致个人地位丧失'的担忧""在艾伦作为新老板上任之前,这个团队是一个真正的团队吗"以及"在来自文化 X 的艾伦与代表文化 Z 的团队之间是否存在文化差异"。

小组提出了艾伦作为领导者在这种情况下必须首先反思的问题,包括:发生了什么事?作为领导者,我有什么感受?我对团队有什么要求?下次我该如何与团队合作?小组还就罗杰作为教练的资源提出了质疑:罗杰能在情感领域挑战艾伦吗?比如,让艾伦承认自己的脆弱;接受自己的管理风格可能会影响他人的表现这一事实;不要把自己的不良表现归咎于别人;首先主动邀请团队对自己进行批判性反馈,然后再要求积极反馈。

通过做笔记,罗杰总结了他从小组讨论中学到的东西。在下一次教练会谈中,他将问艾伦以下四个问题:

- 当你邀请团队参加户外活动时,你对团队的期望是否足够明确?
- 你关于这次户外活动的沟通是否清晰及时?
- 如果再有户外活动,在缺席的问题上,是否有你与弗雷德都能同意的妥善解决方案呢?
- 如果有下一次,你和弗雷德将如何知道以上三个问题是否得到了妥善处理?

交互督导过程的成果

根据霍金斯的观点,督导有三个主要功能:发展培育、资源获取和质量管控。参与者在所有这三个领域中都汇报了积极正面的成果。

他们使用了一份 10 分制的量表来评估交互督导的成果,其中 1 表示"不适用",10 表示"完全适用"。结果如下:

- "发展培育"(8~10 分):产生不同的自我认知、强化自己的职业认同、提高专业能力;
- "资源获取"(4~7 分):对自己的"姿态"进行批判性分析,其中包括个人的教练风格;
- "质量管控"(4~7 分):批判性地反思自己的教练范式。

试点中的经验教训

团队反复考虑的一个问题是，内部教练在平衡他们的人力资源经理角色和内部教练角色时所面临的挑战。

例如，内部教练会有复制组织中"盲点"的风险，比如，默认公司规章制度和规范中固有的（通常是看不见的和没有说出来的）"权力范围"。因此，内部教练可能不那么容易提升内部客户的意识觉察。管理层宣称他们所做的与管理层实际在做的事情之间的差距越来越大，这可能会导致人力资源经理角色和内部教练角色之间的冲突。基于他们个人经验中的证据，该小组得出结论，同时担任人力资源经理的教练所面临的挑战是要将人力资源经理和内部教练两种视角都明确地表达出来。

小组的其他具体学习点还包括通常会有几种可能的方法可以有效地解决客户的问题。参与者的不同背景和经验创造了一个广阔的空间，使案主能够为客户提供更多有效的解决方案。

另一个学习点是，客户的背景（主要与他们的工作环境有关）增加了教练过程和交互督导过程的复杂性。案主提出的问题往往模棱两可。因此，研究系统模式将有助于更清楚地了解，针对将要对客户采取的干预措施，案主们可能期望在哪些方面得到有效的回应。

小组对意义的追求和对生成的见解所做的意义建构，总是能深深地打动我。尽管时间有限，但几乎每一个案例中都有高度的情感投入。这个小组的参与具有以下特点：充满尊重的聆听，试图了解事情的全貌，试图理解关联是什么，更深入地探索所谈情况产生的影响，共同发现藏在"冰山"表面下的事物，以及在同伴处于关键性情绪状态时给予充满同理心的、强大的接纳。

对于引导者的挑战

作为引导者，我自己对这个过程的反思包括以下几点。

- 有些时候，很难将中立、独立、尊重和公正的态度与真实和透明的姿态结合起来。

- 有些时候，试图尊重每位参与者的想法和贡献，承认多样性并平衡群体中不同的意义会是一个挑战。
- 案主需要的是洞察和学习，而其他小组成员则都有发言权，这两者之间可能会存在时间冲突。
- 同样具有挑战性的另一点则是要求参与者坚持提出增进理解的问题，而不是提出解决方案。很明显，当不处于教练角色时，即使是教练也可能会"忍不住"提出建议。在参与交互督导时，"不知道"的艺术同样需要持续不断地灌注心力。
- 认识到并处理我自己的局限性非常重要，尤其是在我与"脱节的时刻"（moments of disconnect）苦苦抗争的时候。正如德·哈恩所说的，走出关键时刻（critical moments）是非常重要的。

第23章 对生育教练的督导

詹妮弗·利斯顿－史密斯（Jennifer Liston-Smith）

本案例研究着眼于我作为企业生育教练督导者的工作，以及通过这项工作应用和揭示出来的模型、过程、张力和发现。案例包括了我为一个服务于多家客户组织的外部教练团队提供的督导（对我来说，这是一个双重角色），以及为那些客户组织的内部教练提供的督导和发展。

生育教练针对的是职业女性在休产假、分娩和重返工作岗位的过程中经历的某个或一系列转变。出资赞助生育教练服务的雇主的目标包括：

- 提高女性员工在产假结束后返回工作岗位的比率；
- 实现对教练对象、同事和客户都有利的顺利交接和回归；
- 鼓励良好的沟通；
- 增强教练对象的自信和支持感；
- 通过帮助有才干的员工顺利实现向父母角色的过渡来留住他们。

如果有针对性的支持能够提高教练对象的忠诚度和绩效的话，客户和教练们都同意教练服务是留住女性人才并在高级领导角色中增加女性代表的必要条件（虽然不是充分条件）。他们认为督导是最佳教练实践的构成要素。

案例中的教练使用的是"生育管理"（Managing Maternity）计划中的生育项目问卷和模型（Maternity Project™ Questionnaire and Model）及"我的家庭关爱"（My Family Care）计划中的生育教练框架（Maternity Coaching Framework）。这两种工具建议了同一种生育教练的模式，这种模式鼓励教练对象去探索自我和其他利益相关者在工作和家庭中的愿望和需求。在督导方面，将探讨采用中心模型的影响。

组织背景

本案例考察的所有生育教练服务，都是在 2005 年至 2010 年期间，由全球法律、会计和投资银行业中的企业设在英国的办事处实施的。委托客户在指定供应商、寻求最佳实践和了解其他组织的经验方面是非常挑剔的。在这个相对较新的领域里，作为一名公认的实践者和督导者，他们最后找到了我。

客户不愿指定教练服务的行为目标，也不愿衡量教练对象在发展轨道上取得的进展——这些通常是对绩效教练或领导力发展的期待。客户和教练们都倾向于采用一种移情的、人性化的方式，并结合某种以研究为基础的生育教练模型。他们不是来寻求心理咨询或开放式的、以人为本的支持的，他们强调的是为个体重返工作岗位制订计划，并与管理者进行双赢的对话。

尽管如此，在要求甚高的企业环境中，教练们还是会处理一些非常私人的事情。各方都意识到，生育教练所开启和鼓励的对话原本是不会发生在职场中的，从这个意义上说，它从一开始就有点反文化，但各方都尽力在生育过渡这个时刻"反潮流"，否则一些女性就可能会离开组织，或者在她们的职业发展中停滞下来。

督导案例的背景

所提供的全面的教练框架和研究基础在培训和督导之间划出了一条微妙的界限，尤其是对于内部教练而言。然而，尽管框架是固定的，教练议程和干预风格却是变动不居的，教练们广泛采用了多种方法。他们的背景包括认知行为教练技术、积极心理学、格式塔理论、心理动力学和共创式教练技术。这些教练都是有着多年经验的实践者，几乎无一例外都是女性或父母，大部分人两者都是。

针对内部教练的督导形式既包括根据模型、研究知识和经验对案例材料进行团体督导，又包括偶尔提供一对一的督导。优先选择团体督导在一定程度上出于对成本的考虑，但更大原因在于团体督导能够确保在保密的情况下分享组织学习。督导

第 23 章 对生育教练的督导

的目标包括增强信心、丰富最佳实践知识和提高教练们的相关技能。

通过欣赏和比较不同方法的影响，相互学习得以实现，从而在督导者担任导师与纯粹的引导、赋能和支持之间取得了重要的平衡。从一个具体的案例开始，40%~50% 的讨论会集中在教练的发展上，这是由所探讨案例中的问题触发的。

对于外部教练来说，常规的督导组合是项目团队（与某个客户组织打交道的人）督导、更大的团队（跨客户）督导，以及一对一督导会谈。由于教练的地域分布，团体督导通常是通过电话进行的，每年大约会有两次面对面的机会。教练们被邀请以填表格的方式反映刚刚结束的教练会谈，并为督导做准备。团队一致认为，成果应该包括使教练们感到自信、足智多谋和被赋能，同时督导应发挥下文描述的三个功能。

我们明确承诺了督导会是兼具"形成性""复原性"和"规范性"的。相较于由霍金斯和史密斯提出的这三种功能的不同版本，我们选择了普罗克特这套衍生于心理咨询领域的术语。它朗朗上口，比较好记，能够更容易快速检查进展实施。我们倒是赞同霍金斯和史密斯的观点，即教练督导的功能最好用"发展培育""资源获取"和"质量管控"来表达，但我们意识到，生育教练肩负的责任感使其更倾向于使用支持性的"复原性"来表达督导的好处。"资源获取"未必能够完全表达出这其中的精妙之处，因为教练们可能会把"资源获取"看作往他们的"百宝箱"里添加工具。

我们使用七只眼模型作为其中一个框架，因为我们所有人对此都很熟悉。所以教练们有可能会说："当然，在模式 4 中，这引发了我的各种反应。"在模式 4、5、6 以及包罗万象的模式 7 背景下，我们将解决以下问题：

- 作为一名督导者，同时也是客户所聘请的顾问公司的董事，我自身的既得利益是什么（这个问题在以下关于挑战的小节中将进一步审视）；
- 教练服务的公正性是否受到了我们对教练对象的期望、对其家庭的期望，以及对超越了人才保留之外的企业社会责任理想状态的期望的影响；
- 事实是，从 2007 年起，由于全球金融危机的影响，如投资银行等雇主一直都受到公众的密切关注，而我们的服务正是在这样的环境下提供的。就像法庭上的证人一样，教练们也会有意无意地受到媒体报道的影响。

在为我们的影响力设置边界方面，我们倾向于回到霍金斯表述的那个平衡点，即"督导不仅服务于各行业，还服务于教练即被督导者的发展需求、教练正在服务的个体教练对象，以及雇用教练的客户组织"。

督导案例描述

我们签订了一份团体合同，内容涵盖了我们会如何倾听对方的意见，如何勇敢而诚实，以及如何在符合不同教练遵循的各种道德准则的精神下保守秘密。

在督导中，我们使用了前文所述的生育教练模型来为开展工作的方式提供指引（规范性和形成性——推广最佳实践），为回顾案例提供一份清单（规范性、复原性），并以此提出一系列可能的干预措施（七只眼模型中的模式2）。

无论是针对外部教练还是针对内部教练的团体督导，都会由一两名教练各自提出一个案例，并详细地分享他们的观察，重点会落在模式1中的教练对象、模式3中他们与教练对象所形成的关系，以及模式4中他们自己的反应和回应上。

我们团体合同的一部分谈到了我们将不考虑使用替代方法或方便的工具（模式2）来进行深入研究，而是要退得足够靠后，以观察和理解更广阔的系统。这样一来，当我们在之后谈到模式2时，就能发现"交叉受精"的真正价值。

有些时候，教练会向我这个督导者呈现一个案例，其他人先是从旁观察，然后加入更广泛的讨论；还有些时候，其余的一到两名教练会从一开始就与提出案例的教练进行交流。偶尔我也会准备一个虚构的案例研究，作为一种不那么情绪化但却相当生动的方式，来揭示教练的不同背景所创造的不同观点。还有些时候，我们会使用一种叫作交互督导的过程（见第22章），此时几位同伴会在案主教练最初的讲解之后，一个接一个地说出自己的看法。在听取了所有的意见之后，案主教练可以考虑哪些方法将会是最有成效的，这就要求他们具备强健的心智和冒险精神。

以下是六位教练的简短谈话，他们正在思考一个常见的挑战：支持教练对象向上级经理传达他们的需求和愿望。

教练A（已经详细说明了教练对象在模式1中的表现）：我对此感到很沮丧，对于自己能提供些什么感到很无力。X 的经理显然更希望她安静地离开不要回来。当他连开会讨论她的工作模式都不愿意时，我教练她和经理进行有效沟通还有什么意义呢？

教练 B：听起来这对你个人来说既充满了挑战，也很令人沮丧（表达同理心，体现出我们团队合同中以人为本的核心）。你想再多说一些目前的感受吗？因为你的肩膀看起来比平常要紧绷。（模式 4）

教练 C：是的，我想，我们大多数人都认为，应对不情不愿的经理这件事是个很大的挑战。我们只能和现场接受教练的那个人合作，或者说，至少我们只能直接通过他们在系统中的位置来开展工作。但我们需要注意的是，自己是否被卷入了一个戏剧三角形[①]之中，即要把可怜的教练对象从她的坏经理手中解救出来！（模式 3）

教练 D：当然，是的，这很令人沮丧，而且你知道自己"背上有只猴子"[②]，也许你不应该对自己太苛刻。当你坐在你的教练对象面前的时候，你脑海里自动闪过的消极想法是什么？你需要在自己的内心激活哪些核心信念，才能停止告诉自己"我一无所用"？（模式 4）

教练 E：你尝试过"感知位置"练习吗？首先从你自己的角度考虑某个情况（这是第一位置），然后切换到另一个人的角度（第二位置），或者还可以从"一只停留在墙上的苍蝇"（第三位置）的角度来思考。你能不能用这个练习来帮助她弄清楚经理的弱点，这样至少她可以知道如何为自己请求弹性工作找到业务上的理由？（模式 2）

教练 F：是的，我想补充一点，从非暴力沟通的角度来看，假设我们能够了解对方未能得到满足的需求，那他们的负面情绪就会变得有意义，而我们也会更有动力去了解他们的行为其实是在向我们提出什么要求。你打算怎样让她明白这一点？（模式 2）

---

① 这是美国心理学家卡普曼提出的一种理论，认为人们在相互交往中常常扮演着"迫害者""受害者"和"拯救者"三种角色之一，并处于三者形成的三角关系当中。——译者注
② 管理学中，"猴子"指的是不应该背负的、他人的责任。——译者注

教练 A：嗯！（停顿）D，你说得对，我太过于追求完美了，以至于我觉得自己应该为她把一切都做好，并使用某种奇妙非凡的、非权威的、赋能的方法，魔法般地"搞定"她的经理，让她知道我是一名多么了不起的教练（笑）。好吧，你们的确抓住了我的心思。很高兴听到其他人也为这个案例绞尽脑汁。我猜，你们的感觉就像是在前线做生育教练，因为这是一个大问题，不是吗？但是，瞧，我差一点就再次跃跃欲试，试图通过谈论压力让焦虑感再次爆发。（模式 4）

督导者：我们之前已经讨论过"当下的变化"。到目前为止，你改变了什么？

教练 A：好吧，我现在不是一个人在默默承受这件事了。是的，我更放松了——我的肩膀下垂了，不是吗，B？不过谢天谢地，你没有像我对我的教练对象那样痴迷于要在这里"修复"我。（模式 5）

督导者：正如我们之前承诺要在督导中去做的那样，现在你的直觉认为我们需要做些什么来实现当下的转变？考虑到你目前正在做的事情，我们还能做些什么来帮助你回到更广阔的教练体系中去呢？（模式 5）

教练 A：E，你刚才提到的三种感知位置的练习，我该怎么做？（模式 2）

教练 E 在得到许可之后，带领团体进行了一次示范，他鼓励教练 A 前往不同的位置，逐一探索每个点的视角。教练 A 总结道，她可以在做教练时现场进行这个练习，即使它不能推动教练对象实现与经理的会面，也可以引导她写出支持自己弹性工作请求的业务案例，并以电子邮件的方式发给她的经理，从一个更有同理心的角度要求进行讨论。

督导者：练习做得很生动，感谢 E！我胸部的紧张也放松了（模式 6）。我还认为，通过我们分发的匿名组织反馈，我们也许可以建议将这种方法纳入经理的方案中（模式 7）。

督导的一些主题和成果

我们强调人道主义的核心条件：这一领域的教练活动揭示了深刻的人生转折问题，我们这些教练对此感同身受。我们也经常会想起自己投身教练这个行业的强大

第 23 章　对生育教练的督导

动力。许多女性领导力领域的实践者同时也是这一领域的积极活动分子，他们认为，"把私人问题仅仅看作麻烦而不是公共问题是相当危险的"。一方面，我们希望通过生育教练来改变世界；另一方面，对于在教练父母时提供建议的诱惑，以及在旁"助推"的来自教练对象的请求（"是的，但是你究竟是怎么做才让你的宝宝安睡而不闹人的呢？"），我们也变得更加警惕（但也保持了一份轻松从容）。

那些把自己放在生育教练位置上的人，往往会对"事情应该如何"有自己的看法。这些看法来自他们作为员工和管理者，以及作为父母和孩子的经验。对这些进行探索是至关重要的。我们可能会从中发现教练正在从客户所属的组织中"拯救受害者"；或者期盼某种美好的未来会发生在她或他的孩子身上。罗伯特·凯根（Robert Kegan）早已对后者发出过警告："从业者的客户需要得到保护的方面有很多，其中之一就涉及从业者对于客户未来的期待，无论这些期待本身是多么善意和富有同情心。"

情况表明，对于教练来说，能够在信任的同伴面前袒露这些心迹，会产生高度的发展作用，可以增加他们与这些张力共存的反应灵活性和信心。

自然而然地，大量的实用技巧不断涌现，其中涉及那些教练对象一致谈到的主题（如何做到在下午5点就能下班离开，如何推进职业生涯，如何与上级经理及家人沟通，如何接受自己的新身份，如何要求和接受支持），曾经成功应对这些挑战的一些方法，同时还有一种健康的、对于总是用同样的方法来解决同样的问题的共同怀疑。我们公开了一些有关识别和应对围产期抑郁症的信息，以及一份帮助机构的推荐名单，其中包括雇主组织提供的所有员工援助计划的详细信息。

教练们表示，他们最受益的方面是：

- 背景性的知识；
- 通过在一个支持性的学习环境中向同伴坦陈自己的实践而建立的信心。

除了这些即时的学习之外，还产生了大量的组织反馈。这些反馈都是通过匿名的督导主题获得的，并遵照协议，将其反馈给人力资源部门和多样化（Diversity）管理的团队。通过这种方式，可以在组织层面解决某些领域的问题，例如，为管理者制定明确的方针，以提升各部门之间的一致性。此外，教练可以引导教练对象以一种圆融的、双赢的方式在系统中发挥自己的作用，同时组织也试图支持管理者们"提高管理水平"。

所面临的挑战

除了上面提到的生育教练的具体学习点之外，还出现了另一种更普遍的见解。在督导内部教练的过程中，有一个问题需要牢记，那就是教练团队是否已经做好了准备要接受真正的团体督导，当然这也包括了督导者是否有能力来实施。团体督导中会有非常强大的群体动力被释放出来，对于彼此之间的信任和心力投入的要求也会很高。一些与会者有着双重角色和其他议程，这会使事情更加复杂；而且，这些人还有更多的交道要打，为此也不得不相互交流、友好相处。

无论由内部教练或者外部教练组成的团队是否在为下一个项目而竞争，在团体督导中都自然而然地总是会存在着自尊心、竞争意识、既得利益和系统性的噪音，但同时也少不了所有温暖的、支持性的力量。

有时，督导的目的本身就存在着混淆或冲突。内部教练可能希望它能为自己带来资格认证，毕竟这是一种值得"投资"的专业发展方式；外部教练则可能想利用其质量管控功能，毕竟督导带来的高压足以揭露防御机制和伪装出来的胜任力。

我也注意到，对于外部教练而言，我兼具双重角色：既是督导者，又是客户所聘公司的董事。但至关重要的是，在进行这项研究时，我对我们的外部教练团队并没有直线管理的职责，并且在督导中，我的双重角色在一定程度上被以下两点所抵消：

- 我不能单方面决定哪些教练能够参与这个项目（所以教练在督导中并不会刻意表现他们的"最佳行为"）；
- 团体督导有时会由一名独立的、训练有素的督导者带领。但是，在这种方式下，由于我自己也会参与进来接受团体督导，群体动力虽较之前有所不同，但其侵入性并不会减少。

我们认为，另一个选项是在我不参与的情况下实施团体督导。但是，我们决定通过包容和明确的识别——而不是排斥——来解决这些问题，否则我们就可能会错失相互学习的机会。

作为内部教练的督导者，我意识到自己有一种强烈的冲动，想要在这个颇具讽刺意味的、竞争激烈的女性领导力发展领域展示出对其进行投资必将物有所值。很重要的一点是，要明确地将说教式的输入与引导结合起来，并事先澄清组织的目标和期望，然后才能进入团体的缔约过程。

马斯登等人捕捉到了一个更令人难忘的学习过程。他们指出，我们很可能只会看到我们想要看到的东西，这具体取决于我们是通过什么视角来观察世界的——比如，是心理学家、企业战略家还是人力资源专家。通过突出强调我们在解读情境和实施干预中的偏见，转化式学习得以发生。以这种方式更清楚地看到我们自己的局限，在生育教练领域是非常有帮助的，因为在这个领域中，一些议题的材料会涉及挑战自我和他人的无意识偏见。

企业的生育教练向督导提出了严峻的考验。我们必须小心翼翼地处理母性、生活转变和常见的长期同居等高度私人的领域，但却始终要面对与保留员工和有效回归工作有关的组织目标，而这往往发生在一些要求最严、绩效驱动的工作环境中——在流行的神话中，这些工作场所是由雄性激素所推动的。这种鲜明的对比，能促使那个含义丰富的督导问题"谁是客户"更容易浮出水面，也要求我们能够同时关注多个层次的客户！

COACHING AND MENTORING SUPERVISION

第24章 不仅仅是品质保证：德勤公司内部教练督导的故事

克莉丝汀·K.钱皮恩（Christine K. Champion）

本案例研究旨在为案例所涉及组织的内部教练活动提供一个概述和背景，并探讨为内部教练提供教练督导计划的投资决策是否明智。我对该计划在组织内的建立和实施进行了探讨，并通过关键利益相关者的反馈和反思，得出了其对个体和组织所产生的影响。

作为该项目的首席督导者，随后我将明确该计划中所涌现的主题和见解，将其与近期的相关文献联系起来，并强调这一发展中领域未来的探索和研究方向。

设定背景

本案例研究的组织是德勤会计师事务所（Deloitte LLP）。德勤会计师事务所（下文简称"德勤"）拥有超过1.2万名专业人士，是全球最大的私营专业服务网络德勤会计师事务所有限公司（Deloitte Touche Tohmatsu Limited）在英国的成员所。作为教练服务的早期使用者，在内部打造教练文化现在已经成了德勤人才和领导力战略的重要组成部分。一段时间以来，德勤一直致力于实施有效的干预措施，并在某些场合得到了外部的认可。

最初，德勤将教练用作一种很有限的、补救性的干预措施，以支持董事和合伙人们应对具有挑战性的评估和发展经历。早在2003年，德勤就培养起了一支18人的强大的内部教练团队，成员主要来自人力资源和学习职能部门。其目的是发展内部教练基地和培养成员的教练能力，以创造一个可行的替代外部教练的选择。

第24章　不仅仅是品质保证：德勤公司内部教练督导的故事

　　这种发展内部教练的举措也反映了专业服务公司所处的高度竞争的业务市场环境。在这样的环境中，通过发展更"软性"的情感和社会智力技能以创造差异化，被视为与包括客户在内的所有利益相关者建立更优质关系的手段。内部教练团队的成立是为了支持关键的德勤员工从技术优秀的从业者发展成为高效的领导者、关系建设者和客户经理，以支持学习战略，推动业务提升，从而反映出关键的业务重点。

　　随着时间的推移，从进行需求分析开始，教练过程变得越来越正规化，以确定发展目标和教练的适宜性，并促进匹配的过程。个人教练计划包括开始阶段的三方签约过程，以确保教练服务围绕目标进行，并明确角色和职责，以及确认包括保密在内的道德规范和界限。教练计划的进展由一个集中的跟踪工具进行内部监控，评估过程包括来自关键利益相关者的反馈和评估。

设置内部教练督导的驱动力

　　在正式的教练督导计划设立之前，德勤内部已经成立了交互督导小组（这是德勤内部对于同侪学习小组的称呼）。作为一种行动学习小组，它旨在通过分享案例、技能和知识来支持教练的发展。

　　在这一时期，随着德勤内部教练实践的发展，有关教练的文献中也提到了驱动教练进一步专业化的新兴力量。德勤将督导的引入视作进一步建立内部教练的可信度，并提升其专业技能的机会。其目的是，通过提高内部教练的素质、能力和专业性来提升其胜任力，使其成为一种可行的、性价比高的替代外部教练的方案。

　　由于德勤当时并不具备督导的专业知识或经验，因此就聘请了四家知名的外部供应商，要求他们提供正式的设计提案，包括内部督导计划的成本计算。在此之后，选择供应商的过程包括与每家候选供应商分别召开会议，以进一步审查提案及其提交的一对一督导会谈的样本。

　　对德勤而言，这次"采购"过程是一次探索未知领域的经历。由于督导对于该团队来说是一件相对较新的事务，因此，它们在挑选督导者方面缺乏正式的指引或健全的最佳实践标准。然而，这一过程本身提供了一个直接的机会——通过与供应商讨论和分享有关最佳实践和经验的见解，来更多地了解督导的作用、目的和过程。选择供应商的决定被认为是非常重要和意义深远的，因为它会影响教练团队以及内部客户的专业成长和发展，并进而影响内部教练活动在德勤内的可信度和有效性。在选择供应商的过程中，匹配的关系方面在报告中被认定为关键所在，因为在采购过程中，信任的建立对于与潜在供应商关系的发展产生着重要的作用。

以下是雪松人才管理公司[①]呈交的提案中关于督导的两种定义，从中我们可以窥见德勤所采用的督导方法的广度。

> 督导是一个专业支持的正式过程，通过互动反思、解释性评价和经验分享，确保教练的持续发展及其教练实践的有效性。
>
> 巴赫基罗瓦

> 督导是这样一个过程，即教练在督导者的帮助下，致力于更好地理解客户–教练系统的组成部分（既包括客户及其所属的更广阔的系统，也包括他们自身），从而改善自己的工作，发展自己的技能。
>
> 霍金斯与史密斯

实施

定制方案的设计包括一场所有教练都参加的外出"启动"活动、每年三次每次三小时的面对面团体督导会谈，以及每年一次为时 90 分钟的个人督导会谈。该方案的这种设计和频率是基于雪松公司对于最佳实践中督导和教练时间比的实证看法，同时也考虑到德勤当时的"交互督导"会议的存在。这与伯奇的建议也是一致的，即根据教练个体的工作量，其每年至少要参加五次督导会议。对所有教练来说，如

---

① 雪松人才管理公司是 2003 年成立于英国的一家私人企业，在英国和国际市场开展业务，专注于金融、转型变革和采购方面的人才招聘服务。——译者注

第24章　不仅仅是品质保证：德勤公司内部教练督导的故事

果想要继续作为内部教练开展工作，就必须接受督导。

此次互动式的"启动"活动的目标是介绍两位督导者，并让整个团队围绕督导活动在德勤的任务和目的展开讨论，与此同时开始制定督导合同。为了支持这些活动和为未来的督导会谈做准备，我们编写了一份介绍性的工作手册。教练组的18名成员大致根据地理位置被分成了四组，每位督导者负责两组。

由霍金斯和史密斯提出的一份督导的潜在任务清单也被纳入了工作手册中。为了更清晰和更全面地理解整个过程，我们与团队成员一起就这份清单展开了探讨，以减少督导过程的不确定性，为督导做好准备。

为了能够系统地观察教练过程中的相互关系，也为了能够审查回顾督导过程的背景设定，我们选择七只眼模型作为过程方法的基础。本书的第2章已经对此模型进行了详细的介绍。这个模型似乎颇能适应客户的文化、组织的复杂性以及存在多方利益相关者的环境。此外，它还提供了一个强有力的督导框架，能够激发教练的求知欲。

在教练督导过程中，基于教练、督导者和其他组织利益相关者的反馈和反思，我们提炼出了关于督导影响的定性见解的一些主题。我按照霍金斯和史密斯所提出的、教练在组织层面参与督导的三个主要关注点，即发展培育、资源获取和质量管控，对个体层面的影响进行了分类。组织层面的影响则根据我从数据中确定的主题来进行划分。

对个体的影响

发展培育（技能、知识、理解和能力）

从报告中，我们可以看出，早期出现了更广泛的问题和提问方法。教练们证实自己经历了"大量的学习和发展"，其中包括如何准备和有效地参与督导过程。他们展示并注意到了自己反思性实践技能的发展，并通过这种发展意识到了自己在教练过程中做出的有意识的选择。通过将分享文章、进一步阅读和围绕这些议题做练习等辅导方法也包含进来，督导提供了一个将理论与实践联系起来的机会。通过增加与一系列有效的教练方法的接触，教练们的视野得到了拓宽。这有助于他们进一步了解广泛的方法以及不同的工具和技术，而不是梦想着存在某一种"正确"的方法。

资源获取（关注情绪影响）

督导被认为是一种正面的奖励和一种支持性的、肯定性的体验，它能够进一步加强教练之间的联系，减少其孤立无援的感觉。通过督导，教练们能够对应用教练工具、技术和管理教练过程更有信心，也更能觉察到教练对象的情绪。督导能够培养教练形成一种开放的态度，使其愿意在工作中与教练对象的情绪同在，并在督导过程中探索这些情绪对教练过程的影响，进而提升对于自己的教练自我的了解和觉察。此外，督导能够进一步证实教练团队的专业地位，从而增强了个体教练投身内部教练事业的承诺与动力。

质量管控（确保在规定的道德标准下采取适当的干预措施）

督导提供了向最佳实践对标学习的机会，也使得教练能从同行和督导者处获取关于实践的反馈。督导也进一步澄清了诸如教练的边界、如何确定个体教练的能力范围，以及何时应该将额外的专业支持介绍给教练对象等许多问题。在督导中所做的探讨为内部教练的角色和职责以及双重角色存在的边界和关系的复杂性问题提供了见解。教练们报告说，他们很感激督导为自我探索提供的安全的、可反思的空间。随着时间的推移，各位教练都报告说自己在实践中感到更加足智多谋，也更加高效，这从客户的反馈中也可以看出来。

对组织的影响

随着时间的推移，以下所述的各种因素都有助于德勤内部教练文化的发展。

教练能力和潜力

督导有助于培养一支更有凝聚力的教练团队，并为进一步了解团队的能力（capability）和潜力（capacity）提供了一种机制。随着成功的故事从客户经历中不断涌现，督导增加了人们对于内部教练的需求，并确保了与外部教练的成本相比，这才是对资源更有效的使用方式。成功的故事也创造了一个良性循环，即通过生成性对话来培养内部教练团队的信心、潜力和胜任力。

德勤内部的教练服务发展

从督导过程中得到的洞察照亮了教练下一阶段发展技能的机会。内部教练的成功纪录和高度的专业精神，在组织中广受好评，内部教练活动在支持和驱动学习战略方面的价值也得到了认可。这些都有助于提升人们接受教练的意愿，以及教练服务在德勤内部更广泛的应用，这其中包括三位一体的发展性教练（triad developmental coaching）[①]，提供给产妇的过渡教练（Transition coaching）和在合伙人层面展开的教练。组织中存在着这样一种观点，即在动态的、不确定的内外部环境中，内部教练能够支持个人和组织的改变和过渡。

组织对教练服务的投入

督导提供了附加的系统洞察力，有助于在文化系统方面的组织学习，并提供了在德勤内部进一步发展的机会。教练工作的成功证据促使组织决定投资培养一组新的内部教练，以满足组织内部不断增长的教练需求。此外，组织还提供了资金为已有的教练开发高级教练技术培养方案。

对于督导过程的反思

在计划开始时，教练们表现出了一些对于过程的担忧，以及一定程度的表现焦虑和自我怀疑，具体反映在下面的言论中：

"我想知道在三个小时的团体督导会谈中我们会做些什么。"

"我们彼此不认识。"

"我们怎样才能为彼此增值？"

随着时间的推移，这种焦虑随着教练们参与督导和教练小时数的增加而减少。这证实了德·哈恩关于教练在实践中可能出现有等级的疑虑的发现，并确认了督导

---

① 这指的是教练、教练对象及其上级主管三方通力合作实施的一种教练实践。——译者注

通过确定关键事件在处理疑虑方面所起的作用。在德勤，随着在群体过程中分享学习，个人的孤立感和不确定性也减少了。这方面的一个很好的例子是，个人有机会向团体表达自己面临的挑战和机遇，这其实意味着教练服务的拓展——从一对一教练，转变成了团队教练。督导提供了一个安全的、反思的空间，供教练们表达焦虑、庆祝成功，并通过团体和督导者带来的更广泛的经验，反思在这个新环境下适用的适当的干预措施。

塔克曼在1965年发现，随着时间的推移，教练小组成员之间的相互信任水平在不断提高，这证明了小型群体的动态发展序列[①]。有趣的是，麦吉弗伦研究的"虚荣陷阱"（vanity trap）——可能会表现为在同事面前展示自己"出众能力"的欲望——并没有发生，休斯顿将其称为"博弈"（game-playing），而这本来是很有可能在同侪群体的环境中出现的。然而事实上，教练们都表现得很谦逊，他们通常不愿意在团体会议上讲述自己的成功故事，也不愿意展示自己的长处，尽管督导者们竭尽全力鼓励这种做法——他们告诉教练，从成功的经历中学习不仅合理，而且也很有效。这可能意味着未来在教练督导中将使用更多欣赏式的、积极的方式，并进一步将研究应用于实践。

在本案例研究中，随着教练们开始参与由督导者指引的、相对较"新"的反思过程，反思这种实践在支持教练学习和发展方面的作用得到了证实，尽管德勤内部的文化环境反映出强烈的行动导向，很少有反思的空间和时间。此外，也有证据表明，教练们即时自发反思的能力也得到了发展，即所谓的"内化的督导者"（internalised supervisor）。教练们能够更有意识地抵制催促或指挥教练对象的诱惑，并发展出更多引导方法，从而为教练对象留出获得更多自我意识和理解的空间。

与此同时，某些教练也愿意放弃以认知为基础的教练对话，并将更多精力投入表达情感以及与教练对象更加全面的合作当中。正如巴赫基罗瓦和考克斯的研究所证实的那样，在教练活动中培养一种识别和投入情感的态度，可以提升教练活动的

[①] 塔克曼在1965年提出小型群体会依次经过形成期（forming）、风暴期（storming）、规范期（norming）和高涨期（performing）四个发展阶段。——译者注

价值，使其成为一种培养有效领导力的手段。

某些初步的结论

在案例研究中，团体督导的有效性是显而易见的，对个体和组织的影响证实了团体督导有着重要的优势，其中包括加强责任心和提升资源使用的效率。

尽管在专业领域和文献中，关于是否应该由教练自由选择参加督导意见纷纭，但对于德勤来说，这似乎并不是问题。这种高接受度和承诺度可能是由于专业服务行业本身就受管制的性质。事实上，反馈表明——而教练的出勤也证实了——对于出勤、支持同事和向同事学习的承诺被认为是最重要的事，尽管教练们由于自身的其他角色和责任，在日程安排上也经常会遇到时间冲突。

教练们欢迎多样化的实践，并没有受到任何一种组织教练模型的束缚。德勤的总体理念和组织价值观为教练提供了基础，同时也鼓励个体教练在发展道路上做出自由选择。两名有资质的教练督导者各自有不同的背景和方法，从这里可以看出，无论督导者采用何种模型或方法，督导都能起效。

德勤认为，督导与内部教练的持续专业学习与发展之间存在明显的联系。这反映了莱恩的发现，即督导是教练迈向专业化的关键因素。

外部督导者的价值是通过挑战和质疑组织的假设及既定的做事方式来体现的。这种外部性可以通过质疑现有的工作方式，并开放对替代方法的考虑，来帮助避免可能出现的"共识串谋"（consensus collusion）。在这种情况下，外部督导者似乎比内部督导者更能在某些议题上对教练起到支持作用。正如圣·约翰－布鲁克斯所预测的那样，在处理由内部教练关系、双重角色和多重关系的复杂性引起的道德困境时，这一点尤为重要。

后续的发展步骤

随着成功的故事通过口碑得到传播，教练服务进一步嵌入组织，以及人们对于教练服务的兴趣逐渐被激发，内部教练的可信度在德勤内部得以建立。然而，比起组织对于教练的广泛应用机会的普遍理解而言，教练的实力，以及教练团队对于内部教练能在哪些方面增加价值的鉴别力要提升得更快一些。这就为德勤内部就教练的潜力进行进一步的教育和沟通提供了机会。

如前所述，在这个案例研究中，一对一的督导体验得到了高度的认可。它营造了一个空间，促使教练更全面和更深入地探索自我，并提供了一个向外部督导者开放高度敏感区域的机会；或者如格雷描述的那样，从事务性干预转向更具变革性的干预。

通过对教练督导的审查回顾，有机会为组织学习提供输入，并对教练过程和影响进行评估。实际上，对于教练督导者来说，水平高低的关键分野就在于，他们需要拥有知识、经验、洞察力和技能，以便在更广泛的组织环境中理解组织并开展工作。而在这种环境中，组织是拥有重大权利和影响力的。督导者已经捕捉到了一些组织性的主题并进行了反馈，但未来仍然存在进一步的机会，可以在实际的督导会谈之外，将重复出现的议题和组织性主题的捕获工作加以规范化，并同时保持匿名和私密性的基本边界不被打破。

案例研究项目在第二年年底就结束了，但组织督导的理论和实践发展仍处于起步阶段，未来还需要进一步研究督导的价值和影响、如何选择督导者，以及如何最好地实施内部教练督导项目。

作为一名教练督导者，我根据从被督导者那里得到的反馈，对自己的职业生涯进行了反思，发现了一些重要的见解。我想起了督导者和被督导者之间关系性质的重要性。在这种关系中，信任、正直和相互尊重对于督导的效力而言至关重要。随着时间的推移，所有各方的投入和督导过程中的体验促使人们越来越相信督导的有效性，从而形成一种良性循环，进一步强化了被督导者对这一进程和对彼此的承诺。由于这些因素和群体动态的作用，被督导者和我都更愿意将整个自我投入教练督导当中，也更愿意在专业的自我发展中承担风险。同时，通过在德勤的工作，与被督导者一样，我也发现了很多增强自我意识、学习和发展的机会。

Coaching and Mentoring Supervision: Theory and Practice

ISBN:978-0-33-524298-6

Copyright © 2011 by Tatiana Bachkirova, Peter Jackson and David Clutterbuck.

No part of this publication may be reproduced or transmitted in any form or by any means, electronic or mechanical, including without limitation photocopying, recording,taping, or any database, information or retrieval system, without the prior written permission of the publisher.

This authorized Chinese translation edition is jointly published by McGraw–Hill Education and China Renmin University Press. This edition is authorized for sale in the People's Republic of China only, excluding Hong Kong, Macao SAR and Taiwan.

Translation copyright ©2020 by McGraw–Hill Education and China Renmin University Press.

All rights reserved.

未经出版人事先书面许可，对本出版物的任何部分不得以任何方式或途径复制或传播，包括但不限于复印、录制、录音，或通过任何数据库、信息或可检索的系统。

本书中文简体字翻译版由Kogan Page通过麦格劳－希尔（亚洲）教育出版公司授权中国人民大学出版社合作出版。此版本经授权仅限在中华人民共和国境内（不包括香港特别行政区、澳门特别行政区和台湾地区）销售。

版权 ©2020由麦格劳－希尔（亚洲）教育出版公司与中国人民大学出版社所有。

本书封面贴有麦格劳－希尔公司防伪标签，无标签者不得销售。

北京市版权局著作权合同登记号：01-2016-9761

版权所有，侵权必究。

北京阅想时代文化发展有限责任公司为中国人民大学出版社有限公司下属的商业新知事业部，致力于经管类优秀出版物（外版书为主）的策划及出版，主要涉及经济管理、金融、投资理财、心理学、成功励志、生活等出版领域，下设"阅想·商业""阅想·财富""阅想·新知""阅想·心理""阅想·生活"以及"阅想·人文"等多条产品线。致力于为国内商业人士提供涵盖先进、前沿的管理理念和思想的专业类图书和趋势类图书，同时也为满足商业人士的内心诉求，打造一系列提倡心理和生活健康的心理学图书和生活管理类图书。

《高绩效工作教练与辅导：优化个人和组织绩效的刻意练习》

- 教练就像一面镜子，帮助个人或组织认清自己的位置和状态。
- 向内挖掘潜能、向外发现可能性，进而不断自我优化。

《高绩效团队教练（第2版）》

- 本书提出的系统性团队教练体系，涵盖团队教练流程、团队分析方法、不同类型团队的教练方法、培养高绩效团队的步骤，以及团队教练督导等内容，为大家学习和实践团队教练提供了一个完整的框架。
- 这不仅填补了国内教练领域极其重要的一项空白，也为众多团队领导、HR从业者和教练们在团队支持和干预过程中，提供了大量的实用工具和更多维度的思考和觉察。

《高绩效团队教练（实战篇）》

- 本书是教练大师彼得·霍金斯所著《高绩效团队教练（第2版）》的配套案例集。
- 霍金斯教练团队通过涉及诸多领域、成体系的团队教练案例分析为团队教练如何挖掘团队每个人的潜能，帮助他们发展壮大，并让他们在相互合作和彼此支持中成长为最好的自己提供了实战指导。

《职业规划心理咨询全案》

- 中国心理学界泰斗级大师、北京师范大学教授、博士生导师张厚粲先生倾情推荐。
- 一本解决职业发展与规划、职业困惑与选择等问题,进行就业辅导与咨询的权威著作,是职业咨询师必备的案头指导书。

《逆商:我们该如何应对坏事件》

- 北大徐凯文博士作序推荐,樊登老师倾情解读,武志红等多位心理学大咖在其论著中屡屡提及。逆商理论纳入哈佛商学院、麻省理工 MBA 课程。
- 众多世界 500 强企业关注员工"耐挫力"培养,本书成为提升员工抗压内训首选。

《优雅的辩论:关于 15 个社会热点问题的激辩》

- 辩论的真谛不在于辨明是非曲直,而在于缓和言论,避免曲解。
- 辩论的最高境界不在于输赢高低,而在于发人深省,以开放的心态达成妥协。

《管理问题书：经理人必知的 76 个管理真相》

- 管人、管项目、管钱、带团队，76 大管理难题随手查、全解答。
- 一本写给各级管理人员的管理案头书，让你少走弯路，打通晋升之路，成为高效管理者、成功经理人。

《思辨与立场：生活中无处不在的批判性思维工具》

- 风靡全美的思维方法、国际公认的批判性思维权威大师的扛鼎之作。
- 带给你对人类思维最深刻的洞察和最佳思考。

《沟通问题书：经理人必知的高效管理法》

- 基于 25 年对全球超过 9 万管理人员的教练实战经验总结出的管理黄金法则。
- 众多 500 强企业管理者推荐，一本让管理尽可能变得简单实用的高效管理书。